療癒日記

從破碎到復原，透過個案分享來場短期治療，
以自我療癒改寫人生悲劇

董燕　著

U0075335

「醫師，我想問您一個問題，
人類為什麼總是被辜負、拋棄和原諒呢？」

你是否也曾有過以上的疑問？
表面平靜無波，內在卻撕心裂肺，聲嘶力竭……
獻給在情緒與壓力迷宮中，暫時迷失方向的你！

目錄

目錄

目錄

心理諮商學習之旅

後記

響目

前言　生命故事與心靈智慧

宇宙，如此浩瀚！

對於短暫生命而言，每一個關於他（她）的故事都是無比珍貴的！

心理治療室，是一個神奇、靜謐而又充滿希望和溫暖的地方，是一個生命與另一個生命相遇的地方。在這裡，治療師陪伴著每一位來訪者，一起步入心靈最深處，讓一幅幅生命故事的畫卷被洞見、豐盈與重構。

身為在實務現場多年的醫師，能夠分享彼此生命裡的故事，都是我心中至誠且柔軟的夙願。

生命一場，唯有故事！

本書之緣起

6 年前，一位 22 歲女大學生，在諮商結束時對我說：「董醫師，在諮商中您和我說的話，跟父母、老師和朋友說的都不一樣，既沒有訓導，也沒有勸解。但是，我卻在不知不覺中改變了。如果您能把跟我說的話讓更多人聽到，我想，一定能幫助很多像我一樣無助、傷感而又迷茫的人。」

她語氣之誠懇，口吻之堅定，讓我留下了深刻的印象。至今，她質樸的話語猶繞耳畔，成為了我提筆完成這本書的最初緣由。

6 年之後的今天，終於有了這本書。

治療室的故事，總是關乎情，關乎愛，關乎人生的迷茫和生命的傷痛。

前言　生命故事與心靈智慧

來訪者帶著他們自己的故事走進診間，治療師陪伴著他們，一起歷經生命裡的春、夏、秋、冬，尋找、拼接與修復他們記憶中的碎片，療癒情愛裡的傷痛，紓解職場上的壓力，彌合親子間的關係，最終穿越憂鬱、焦慮與恐懼的「情緒隧道」，讓他們的心靈重獲寧靜自在！

我深深感到，治療師與來訪者的關係，其實就是「我和你」！

我們的生命有著一樣的歸途，是人生旅途上的夥伴。

生命的不容易

2008 年，身為治療師，我隨著救援隊奔往地震災區。在那些焦灼、憂傷與難忘的日日夜夜，我目睹了生命匆匆逝去的悲涼，心痛不已！

從那時起，我對生命意義有了更多的思考：人究竟為什麼活著？人生的意義何在？怎樣的人生是值得過的？假如我的生命也突遇死亡，那麼怎樣地活著能讓我坦然面對、無怨無悔？這些有關人生意義價值的終極問題，也在自我不斷地追問學習思考中，感悟得更加豐富、深刻與清晰了。

確實，如何破解人類生命的終極歸屬，是一個現代科學無法給出標準答案的終極命題。

然而，哲學是偉大的！

它像一盞明燈，引領人們對生命的本質意義進行思考，並且成為我們坦然面對生命終極困惑的智慧力量。存在主義心理學認為，每一個生命都存在終極的心理衝突，包括死亡、孤獨、自由與無意義感。這些蘊含於生命中的深層心理衝突，將會在不同的時空裡與每一個生命相遇！

這種「遇見」，既是每個生命與生俱來的痛，也是每個生命與生俱來的潛在精神財富。

直視驕陽，才能讓生命之花在驕陽的炙烤下盡情綻放！

長期從事心理諮商與治療工作，也不斷擴展我在哲學層面的思考，深化了我對人性、愛恨、生死與各種心理衝突的理解，這為我完成複雜個案的諮商與治療，以及心理創傷的修復療癒，帶來了很多的啟發、力量與助益。

心靈智慧覺醒

在人們眼中，走進心理治療室的人似乎都是不幸的，他們可能遭遇了職業危機與感情傷痛，或是學業挫折與人生的迷茫。

但在我眼中，能來到這間心理治療室的人又都是幸運的。因為，在這裡他們大多能在心靈深處遇見「另外一個自己」，在與內在自我真誠的對話之中，最終達成自我理解與和解，令人們有機會發現、觸碰與覺醒一種神奇的，能夠成長的東西 —— 心靈智慧。由此，他們有了自我驅動的內在力量，追尋著屬於他們的陽光，跨過途中的阻礙，越過人生的沼澤，繼續奔向他們自己的詩和遠方。

相較於幾十年前社會對心理專業的不理解，近幾年已慢慢了解與接受。但是，這個職業仍然面臨著一些困擾和誤解。

由於心理問題的獨特性，使人們對心理諮商過程缺乏真實經驗，因此，心理諮商常被過度神祕化了，讓人望而卻步；但有時它又被過度技術化了，讓人因冰冷而生畏懼。

於是，我決定要寫一本好讀易讀的心理諮商書，盡量避免抽象的理論、空洞的講解和機械的語言羅列，而是盡可能地用真實的生命故事，生動的現場語言，展現心理諮商中情景與氛圍的變化、情感和理性的切換、語境和語序的運用，同時兼具理論與技能的實務經驗等。

重構自我拼圖

亞里斯多德認為：靈魂，是動物生命的本源，猶如自然和呼吸一樣。

每一個生命的喜怒哀樂，愛恨情愁，無一不是心理精神活動的結果。當下，渴望了解心理學的人越來越多，想用心理知識調適自我的人也越來越多。因此，了解心理諮商技術如何運用的渴望也就越來越迫切了。

據此，本書在內容結構編排上，除了採用生命故事的發展展示技術過程外，還增加了相關心理學理論與技術的註釋，幫助讀者對心理諮商有更深入的理解。以上，都是基於心理諮商與治療是一個需要長期專業訓練與經驗累積的職業。

畢竟，心理諮商與治療是一門專業性很強的科學，為了滿足讀者進一步學習與理解心理知識的需求，本書在每一篇諮商案例的篇章之後，都特意安排了「輕鬆心理咖啡屋」，希望為讀者創設一個自由閱讀氛圍，助力大家汲取點滴心理學小知識，學做自己的心理療癒師。

心理治療室中的諮商與治療，不僅要有內在感悟、有理性邏輯、有判斷分析，還要有簡潔的歸納，有濃縮的提煉，更要有對理論與技術整合運用的實務技巧與能力。另外，在只有直播，沒有彩排的心理諮商與治療現場，面對不同年齡、性別和個性特徵的來訪者，還需要具有在理論、技術與經驗積澱下的靈活性、創造性與藝術性。所以，心理諮商與治療，需要的絕不僅僅是心理學方面的知識。

這些，也正是我在此書中想要表達的觀點。

書中個案的心理諮商與治療，為了達成短期療癒的目標，均採用了整合式短期心理治療的技術，涉及了數種不同的心理治療流派、分支和技術方法。

生命唯有故事

　　哲學家尚 - 保羅‧沙特（Jean-Paul Sartre）認為：人永遠是講故事者，他生活在自己的故事和別人的故事中。他透過故事來看他自己所遭遇的一切，而且也會努力像他講的那樣去生活。

　　期待每一個不經意間翻開這本書的讀者，在閱讀生命故事的過程中，也能與內心深處的自我對話 —— 看見自我，走進自我，覺醒自我！創造機會，與一個更好的自己在此相遇，一起在心理學浩瀚的海洋裡，獲取心靈成長的養分，收獲屬於自己生命裡的五彩珍珠！

　　心理諮商與治療，不僅僅是助人解開心結，讓人內心寧靜豐盈的技能，更是一種心靈與心靈之間溝通的藝術！

　　書中的諮商與治療個案，均做了細緻與審慎的處置，以保護來訪者的隱私。

　　本書是我呈獻給大家的一份生命禮物，也承載著身為治療師的我，在長期職業生涯中，對生命與心靈世界的一些思考、理解和感悟。

　　智慧，不僅僅是知識，更是我們運用知識的能力。

　　期待，本書能為各位讀者的生活、情感和事業帶來益處。

董燕

第一篇
分手後，我像一隻離群的孤雁

人物獨白：我與他相愛了 8 年，最後還是分手了。分手後的焦慮和不安，讓我的日子越來越糟，就像一隻離群的孤雁，獨自徘徊……

存在主義心理治療認為，孤獨感是人終極心理衝突之一。當愛離去的時候，恰恰是我們對孤獨經驗最真切的時候，所以，緊緊抓住愛的過往不鬆手，其深層心理根源就是無法面對孤獨。

分手了，讓我怎樣忘記你

情緒就像蓄水池裡的水，累積得越久，堆積得越多，心情就越沉重。

「吱！」心理治療室的門被推開了。

一個身材高挑、體形修長、膚色白皙的女性走進了我的診間。她披肩的長髮略顯凌亂，眼神裡透出一絲不安。

羅雨菲，39 歲，大學英文老師。8 個月前因心臟不適，在某醫院診斷出「恐慌症（Panic Disorder）」，這是焦慮症類別的其中一種障礙症，當時的醫師在建議她在服藥的同時，接受心理治療。

述說病史時，她忐忑地說：「醫師，我是不是焦慮症復發呀？以前我就得過這個病，非常痛苦，好不容易才好了，難道它又……」

她欲言又止，眉頭緊鎖。

我仔細看了她遞給我的病歷紀錄本，得知兩年前她因心慌、頭昏伴

隨恐懼而「恐慌發作」，這是一種急性的焦慮反應，身理的不適為其首要症狀。

人一旦患過焦慮症，就會變得敏感緊張，甚至談「焦慮」色變，生怕一輩子都甩不開這個包袱。但越是拒絕，「標籤」就像強力膠一樣黏得越緊，想甩都甩不掉。

這個標籤一旦貼上，人就會陷在「病人」這個角色裡，內心纏擾掙扎。

因此，我不願意給她再貼上一個「復發性焦慮症」的標籤。

於是，我反問：「你感冒過嗎？」

「嗯，感冒過呀！」羅雨菲回答中帶著一絲不解。

「感冒是很常見的病，每年都有人感冒，對嗎？那我現在假設，你去年感冒了，今年又感冒了，你認為是『感冒復發』嗎？」

羅雨菲搖了搖頭，回道：「不會啊！前後兩次感冒沒什麼關係呀！」

「對啊！你剛說的焦慮症也是同樣道理。雖然你沒說上次是因何焦慮，這次又是為何焦慮。誘因不同，病情各異，需要做具體分析。」

我將感冒話題，引到了她擔心焦慮症復發的話題上。

「嗯，不瞞您說，確實我自己也感覺到了，這次的病症與上次有很不一樣的地方。」羅雨菲點頭。

我們開始切入正題了。

她說，做任何事情都心煩意亂，有時心慌突然發作，就覺得自己患上了心臟病，前不久還去掛急診，做了心電圖，但一切都正常，內心卻越來越不安。現在，還有了胸悶頭暈和徹夜失眠。

緊接著，她又補充了一句：「甚至，我母親都令我心煩，不想聽她的問候電話，不想吃東西。我知道不應該，但滿腦子都是難受、擔心和害

怕，就顧不上那麼多了。」

羅雨菲說的心煩、心慌、頭昏、喘不過氣，對未來不確定的憂慮和擔心，失眠多夢、易怒等症狀，都是焦慮症的主要表現。

焦慮症的主要表現：包括生理性變化、行為特徵變化與認知情感變化等，症狀有情緒不安、心跳加快、緊張迴避、偏執易怒、過分恐懼、睡眠障礙以及頭暈、疲倦等。

她描述的身體症狀很多，主題也很凌亂，我開始探尋她和同事之間的關係，澄清問題根源。

「之前，我和同事私交不多，但平時工作上交流還比較順暢的。」她說。

「那跟其他人的關係呢？比如家裡人或者朋友？」我接著問。

「還行吧！之前我媽跟我住了一段時間，不久前她剛離開。」她回到。

一瞬間，我看到她眼中有一絲閃躲，她的回答也是避重就輕，似乎繞了個彎。

這引起我的好奇。

直覺告訴我，她和母親以及朋友的關係可能是困擾她的一個重要因素。

「你平時和母親關係怎麼樣？」我問。

「她關心我，就是經常會唸我，要我早點結婚生子，有時會感到很煩，爭吵不少。」羅雨菲臉上浮現出不耐煩。

「那你的情感關係如何呢？」我緊貼話題繼續問。

羅雨菲一下就僵住了。之後擠出一絲苦笑，說道：「我一個人，現在還單身呢！」

39 歲的成熟女人，回答情感問題時猶豫、僵硬躲閃的神情，我意識到這可能是引發她焦慮的一個重要心理原因。

我單刀直入，問道：「情感對女人來說都很重要，但它縈繞於心卻很難掌控。不知可否請你談談你的情感經歷？」

羅雨菲看了看我，撐著眉頭，眼光低垂。

此刻，我能清楚地感覺到她內心的糾結、猶疑和掙扎。

不一會，她抬起了眼睛望向我，似乎做出了某種決定。

她說：「我和前男友是在國外讀研究所時認識的……」

羅雨菲的前男友趙月軒是她的學長。那時，她在讀語言文化的碩士，趙月軒攻讀經濟學博士，兩人在籌備新年晚會時相遇了。當他們眼神交會的一剎那，都有一種心動的感覺。女孩知性優雅之中透著一股單純，男孩成熟穩重又不失幽默，兩人對彼此的第一印象都非常好。從心靈相悅而發展出的愛情，單純美好，感情十分融洽。

趙月軒是一個有理想的人，十分上進、對事業有追求，畢業之後他開始創業。他向羅雨菲許諾，讓她等幾年時間，闖出一片天之後再娶她為妻。

他們彼此相信愛情，懷抱著對愛情的信仰，他們也相信美好和幸福將會是永遠的。可是，在兩人交往的第 4 年，羅雨菲意外懷孕了。

她懷著忐忑而又期待的心，打電話給在新加坡洽談專案的趙月軒。

但是，大洋彼岸的趙月軒聽到這個消息後，陷入了沉默，然後悶聲說道：「我們能不能先奮鬥幾年再考慮生孩子？那時也可以給孩子更好的成長環境。」

羅雨菲聽出來了，這個孩子來的不是時候。就這樣，她把腹中的胎兒打掉了。說到這裡，羅雨菲神情顯得有些傷感。

原本，她以為這只是他們完美愛情中無意間掉落的一顆小石頭，就算泛起了漣漪，也會在滌蕩後平復。

但是，兩個人的關係在潛移默化之中出現了變化，羅雨菲覺察到自己被忽略了。

她原本外向開朗的性情，也逐漸變得沉悶。這也讓兩人的感情產生了裂隙，而且裂口越來越大。加上趙月軒工作一直很忙，兩人相處的時間也越來越少，即使羅雨菲主動聯繫他，男友的回應也讓她很失望。

她感到，他已沒有了往日的溫暖、細膩和體貼。

此後，半年之中，兩人只要電話聯繫或見面相聚，基本上就是不歡而散。

最後一塊擊毀他們情感關係的石頭，是她意外地知道了被趙月軒隱瞞的家庭真實境況：趙月軒父母在他 5 歲時就離婚了，從此他就再也沒見過母親了。他的父親後來結過一次婚。但現在，卻是一個人獨自過著日子。

原來，趙月軒家庭境況的真實情形，離他曾經口口聲聲的和諧、美滿和幸福，竟是天壤之別，如此遙不可及！

羅雨菲憤怒了，她認為這是欺騙，而且還騙了她這麼多年。

她心裡放不下這塊巨石，內心那個最柔軟的地方開始破碎！終於，他們分手了。

曾經付出的愛，曾經堅信的愛與海誓山盟，就這麼悄然崩塌了！

「分手後我爸媽和身邊的朋友，都說我瘦了一圈，脾氣變大了，經常生氣。身體也不舒服，胸悶心慌、煩躁、睡不著覺，沒有精神。我去醫院看病，結果就被診斷為焦慮症了。」

「我記得，分手的那一刻，突然感覺自己解脫了……」她嘴角咧開，似乎笑著，但她的眼角卻流出了淚。

我將桌上的衛生紙遞給了她。我沒有催促她。

她說，自己是真的很愛他。但是，她卻選擇了放手。

也許，女人一旦真的愛了，都是「全或無」型的，愛恨分明。

她平靜了一下洶湧的情緒，用衛生紙拭去了淚滴。然後，她抬起眼睛轉向我，說道：「把憋在心裡的這些事情說出來以後，我覺得比之前輕鬆一點了。」

情緒就像蓄水池裡的水，累積得越久，堆積得越多，心情就越沉重。

把壓抑的情緒釋放出來，就如同開閘洩洪一樣，內心自然感覺好了一些。

看到她鬆弛下來的神情，我對她說：「每個人情感的故事，都是自己生命中難得的經歷和體驗。你回去後，試著梳理以前的情感過程，這個過程會幫助到你。」

「好，我下週來。」羅雨菲答應了。

情愛森林，我找不到自己

情愛森林，我找不到自己

「緊緊抓住愛的過往不鬆手，其深層心理根源就是無法面對孤獨。」

按照約定的時間，羅雨菲來了。

她進門落座後，望向我報以禮貌性地微笑。只是，她的笑容依然有些僵硬。

「這一週過去了，你好嗎？」我主動問。

「不太好，我這週情緒起伏比較大。」她回說。

對羅雨菲情緒的起伏，我並不感到奇怪。

情緒，實質上是一種與情境相關的、流動變化的心理能量。若它找不到合適的出口，無論流到哪裡都會引起一片灼傷，甚至引起錐心的痛。

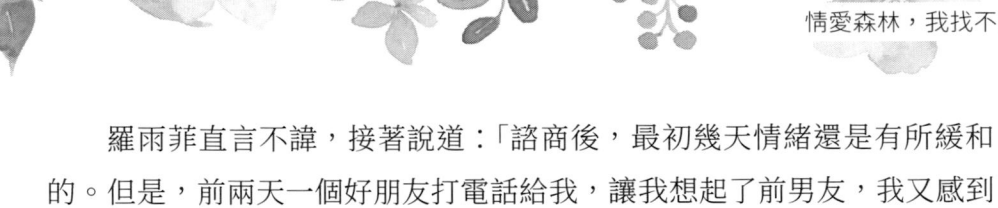

羅雨菲直言不諱，接著說道：「諮商後，最初幾天情緒還是有所緩和的。但是，前兩天一個好朋友打電話給我，讓我想起了前男友，我又感到非常難受。」

看得出，羅雨菲對趙月軒的感情捲入得頗深，如今仍深陷其中。

我等她平復情緒的湧動。不一會兒，羅雨菲呼吸漸漸平穩了。

我需要細節，為了更精準地聚焦問題，我採用了具體化技術的方式問道：「那個朋友在電話裡說了什麼，讓你感到如此難過？」原來，是羅雨菲的好友有了孩子。

具體化技術：當來訪者敘述思想、情感、事件模糊不清、矛盾、不合理的時候，心理師協助其清楚、準確地表達他們的觀點以及他們所用的概念、所體會到的情感和所經歷的事情。

「她打電話說自己懷孕了，非常開心。只不過，我聽了之後，一下就想到十年前我懷孕時的情況，突然心痛得要死！一股無名火瞬間燃了起來，說了很多難聽的話。」

情緒伴隨著情感問題，它需要一個覺察、轉換和化解過程，伴隨著一個隱祕曲折的心路歷程。

「你憤怒的具體對象，是你的朋友？還是你的前男友？」我問。

「好像是前男友。雖然我對好朋友發火，但是，我更多的是說前男友對我的傷害。」羅雨菲想了想說。

當年她跟前男友因為意外懷孕流產的事情，演變成冷戰。後來，才有了愛心漸冷，毅然決然的分手。她講述與前男友過往時，愛恨交織的感情依然很真實，也很強烈。

我問道：「你們分手幾年了？」

羅雨菲低聲道：「好多年了，應該有七八年了吧。」

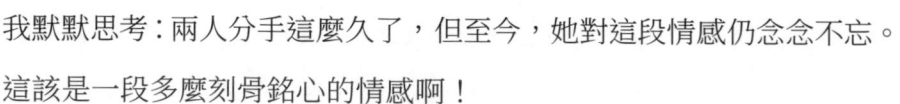

我默默思考：兩人分手這麼久了，但至今，她對這段情感仍念念不忘。

這該是一段多麼刻骨銘心的情感啊！

然而，事實總是需要我們去面對，無論它有多麼殘酷，無論你有多麼不願意，但是，認知心理療癒的邏輯都反覆告知你，在戀人分手後防禦性迴避和否認分離，不僅不能解決問題，而且還是痛苦的放大器。

「時間過去這麼久了，他在你心裡的位置還這麼大，還讓你這麼痛苦，甚至不能觸碰。我想知道，這些年來屬於你自己的生活是什麼？」我問。

她說：「醫師，我覺得好像掉進一個陌生的森林裡，再也找不到自我了！我現在總是感到心慌、害怕，覺得自己非常孤單，非常孤獨，有事也不敢跟父母說，他們也幫不了我。」

「你在孤單的時候，腦袋裡出現的念頭是什麼？」我追問。

「就是感到很孤獨，很無助。孤孤零零一個人在這個城市，很迷惘，找不到方向，也沒有力氣了。」她回說。

她所說的孤單、迷惘和無助，我能懂，也能理解。相愛相守的這些年，他們一定共度過很多美好的奇妙時光，從彼此身上汲取了只有愛情能夠給予的內在熱情和力量。

至今，這些曾經的擁有，已經黯然退出了她的生活，徹骨的喪失感讓羅雨菲感到了自我的孤單、弱小和無力。

當曾經擁有的親密關係已經結束時，若她依然無法面對關係分離的事實，而陷入自我編織的依戀臆想之中，也就不再擁有內在獨立的自我。

如何才能幫助羅雨菲找回失去的自我？如何才能讓她面對、接納前一段親密關係的結束？消弭與前男友的恩怨，把情感中最珍貴的、最溫暖的部分留在生命中。

接下來心理諮商，就是要給這些她一直未能解決的問題找到答案。

「醫師，我忘不了他。每當我孤單無助的時候，就會想到他，那是一種如同父親般的保護和溫暖。」羅雨菲說。

「父親一般的？」聽到男友與父親角色的連結，我連忙問。

她點點頭，說：「對。之前我在其他心理師那裡諮商過，當時心理師給我解釋的是，我有戀父情結。」

戀父情結：西格蒙德‧佛洛伊德（Sigmund Freud）的精神分析術語，指女孩戀父仇母的複合情緒狀態，是女孩性心理發展第三階段的特點。

羅雨菲說，趙月軒就是比她成熟很多。在剛入職時，為她出謀劃策，幫她規避了很多職場雷區。

一起同居生活時，清晨他會早起煮飯留給她。這種呵護，似乎讓她又回到了童年，有了被父親愛著的舒適感。

她兒時的這種感覺讓她很迷戀。但是，這卻讓我有了一絲不安。

諮商中，運用心理學原理對某些情感與行為進行解釋，是為了讓來訪者更好地了解自己為什麼會產生這種行為，以便自我覺察與整合。但是，如果對某些心理學解釋的理解出現過度加工，就容易固著於這種術語解釋，把自我心理問題「合理化」，反而強化了某些過度加工的、跨邊界的情感。在潛意識裡，將失去男友與失去父愛兩個獨立事件，混淆連結為某種具有一體性的存在。

固著：是一種心理防衛機制，是一種不斷重複的心理模式和思維特徵。

因此，羅雨菲需要重新對這種混淆的感受進行澄清、審視和梳理。

於是，我對她說：「認知心理學的研究發現，人僅憑想像就可以形成信念，也可以憑藉語言來建構概念。當你用重複固定的內在語言，把男友與父親內化在一起時，就會在潛意識中與前男友發生移情性情感糾葛。」

此時，治療師要澄清這種混淆的角色關係。

「所謂戀父情結，只是基於精神分析理論的一個解釋。確實，現實中發生的任何一段愛情，在最初都是親密美好的，但是最後為什麼會分開呢？」

「因為兩個人爭吵越來越多，所以感情就變得越來越淡了。」羅雨菲說。

她說出了表象，但未觸及關係背後的潛在原因。

現實中，每個人都是獨立存在的，兩性關係亦是如此。最終讓彼此分離的，就是無法調和的、持續存在的矛盾與衝突，是兩個成年人在情感需求上、認知思想上、行為方式上無法消弭的差異，也就是生活中常說的「三觀不合」。

「為什麼爭吵會越來越多呢？這背後深層的原因又是什麼呢？」我期待讓她不加主觀評價地來看情感變化的過程。

戀人之間的親密關係，讓他們產生了強烈的一體感，這種融合感，導致人際邊界的模糊，出現跨越邊界的心理需求。如若無法滿足這種需求，有可能引發過度情緒化的反應，不僅對情感造成傷害，甚至造成破壞性傷害。

「醫師，我是愛他的，我心裡是不想和他分手的。」羅雨菲一提到前男友，情緒依舊很激動。

「如果你們之間的關係是溫暖、融洽和舒適的，人怎麼會要離開那個港灣呢？」我反問。

「嗯，我跟他分手的原因，就是覺得他冷漠，讓我把胎兒流掉，還有後來他欺騙我，傷透了我的心，就感覺像刀割一樣！」

羅雨菲捂著胸口，似乎依舊能感受到那份痛。

她說，因為捨不得這段感情，後來還去找過趙月軒，但沒想到他的

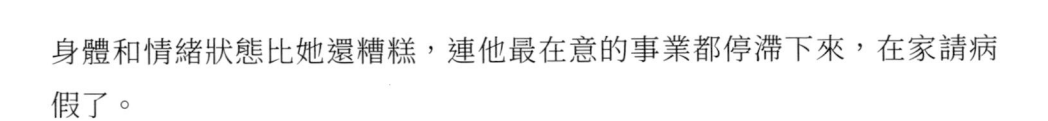

身體和情緒狀態比她還糟糕，連他最在意的事業都停滯下來，在家請病假了。

她感覺兩個人不能再在一起了，愛的情感已經沒有力量支撐了。

「最後，分手是我提出的。」她說。

我沒有回應她的話。

「放手之後，我的壞情緒、失眠緊張和焦慮，都明顯減輕了。後來，我就到醫院去接受治療了。現在看來，我當時的選擇是對的，否則病得會更嚴重。」羅雨菲不由自主地鬆了一口氣。

「愛戀中所有的苦與甜，唯有你知道。只有當彼此之間的衝突不斷，又無法彌合時，才會心力交瘁。所以說，只有你能真正面對與前男友分離的現實，並且接納這種分離，才能緩和這種情感糾纏，重新找回你自己，這是一種成長。」我說。

「哦？您能跟我說一說怎樣才能讓自己成長嗎？」羅雨菲有點為難。

「成長，就是不再複製以前的心理行為模式，就是覺察、思考和改變。比如，如何接納情感分離？有情緒如何表達？這都是需要學習的。」我說。

最初的愛戀都是美好的，只是隨著關係越來越密切，每個人就越來越接近客觀存在的自我，兩個人之間本質的差異也就突顯了。

客觀存在的自我：存在主義心理治療理論認為，每個人都存在三種自我：自我認知的自我、他人眼中的自我、客觀存在的自我。

羅雨菲認同地點點頭，但緊接著又皺眉道：

「我這幾年也試過交新男朋友，但每一次靠近他們，總會讓我想起趙月軒。只要一想到他，想到我們擁有過的，就會覺得很傷心、很痛苦。」

「也許表面上看這一切很糟糕。但也可能是一個機會，就是能夠從中

體悟到一些新的東西，走過對前男友說再見的心路歷程。」我說。

「可是我究竟怎麼才能真正跟他說『再見』？醫師，是不是我對自己說過去的事和現在的我沒關係了，我就可以走出來？」

羅雨菲似乎看到了一絲希望，但卻又有一些疑惑，迫切地探尋答案。

她說：「分手之後，我生病時他會電話問候，生日時他也會祝福。每當他跟我聯繫時，我就覺得他還是愛我的，我都會情不自禁地想起當年我們在一起的那些時光……」說到這裡，羅雨菲的語調低沉了下來。

是啊！當初相愛有多深，分手時就會有多痛。

「在我看來，曾經彼此愛過的人，分手後至少是能善意相待的。就像你剛才說的，你生病時同事朋友的問候，你看作是友情關心，而唯獨把趙月軒的問候解讀為愛。顯然，這是你自己相信這種解釋。」

這就是認知上的差異，對因果關係歸因做出的不同解讀。

「那麼，就是他再也不愛我了？」她的眼神顯得有些黯淡。

「跟他分開的這些年，我過得很糟糕，心裡一直很空、很孤單、很害怕。我發現自己很無助，不知道想要什麼，除了心煩，就是無力。」她的話很真實。

我意識到，她的情感依然與前男友糾葛著，難以釋懷。而這背後的真正根源，是她無法接受隨之來的深層存在性孤獨。

存在性孤獨：孤獨是個體的四大終極心理衝突之一。存在性孤獨與常見的人際孤獨和心理孤獨不同，指的是個體自身與任何其他生命之間無法跨域的鴻溝，是一種更深層的孤獨。

存在主義心理治療認為，孤獨感是人終極心理衝突之一。當摯愛離去，親密關係分離時，恰恰是現實中孤獨經驗最真切的時候。所以，緊緊抓住愛的過往不鬆手，其深層心理根源就是害怕面對孤獨。

因此，心理治療中不僅要直視孤獨，還要能夠接納孤獨，才能真正回歸自我。

我準備切入這個主題。

「失戀後你感覺很孤單、空虛和無助，這些感受是真實的。但是，情感關係已經鬆開了，你越想把既往抓回來，糾纏得就越緊。」

羅雨菲似乎聽懂了，我繼續說道：「你不想鬆開這段感情，但是不管你有過多麼親密的關係，人都是獨立存在的，你心靈深層的孤獨感一直都是存在的，就如你內心的苦樂哀愁，只有自己能體會到，其他任何人都無法去替代，包括你曾經愛過的人。」

「醫師，您點醒了我，似乎我是用對愛糾纏的方式，來填補自己心裡的難過和虛空。但好像這解決不了我的痛苦，反而讓我更糾結、更空虛。」

她說。

她告訴我，這麼多年來，自己蜷縮在一個靠想像支撐的小世界裡，緊緊抓住「愛的影子」不願放手，甚至故意忽略掉了趙月軒三年前已結婚生子的客觀事實。

她開始省思了，這是她療癒的一個重要內在力量，而我現場的見證和支持，也將是她重要的心理資源。

於是，我說：「現在試著放開『愛的影子』！重要的是要找回你自己，重新喚醒你內心的力量，重建內在精神世界，發現你獨有的美好、智慧和能力。因為，愛是獨立生命之間的彼此吸引，是獨立自我散發出的一種香氣。」

「好像我有些懂了。的確，我在與趙月軒的這段情感裡面，是真的找不到自己了。」羅雨菲點頭說。

這次的諮商時間到了。

希望再見到羅雨菲時，她能夠面對自己的存在性孤獨，接納已經分離的戀情。

真想知道，愛情最好的樣子

「在心理學研究中，個體最初的婚姻原型就是他的父母關係，它將帶給個體持久深刻的心理印記。」

一週後，羅雨菲走進了治療室。

她身著粉白色運動服，看起來更有精神。

羅雨菲笑著說道：「上次和您談完之後，最初幾天思緒還是有點亂，但這兩天我感覺自己好像能夠開始思考梳理了。」

「對你有幫助嗎？」我問。

引入對此時此地感受的反思，是一種重要的覺察。

此時此地：是在治療當下出現的情景事件。存在主義心理治療理論認為，「此時此地」在來訪者身上顯現的一切事件，都是重要的治療資源。

「分手後，不少人幫我介紹對象，我都不太想去見。其實我並不是排斥相親，而是對之後可能發生的戀情，或是最終的婚姻感到恐懼，我覺得自己沒有能力掌控它。」她說。

「早先，我覺得愛情和婚姻是美好的，是令人嚮往的。但是，在那段情感後，那些美好就變得不確定了，讓我覺得它們都是有風險的。」

羅雨菲神情有些落寞。

「為了迴避這種風險，我變得不願意去嘗試。但現在，當我清楚地知道自己發生了什麼，也能夠發現，以前出現的問題也有我自己的原因時，就不再那麼擔心了。」她說。

　　她的語言和敘事風格跟以前相比，有了變化，開始回歸到自己的想法和行為上了。

　　之後，她用肯定的語氣告訴我，如果問題的根源是她自己，那麼她就可以去嘗試調整和掌控，恐懼就減少了。

　　人是會思考的動物。這意味著，人一旦進入理性判斷的軌道，不斷地成長，就有了自我的助力。

　　這是她認知行為改變的一個關鍵所在。

　　「你說在與趙月軒的情感困擾裡，有一些問題是你的原因，能具體說一說嗎？」我問。

　　「我很容易情緒化，在兩性關係裡我更像一個小孩，不高興就會馬上發脾氣。還會理所當然地認為，如果他愛我，就應該接受我這個脾氣。」她說。

　　「以前，當我覺得某個男人會喜歡我時，就會無意識地隱藏起優點。我希望他能看到並接納我的缺點。但對其他人我不會這樣，只會對喜歡我的人這樣。」羅雨菲皺起了眉頭。

　　「你是想要考驗他嗎？」我直接回道。

　　「嗯，好像被您說中了。」羅雨菲點頭回道。「這是對關係焦慮的表達，是一種防衛機制，潛在的問題是對兩性關係的恐懼，是下意識的。」我回道。

　　在心理學研究中，個體最初的婚姻原型就是他的父母。如果父母的婚姻並不是一個好的範本，步入成年期後遇到兩性關係挫敗的經驗，可以喚醒或強化其在兒童期的負面記憶，會出現對親密關係的懼怕，或者為了安全出現過度迴避性防禦，不敢涉足新的情感關係中。

　　「你對父母婚姻關係的感覺是什麼？」我問。

「不太好。」她低聲說。

「記憶裡，他們是如何相處的？」我問道。

她說：小的時候父母經常吵架，現在也還為雞毛蒜皮的事吵架。他們對彼此的言行很敏感，很計較。但她卻覺得他們並不愛對方，每次吵架，父母都是指責對方，強調自己是對的，很少見到他們之間能好好說話。

之後，她抬起眼睛，問我：「您能跟我說一說，什麼樣的愛會讓彼此都舒服？」

「怎樣的愛能讓彼此都舒服呢？『舒服』這個詞我喜歡，我想，要讓彼此都舒服的愛，就是既欣賞他的優點，又能容納他的不足。」我回應道。

「容納不足！也該有個限度吧？真正讓我放棄情感的，是他的欺騙和謊言，這是不能接受的！」她提高嗓音說。

意難平，氣難消，人難忘。

至今，她還陷入在與前男友的恩怨中，所以她會痛。

其實，從心理層面看，怨恨曾經愛過的人，也是另一種形式的情感連結。

「說謊背後的動機是更重要的。你有去了解過嗎？」我追問。

「有啊！動機很簡單啊！不願意讓我知道真相，所以就編織一個美好的故事。也許，他認為我無法接受真實，所以就選擇了欺騙。」

「除此之外呢？你們相戀八年，你對這個人的真實感覺是什麼呢？」我繼續問。

羅雨菲想了一下，放慢了語速，說道：「感覺他還蠻真實的吧！他能包容我的缺點，比如我的情緒化。生活上，他也會接受我不會做家事，盡可能地多照顧我。」

她用鄙夷的語氣說：「欺騙是十分虛偽的，如此一個人怎能付出真心。」

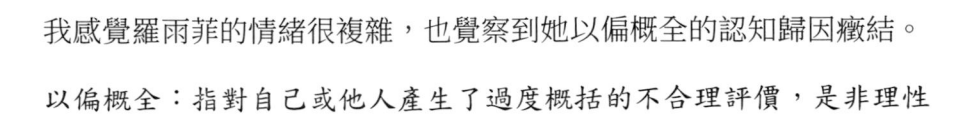

我感覺羅雨菲的情緒很複雜，也覺察到她以偏概全的認知歸因癥結。

以偏概全：指對自己或他人產生了過度概括的不合理評價，是非理性信念中的一種思維模式。

我試圖澄清，說道：「事情可能並沒有那麼簡單。關鍵是他成長過程中與原生家庭的關係如何？是否年幼時父母離異，母親改嫁對他造成了傷害？對於一個孩子來說，當遭遇傷痛卻又無力改變時，封鎖和逃離就是他本能的防禦方式。」

原生家庭：常指自己出生和成長的家庭，父母長輩們主導的家庭，自己尚未組成新的家庭，是與結婚後組建的新生家庭相對的概念。

她似乎聽進去了，我順勢說道：「當父母都離開家以後，家裡只有奶奶和孤零零的他，如何讓他能感受到家庭的溫暖和愛呢？也許他曾因此被同學猜疑，被周圍人議論和指點，所以他下意識地想要用遮羞布遮住。」

這種基於事實的邏輯認知分析，主要針對矯正羅雨菲臆想性認知模式。

於是，我繼續說：「之前，在他得知你懷孕後，看似冷漠地『授意』打掉孩子，是否也與他幼年的情感經歷或創傷有關聯？不知你是否追問過他的想法，比如他不想讓孩子在沒有心理準備的時候來到這個世間，更不想讓自己的孩子經歷他幼年時曾有過的苦痛。還有，他是否想透過自己的奮鬥，給你們的孩子一個他未曾有過的溫暖、完整的家？這些都尚不清楚。」

羅雨菲抬起雙眼，回道：「醫師，我以前從來沒有這麼想過，現在想來，面對他父母家庭的變故，他是無能為力的。如果讓我現在再遇到他這樣的情形，我想自己可能不會那麼決絕的。」

她的情緒平穩下來，語氣也變得柔和了。

「我接受心理諮商的這段時間，能看到自己是有變化的。我現在能真

實地知道，一個人行為背後一定是有原因的。如果我能理解和接受這個原因，我們就不會分開了。」她接著說。

「所以，如果我們能夠發自內心地去愛一個人，就要接納一個完整的他，包括他的過去。」我回道。

她說：「現在我明白了，是我沒有接納那個真實完整的他，只想要他對我的好，卻不了解他的苦憂。」

其實，若她接納了完整的他，也不是她給予的恩惠。但是，當她因某個行為放棄的時候，她也將最珍貴的愛一併放棄了。

歲月漫長，不只有溫暖宜人的春，也有寒冷刺骨的冬。

愛是能力，無法從遺傳獲得

愛是一種能力，無法靠遺傳獲取。它需要在真實情感關係中感受、學習和成長。

羅雨菲是個守時的人，她如約而至。

她剛一落座就說道：「這幾天我想了很多，感覺能夠理解前男友的行為了，同時也確實能感受到他在八年中對我的感情是真心的，不然也不會對我那麼好。但是，有一點我不太明白，為什麼我在前男友面前能自在表達，但在我父母面前就很裝呢？」

現實中，的確有些人在父母面前是一副姿態，在愛人面前又是另一副姿態。

「嗯，在父母面前要掩飾，但卻在愛情關係中做回真正的自己，因為在這段關係裡，你感覺到被接納獲得支持和疼惜包容，所以不怕犯錯。」

我解釋道。

「哦，這是兩種不同的關係！之前我一直把它們混在一起做比較，難怪會感到很困擾。」

聽了我的解釋，羅雨菲舒展了。

「對你的前男友來說，他平常大部分時間都在社會關係中，而你們是親密關係，你在他面前展現出孩子一般的純真，這是愛的一部分。」我回道。

人有不同的社會角色。在社會生活中人與人之間存在人際交往距離，但是，親密關係之中，兩個人卻因情感模糊了彼此的界限。

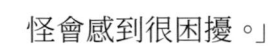人際交往距離：人們進行社會交際時，交際雙方因為在情感上、時空上所具有的密切程度不同，為了安全舒適，相互間保持著適度的距離。

愛的過程，需要把對一個人優點的愛，逐步拓展到對他缺點的包容，最後再發展到對一個生命的愛和守候。

「如果，我未來的男友也像我前男友那樣，有意識或本能地把缺點掩蓋起來，那我該怎麼包容呢？」

她下意識地想要一個通用的關係範本。

戀愛初期，受光環效應的影響，人們容易把戀人理想化，哪怕看到缺點也會將之美化，認為那是一種可愛，但隨著關係深入，你可能會發現他好像變了，跟以前不一樣了。其實，只是你的關注點發生了變化。

光環效應：是指對一個人的某種特徵形成某種印象後，據此印象傾向性地推論該人其他方面的特徵。本質上是一種以點概面的認知歸因。

「想讓婚姻幸福，是需要學習和成長的。現實生活中，一定既有美好的，也有殘酷的。」我說。

畢竟，愛是如此的重要，它屬於生命本質驅動力。愛是一種能力，無法靠遺傳獲取，它需要在情感關係中體悟、學習和成長。

羅雨菲點點頭，說道：「我一直在迴避情感，好像失去了愛和被愛的能力。現在，我想要再去試一試，為自己去爭取幸福的可能。」她明白了，愛是要學習的。

「你不害怕了嗎？」我笑著問。

「經過這段時間的梳理，心裡踏實多了。現在，我感覺到在兩性關係中，自己是有機會去判斷和掌控的，也就可以去相親了。」她笑著說。

「你已經變得有力量了，這就是你的成長變化啊。」我肯定道。

我有意識地將羅雨菲的進步，歸結到她自己身上。

「我以前看人的眼光很挑剔，但其實並沒有具體標準，純粹是靠感覺，而我現在會把重點放在彼此了解的過程上。」她說。

隨後，羅雨菲邁著輕盈的步伐離開了診間。

愛，就是接納完整的生命

「有一天你會非常感謝帶給你痛苦的人和事物，因為他們會讓你成長。」倘若你從未真正地愛過一個人，你便不會更清晰地看到自己。

再見羅雨菲，已是一個月後。她臉上畫了淡妝，一襲長髮呈波浪型盤旋而下，整體看上去，極具女性的嫵媚與風情。我心中充滿了驚訝：短短的一月之間，究竟發生了什麼？我按下心中的好奇，一如既往地問道：「一個多月沒見了，說說你的近況吧。」

她告訴我，上次諮商結束後，她決定回老家看看父母，原來一直害怕與父母一起生活，現在她想試試了。

「我發現，當我愛上一個人的時候，更多是關注在愛自己的一種感覺上，比如，當他身上具有我喜歡的某種特質和特點，就讓我產生了一種很

美好的感覺，但實際上，似乎我更喜歡自己沉浸在那種美好感覺中的狀態。」羅雨菲說。

我們很難將它們完全梳理清楚，很難在幾段紛繁交錯的關係中，用一個標準去評判對錯，也很難用我們自己的感受去解讀另一段情感。

在她的記憶中，好像一直下意識地尋找渴望父母愛的感覺，但卻一直都沒有得到滿足，這種球感需求的缺失會延續至今。

她說，我和姐姐是雙胞胎，前後就差了幾分鐘，但在我父母眼裡，她與我是不一樣的。我跟姐姐從小吵到大，關係一直不好。姐姐可愛、活潑、調皮，深得父母寵愛。而我為了贏得父母的關注，就變得十分乖巧，在學校很勤奮，目的是想要透過老師的誇獎讓父母喜歡。

情感的五種需求：分別為被讚賞、被認可的需求；被關愛、被喜歡的需求；被安慰、被傾聽並作出同理的需求；被激勵和被關注的需求；被原諒的需求。如果這些需求未被父母滿足或受到傷害，就會尋求從其他親密關係，或其他關係中獲取。

「那現在呢？你們長大以後呢？」我問。

羅雨菲嘆了口氣，說：「現在還是老樣子，無論姐姐有什麼問題，我父母都會設法幫助解決，包括她的婚姻、經濟支持、養育孩子等。但我依然是報喜不報憂，總是迴避問題。」她說。

她似乎沉浸在回憶中。

「後來，我發現自己生病了，服藥治療了四五個月仍不見好。看著自己身體每況愈下，失眠，沒有胃口，甚至都不知道自己能堅持多久了。有一天醒來，我突然想，如果因為身體原因我就這樣死去了，再也見不到我的父母了，想到他們流淚和蒼老的神態，我的心裡非常難受，一個人大哭了一場。」

　　她說：「從感覺到死亡逼近的一刻，我感到內心很牽掛父母，也很捨不得他們。然後，我還想到了姐姐，第一次覺得有個姐姐是一件不錯的事情，若自己真的死了，姐姐還能夠替我照顧年邁父母。」

　　羅雨菲的聲音有些哽咽了。

　　每個生命個體，都生而不同，雙胞胎也不例外，在羅雨菲看來，比自己早出生幾分鐘的姐姐可以透過與生俱來的美麗可愛，獲得父母無條件的關注疼愛，自己卻要窮盡心力去變得乖巧優秀，來求得父母的省心與喜歡。

　　也許，正是這段經歷，讓她在男友面前表現出更多的任性，用心理補償的方式，滿足自我被父母無條件關愛的心理需求。

　　「一個月前，我的病情穩定後，我做的第一件事情就是回到家裡，想跟爸媽住一段時間，但這次跟以前有了很多不同。」

　　「這些不同是什麼？」我追問。

　　「以前，我父母非常希望我跟姐姐與姐夫對立的關係能緩和，希望一家人能夠和睦相處，這是他們最大的期盼。這次回家又提這個老問題，可我不再反感了，這在以前我做不到，這是一份難得的矯正性情感經驗。」

　　矯正性情感經驗：是指在心理治療中，來訪者獲得的不同於過去的新的情感經驗，這種情感經驗能夠抵消和消融來訪者過去的負向情感經驗。

　　在這個世界上，愛與情感問題可能是最複雜的問題了。

　　但是，一段感情的連結，一定是滿足了他們內心彼此需要的某些東西，至少在那一刻或那些時間裡，他們對彼此是重要的。

　　我能感覺到，羅雨菲的情緒變得穩定了，看待問題的視角發生了明顯改變，對問題的解釋和歸因也變了。她開始跟自己和解，跟父母和解，跟姐姐與姐夫和解，這些重要關係的和解又帶給她新的發現。這是心理治療

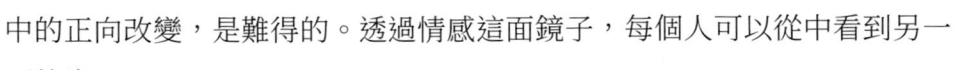
中的正向改變，是難得的。透過情感這面鏡子，每個人可以從中看到另一面的自己。

情感，沒有單純意義上的好壞。它就是生命的歷程，不僅飽含思念、美好和奇妙，也深含傷害、苦痛和淚水。

最後，羅雨菲望著我，真誠地說：「這次生病，最大的收穫就是學會如何看待別人和自己了。」

她說，原來內心裡長了很多草，還有很多刺痛她的東西，在接受心理治療這段時間裡，原來那些草被澆灌了、柔軟了，那些尖利的刺也被剝離了。原來那種失控、無助和孤單的感覺開始遠離自己了。

最後她告訴我，現在的自己有力量了，對別人也沒那麼多抱怨了。甚至，有時候一個人獨處時，還能感覺到一些小愜意。

心理學家埃里希‧佛洛姆認為：愛是一門藝術。要想掌握這門藝術的人，要有這方面的知識並付出努力。如果不努力發展自己的全部人格，並以此達到一種創造傾向性，那麼每種愛的願望都會失敗；如果沒有愛他人的能力，如果不能真正謙恭地、勇敢地、真誠地和有紀律地愛他人，那麼我們在自己的愛情生活中也永遠得不到滿足。

我看到，當她理解包容了父母的「偏袒」，放下姐姐與自己「爭寵」的敵意和誤解後，在愛與親情的感悟上又將收穫不一樣的果實。

埃里希‧佛洛姆（Erich Fromm）：美籍德裔心理學家和哲學家，畢生致力於修改佛洛伊德的精神分析學說。《愛的藝術》（The Art of Loving）是他最著名的作品，已被翻譯成至少32種語言，被譽為當代愛的藝術理論中最著名的專著。

此時，我要給予她正向回饋與見證。

這種見證是心理治療的一部分，它能強化來訪者的積極自我認同，促

使新的認知行為模式進一步固化。

於是，我放慢了語速，一字一句說：「它不是憑空而來的，這種改變加入了你的學習，加入了你的覺察和反思。這是一種有根基的成長，是穩定而持久的。」

她笑了，但又追問道：「醫師，我還有一點點擔心，如果我以後談戀愛，遇到了新的問題，還會退回到以前嗎？」

我能理解她的擔心，回道：「這是你在認知層面的改變，它是可靠的。因為它源於一個有基礎、有歷程、有體會的心理過程。」

她很有感觸地點頭，說道：「我的一個老師，在我上次生病時跟我說：『有一天你會非常感謝帶給你痛苦的人和事，因為他們讓你成長。』當時我覺得那就是一句安慰的話，但現在我覺得它很有道理，有時我甚至想要感謝我的前男友，是他教會了我如何看待情感，如何理解他人的過往。」

當聽到她對前男友說出「感謝」二字時，我知道她是真正與那一段戀情和解了，並且放下了。

是啊！當羅雨菲在理解寬容了前男友的「欺騙」後，在愛與接納差異上獲得了新的感悟成長。

對於生命而言，每一段有愛的情感都需要我們去感謝！因為，它是生命與生命間的禮物，是十分珍貴的。

愛的能力，不僅僅是限定在男女之愛中，也並非透過增進技巧即可獲得。愛，是一個人完整人格的展現。因此，要發展我們愛的能力，就需要努力發展自己成熟的人格。

「嗯，現在我心裡是溫暖的。」羅雨菲由衷地說。

「醫師，我非常想要謝謝您！如果沒有這一段時間您的幫助，我真不知道自己還會痛多久，更不知道是否有我現在的改變！」

我也開心地笑了，回道：「其實，在我心裡，最要感謝的人是你自己！」

望著羅雨菲自信的笑顏，我意識到心理諮商和治療可以告一段落了。

半年時間過去了，偶爾我還會想起羅雨菲。

不知道這個曾經為愛糾結那麼久的女人，是否找到了屬於她的幸福？！

● 本篇結束語

　　愛情的意義究竟是什麼？也許，就是在愛的時光裡，你更加了解自己，並且學會如何去愛。愛情就像一面鏡子，你的美麗，你的懦弱，你的混沌，全部投射在這面鏡子上，而鏡子裡的那個人是你從未見過的另一個自己。

輕鬆心理咖啡屋 —— 做自己的心理療癒師

◎ 第一杯咖啡：如何緩和與前男友情感糾葛

　　若你愛過他，那就在療癒心傷中重新遇見自己，與愛過的人好好告別……

　　身為治療師，在我看來，愛情就是生命裡最難得的禮物，它並不是平均分配給每一個人。如若你真心地愛過了，那麼你就是幸運的！不論結果是什麼，愛都是此生中最珍貴、最絢爛的情感。若最後生命只有回憶，我也希望有關愛的記憶是完整的。

　　本案例故事中，來訪者羅雨菲與前男友相戀相愛，分手多年後卻一直陷於這段情感漩渦之中，這種痛苦一直緊緊糾纏並困擾著她。心理諮商從探索羅雨菲心理痛苦的緣由逐步展開，有序推進。

緩和深層愛的情感糾結，一般需要如下心理過程：

①同理接納、釋放與長期累積的負性負面情緒，用安全傾訴的方法最有獲益，尤其交流之中的及時回饋，能幫助她整理模糊或者紊亂的思緒。

②重新闡釋了羅雨菲對前男友的「戀父情結」，對固化的心理標籤進行去標籤化，是建立新視角的必經過程。

③處置深層孤獨感。重新審視情感糾葛中的深層原因，即愛人離去後的深層孤獨，緊張不安，以及對未知的恐懼。

④不把前男友「汙名化」。完形心理治療理論指出，人有對過程完整的心理需求。在羅雨菲的療癒中，治療師也創設了診間情景，幫助她與前男友作「道別」。

⑤澄清重要生活事件，如男友「說謊」事件。直面人性的複雜性，幫助羅雨菲理解男友年幼時的無助、孤單與恐懼，拓展羅雨菲的視角，重新解讀男友「說謊」背後的心理動機。

◎ 第二杯咖啡：新的情感適應系統如何重建

情感是一個複雜世界，療癒多重心理困境是需要心路歷程的⋯⋯

心理學家邁耶・弗里德曼（Meyer Friedman）指出，個體對新環境的適應是要求其「改變」舊有的適應模式，這由人的適應能力決定。為了適應不斷變化的環境，會不斷更新在人生早期階段學到的東西。但對於適應新環境而言，兒童早期建立的自動化認知行為模式，既可能成為一種指導，也可能成為一種障礙。因而，當兒童期的認知行為模式阻礙個體發展時，就需要在成長過程中被修正或取代。

首先，我在澄清羅雨菲問題的過程中發現，在碎片狀的情感記憶裡，她進行了選擇性強化、加工，用自我臆想的方式逃避深層孤獨，自我力量

越來越弱，從而進入了一個惡性循環，最後導致焦慮症狀的出現。

其次，我在對情緒背後深層原因梳理中發現，羅雨菲存在多重心理困擾：

一是與前男友情感的糾纏與捲入；

二是與原生家庭關係的衝突與疏離；

三是自我認知模式的偏離與僵化。

她以往的認知行為模式已經不能應對和處理當前的困擾了，甚至阻礙了她正常的生活。

最後，需要一個系統的、多層次的心理諮商與治療設定，對療癒羅雨菲的多重心理困擾是至關重要的。包括，她內心深層情緒宣洩、情感梳理和行為建構，逐漸推進她的心智成長，用新的認知行為模式來修正、取代不良模式，而不是局限於解決當前的焦慮症狀。

第二篇
「害怕」，讓我無法做自己

人物獨白：我害怕異性，無論是相識或者不相識的人我都害怕！我不知道為什麼，但心裡總有一種感覺，傷害我的箭隨時都會射出來！

佛洛伊德曾說過，一個人特異行為的背後，必定在潛意識裡藏著一個不為人知的謎。一般來說，負面情緒或偏離性行為，往往出現在問題事件之後。

我獨處時，總是感到很害怕

她本應笑靨如花，內心卻堆滿了苦楚，如同荊棘般纏繞她的心，不僅無力綻放青春韶華，盤踞於心的刺還在時時刺痛她……

「醫師，我一個人的時候靜不下心來，總是感到害怕。」這是姚小影和我說的第一句話。她說話的聲音很小，聽起來有點怯生生的。內向而敏感，這是我對姚小影的第一印象。每年暑假，都是青少年心理諮商的高峰時期。

今年也不例外。

姚小影，是一名國二學生，在週一上午，來到了我的診間。

我端詳著眼前的女孩，穿著卡通圖案的黃色 T 恤，看上去有些稚氣未脫。雙眉緊皺，呈川字型，一副心事重重的樣子。

她的雙手不停地搓著衣角，不時偷望的目光在我身上不斷地搜尋掃

視，整個人彷彿一隻受驚的小鹿，緊張無措，局促不安。

佛洛伊德曾說過，一個人特異行為的背後，必定在潛意識裡藏著一個不為人知的謎。一般來說，明顯的負面情緒或出現偏離性行為，往往出現在問題事件之後不久。我相信，姚小影害怕獨處的背後，也必定存在著一定的問題事件。

問題事件：是指引發來訪者自感痛苦的問題或事件，如人際挫折、學業不順、失戀、職業受阻，以及疾病與創傷等負面經歷與體驗。

對於敏感的人，我通常都會放慢我的語速，語調盡可能地柔和，以降低她可能會出現的緊張與阻抗。

阻抗：在心理諮商過程中，來訪者以公開或者隱蔽的方式否定心理師的分析，拖延、對抗心理師的要求，從而影響諮商的進展，甚至使諮商難以進行的一種現象。

「出現這樣的感覺有多久了？」我問。

「剛上國中開始的，我現在國二了，大概快兩年了。」姚小影答道。

於是，我將關注點投向此處，問道：「在你那個時候，有什麼事情是讓你記憶深刻的？」

「沒有。」姚小影做出沉思狀，然後搖了搖頭，說道。

她回答時表情很自然，沒有絲毫的糾結或掙扎，這說明在她的記憶裡，可能真的沒有發生過什麼重大的事件。

不過，有時候「沒有」並不代表真的沒有，可能只是被忽略遺漏了。

「那麼，你從什麼時候開始記事的？」

我準備透過對生命歷程的開放性回溯進行探尋，希望能獲得有關問題事件的蛛絲馬跡。

「四五歲吧。」姚小影說。

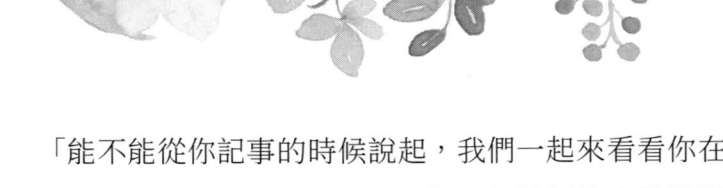

「能不能從你記事的時候說起，我們一起來看看你在這個過程裡遇到了什麼，在什麼地方打了結。」我想了解她記憶中的點點滴滴，將問題與她的關係進行外化，而不是就表面問題而談問題。

外化：是敘事治療的主要技術之一。是指將問題與人分開，把貼上標籤的人還原，讓問題是問題，人是人。問題外化之後，問題和人分家，人內在本質會被重新看見與認可，轉而有能力與能量去解決自己的問題。

她沒有立即回答，雙眼望著地面，似乎在猶豫是否要對我坦言。

我沒有催促，耐心地等待著她的答覆。

沉默了一分鐘後，姚小影終於開口，開始將她的生命歷程娓娓道來。

從記事起，她就一直住在爺爺奶奶家，直到上小學時，才開始和父母一起生活。上小學時，她的家庭和睦且幸福。

「那個時候，爸爸每天都會接我上下學，下雨的時候會把他的雨衣給我披，回家時飯桌上已經擺好了媽媽煮好的菜。週末時爸媽還會陪我出去玩⋯⋯」

姚小影嘴角下意識地上揚，露出了淺淺的酒窩，彷彿沉浸在那段幸福的回憶裡。

「但是，從爸爸做生意開始，情況就變了⋯⋯」一提起這段往事，姚小影的神色開始逐漸變得黯淡起來。

她說，從那時起，不知為什麼自己的父母開始經常吵架，笑聲在家裡出現的次數越來越少，吵罵聲卻越來越多了。

「爸媽吵得很凶，每次看到他們吵架，我都躲在自己房間裡不敢出來，只敢開啟一條門縫偷偷地看。有一次，爸爸竟然從地上撿起一把木椅子用力砸東西，嘴裡還說著要是再碎唸就用椅子砸死你之類的話，很嚇人⋯⋯」

說到這裡，姚小影顯得心有餘悸，彷彿當時父親揮舞木椅的場景仍在眼前。這是姚小影第一次提到出現害怕的場景。

我似乎掌握到了姚小影心理問題的大致脈絡，應該與她成長的原生家庭有直接關係。但我還不能輕易下結論，這裡依然需要一個將問題澄清過程。

問題澄清：心理師在傾聽來訪者敘述自己故事的過程中，會對來訪者的症狀及其成因逐漸形成最初評估與假設，在後續諮商過程中驗證、修正假設並形成對應的治療策略。

於是，藉著她說話的間隙，我問道：「父母吵架會讓你感覺害怕嗎？」

「嗯嗯。」姚小影點頭。

「特別讓你害怕的場景，在你記憶中有幾次？」我追問。

姚小影回憶說，記憶中非常害怕的場面有兩次。一次是父親撿起椅子亂砸東西，不僅把家裡的落地檯燈砸壞了，破碎的玻璃渣還傷了他的手。還有一次，是傍晚看電視時，不知為何父母又吵起來了，而且越吵越凶。父親很生氣，也很激動。後來，他突然一轉身，拿起梳妝檯上的鏡子，往媽媽臉上扔過去，母親摀著臉「啊！啊！」地大聲尖叫。她清楚地記得，後來母親去醫院掛急診，傷口還縫了針。

從那以後，她每次看到父親就感到很害怕。

果然不出所料，家庭關係衝突是孩子心理困擾的一個重要根源。

我開始追問：「你還能記得父母每次吵架的原因是什麼？」

「記不清了，但我覺得不管起因是什麼，他都不能拿鏡子砸人，而且神情那樣的凶狠可怕！」姚小影回道，言語中帶著滿滿的怨氣。

對一個人的稱謂，往往能夠透露兩人關係的密切程度。

姚小影剛才的回答，用了「他」來指代「爸爸」，說明她想要和父親保持一定的心理距離。加上她提到父親時的憤怒語氣，我覺得她與父親的關

係很有可能是問題的「癥結點」，也可能是解決問題的「突破點」。

　　順著這個思路，我問道：「你覺得爸爸是怎樣的一個人？他對你怎麼樣？」

　　「他變化太大了。有時對我很好，但發起瘋來簡直就是另外一個人，很嚇人！」姚小影答道。

　　「之前，爸爸對媽媽又怎麼樣？」我接著問道。

　　「他們之前很好的，真的很好！但不知道為什麼後來總是吵架，最後……最後他竟然拿鏡子砸傷了我媽媽，我心裡很……」說著說著，姚小影哽咽了，止住了話語。

　　看著姚小影閃爍的淚光在眼眶中打轉，我已然猜到了她後面沒說出的話。

　　事實總是需要面對的，迴避和否認往往不能真正地解決問題。

　　「父母後來離婚了。」說完，姚小影忍不住哭了出來。這種哭泣在諮商中往往具有積極正向的作用，我靜靜地陪伴著她。

　　此時的哭泣：是來訪者情緒宣洩的一種方式。它能夠釋放來訪者內心積壓的負面情緒和壓力，有助於回歸理性層面。若情景適度可控，一般不予勸阻。

　　她哭得傷心，淚水止不住地流淌，梨花帶雨的樣子，惹人憐愛。

　　我能感受到她的那份傷心，正值花季的她本應笑靨如花，內心卻堆積如此多的苦楚，如同荊棘一般侵占她的心，不僅無力綻放自己的青春韶華，盤踞於心的刺還時時刺痛她，令她無法做自己。所謂會呼吸的痛，不過如此。

　　我默默地遞去衛生紙。當下，她最需要的不是安慰，而是被壓抑情緒的宣洩。

多少夫妻由於起初不經意產生的小矛盾，因未能疏解而更新至你死我活的戰爭，最終勞燕分飛，苦的卻是他們的孩子。

顯然，姚小影最初害怕、恐懼的起因，與父母之間激烈的肢體衝突及身體傷害有關，尤其是未成年孩子目睹家庭暴力，往往會帶來創傷性的情緒記憶，成為一生的心痛。

約莫一分鐘過後，姚小影的哭聲漸漸止住了。她平復了自己的情緒，歉意地看了看我，似乎在為自己的失態而感歉疚。

「當父母離婚的時候，你的感覺是什麼？」我問道。

聽到這個提問，姚小影向我投以疑惑的眼神，似乎沒聽懂我的問題。

「父母離婚以後，你是會因再也看不到他們天天吵架了而高興呢，還是說即使看到他們天天吵架，你也不希望他們分開？」我解釋道。

「我不希望他們離婚！」姚小影毫不猶豫地回道。

聽到她斬釘截鐵的回答，我感受到了一個孩子對完整家庭的渴望，同時也感受到了她對父親在情感上的糾葛。雖然，她口口聲聲都在抱怨父親，也嘗試與父親拉開距離，但父親在她心中依舊占據了一個十分重要的位置。

「父母離婚分開之後，你自己的感覺是什麼？」我繼續問。

一提到父親，姚小影又是悲憤的言語，回道：「還好，感覺比以前清靜了。他們分開後，我還和爸爸見過幾次面。半年前，我無意中從親戚那裡得知，他又結婚成家了，但是過得也不好。他打過幾次電話給我，說想來看我，但我就是不想見他！」

聽到這裡，姚小影心理問題成因的脈絡也逐步清晰了。所以，化解姚小影與父親之間的不良關係，是解決她心理問題的一個突破口。

姚小影之前提到自己最初害怕獨處的時候，正是剛上國中的時候。

「當爸爸離開之後呢？你會想他嗎？」我再次把關注點，拉回到她與父親的關係上。

「完全不會，一點都不想他！他走了以後，我的世界裡就好像沒有他這個人的存在了！」姚小影迅速回道，但是目光卻移向了別處，這些看似無心之舉的肢體語言，背後的隱含意義反倒更值得用心體察。

肢體語言：被視為人的一種內部語言，需要細緻觀察才能獲得。它通常能表露出來訪者本人未能覺察的感覺經驗，尤其是當其語言與肢體行為不一致時，有助於對深層心理癥結的探索。

我已經感覺到了姚小影此時的言不由衷，但沒有繼續停留，而是將話題一轉，問：「你一直和媽媽在一起嗎？她有沒有再成家呢？」

「我和媽媽一起生活，她一直都沒有再找對象，也許都是因為我吧！」姚小影的聲音漸漸低沉了。

14 歲的孩子，已經到了青春敏感期。此時，看著眼前的姚小影，我能感覺到她內心的敏感、脆弱和無助。

「這幾年你和媽媽生活在一起，你覺得開心嗎？」我繼續問道。

「不開心！我經常惹她生氣。」她回道。

她說，在學校自己沒有朋友，很孤單。因此，不論好事壞事都向母親傾訴，母親聽了以後，大多是教導她，或是批評她，甚至還會指責訓斥她。有時，她感覺被誤解，不服氣，就會與母親爭辯，最後，就吵起來了。然後母親急了就大發脾氣！這時，她心裡難受，好幾天都不與母親說話。

她的語速飛快地抱怨著。但又話鋒一轉，態度變得柔和了一些，補充說：「其實，我媽以前是個很溫和的人。離婚之後，她的脾氣才逐漸暴躁起來的，她對我發完脾氣後也很難過的。」

說到這裡，姚小影顯得有些自責，似乎覺得她不應該惹媽媽生氣。

　　夫妻緣盡，對每對夫妻來說都有一份難言的傷痛！姚小影母親離婚後性情的變化，也許就源自那份尚未癒合的情感傷痛。

　　這就是混沌的情感世界，看似已分離，但卻愛恨情愁，千絲萬縷。

　　「父母分開後，媽媽會跟你提及父親嗎？」我問道。

　　「會，說她這輩子被爸爸害了。但也不經常，她好像也不太願意提到他。」姚小影回道。

　　我能理解姚小影媽媽的那份不願意。未癒的傷口，無論何時觸碰，都會讓內心的痛覺神經再次啟用，自然就不願再去提及。

　　「你有沒有和媽媽聊過一些他們的往事，比如，當年她怎麼會愛上爸爸的？」

　　姚小影略微思索了一下，然後開始講述她記憶中的父母過往。

　　父母相識於一次朋友聚會。那時爸爸研究所剛畢業，高大帥氣，讓媽媽產生了好感，於是展開了追求。爸爸高學歷的光環，加上俊朗的相貌，很快就讓未曾戀愛過的媽媽墜入了愛河。

　　半年後，他們兩人開始談婚論嫁。再過一年後，姚小影出生了。

　　「聽你說來，你爸媽是自由戀愛結婚的。他們的婚姻應該是自願的，也是相愛的。兩個原本因愛步入婚姻的人，最後怎麼變成了敵人？你想過這其中的原因嗎？」我啟發式地問道。

　　啟發式談話：是指心理師引導來訪者重新審視既往生活中發生的事件，促進來訪者更為客觀理性地覺察和領悟，從而能以新的視角、較為理性的態度與評價，去替代或改寫先前較為情緒化、偏頗的觀點。

　　我的這個問題，似乎令姚小影有些措手不及。只見她搖了搖頭，然後把目光投向我，似乎希望我能給予解答。

　　我沒有直接給出答案，而是繼續問：「你剛才說過你和母親也會吵架，

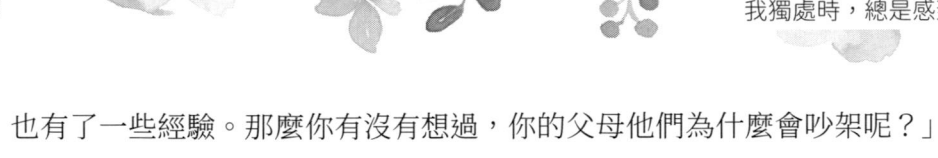

也有了一些經驗。那麼你有沒有想過，你的父母他們為什麼會吵架呢？」

姚小影想了想，然後回道：「他們都是家裡的獨生子女，可能遇到一些事誰也不讓誰，就吵起來了吧！」

「看來，是因為他們兩個人當時不太會相處，所以才把一段原本互愛的關係變成後來那樣，我的理解對嗎？」我順著姚小影的話，像剝洋蔥一樣，一邊分析，一邊確認。

姚小影點點頭，認同了我的說法。

我接著說：「兩個人能夠相遇並產生愛的感覺，直至攜手步入婚姻生活，本是一件浪漫的事情。但是，戀愛和婚姻並不是一回事……」

戀愛時，戀人間談的是情愛；婚姻裡，夫妻過的是生活。戀愛時，可以只談琴棋書畫詩酒花；生活中，卻避不開柴米油鹽醬醋茶。曾經在情愛裡互相欣賞的兩個人，在生活中卻可能拿著錐子刺著彼此的心。

「所以，父母之間衝突爭吵應該不是某一個人的原因，而是兩個人之間的互動。」我說道。

我剛開始解釋時，姚小影聽得專注，時不時地點頭。但當我說到這一句時，她卻立即反駁，說道：

「不管怎樣，我都覺得是我爸的錯，他還動手打人呢！」

看到姚小影有些激動的情緒，引起了我的注意。我腦中快速地回閃著一些畫面，包括我和她之前的對話，想要從中找出一些端倪。終於發現，只要我一提到她父親，姚小影的言語中就充滿了攻擊性。

替代性攻擊：心理防衛機制之一。當人心裡產生不愉快，卻又不能向對象直接發洩，便會利用轉移作用，向其他對象以直接或間接的攻擊方式進行發洩，或把自己的不適轉嫁到別人身上，並判斷他人的對錯，這類防禦機制包括轉移、外投射和內投射。

我的腦中冒出了一連串疑問，難道她是在用攻擊父親的方式，來進行自我防禦嗎？

還有，她剛進診間就提到了心裡的害怕，她在害怕什麼呢？是害怕男人？還是她的父親？「害怕」在她生活裡究竟有什麼功能呢？

排斥異性，源於帶刺的親情

任何一個孩子都需要學會從父母關係的衝突中後退一步，而不是過度融合捲入。你是他們的孩子，不是他們婚姻關係的審判官。

帶著上次諮商中的疑問與考慮，這次我想盡快地切入主題。於是，在整理了思路之後，我單刀直入，問道：「記得上次你說，好像父親帶給你和母親一些困擾，是這樣嗎？」我採用了情感反應式的問話方式。

情感反應：是指心理師將來訪者語言與非語言行為中包含的情感經過整理後，回饋給來訪者，促使來訪者對特殊情境、事件或人物表達出更多的情感，使心理師能夠了解更多的資訊，也讓求助者更了解自己，是同理的一種基本方式。

姚小影聽後，略微遲疑，然後默默地點了頭。

「能具體說說是什麼困擾嗎？」我輕聲道。

「就是讓我心裡靜不下來，常常感到擔心害怕。」姚小影回道。

「有明確的對象或內容嗎？是怕爸爸？還是怕別的什麼？」我追問。

姚小影沒有立即回答，似乎斟酌著什麼。不一會，她回道：「醫師，我不只是害怕他，我害怕所有的男人，不管熟悉的或者是陌生的，我都害怕跟他們有任何接觸。」

我意識到，這種害怕情緒的類化，是心理症狀複雜化的表徵。

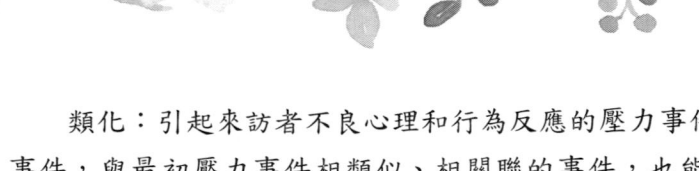

類化：引起來訪者不良心理和行為反應的壓力事件不再局限於最初的事件，與最初壓力事件相類似、相關聯的事件，也能引起來訪者的不良反應。

「為什麼呢？」我依然用平靜的語氣問道。

「可能是我爸撿起椅子砸東西的那個凶樣，嚇到我了吧！我一個人時，腦子裡就會不自覺浮現那個場景，心裡就感覺男人都是這個樣子，所以躲著男人。」姚小影回道。

「生活中，你有喜歡的男生或男性偶像嗎？」我想知道姚小影所指的男性是否存在例外和特殊性，於是問道。

「除了喜歡我家樓下的李叔叔以外，沒有其他人。」姚小影很快回答道。

「在學校裡，不可避免身邊有男同學，那你會一直害怕擔心嗎？」我需要細節。

「一般不會，只要他們不主動靠近我，就還好。如果他們找我說話，心裡就會很厭煩。」姚小影回道。

「我可以再甄別一下你的感覺嗎？你說的厭煩是討厭？害怕？拒絕？還是不喜歡？比如，我們可能會討厭吸菸的男性，但並不會害怕。你的感覺具體是怎樣呢？」

我需要了解姚小影「害怕」中真正的含義。

「應該還是害怕吧。我對爸爸的感覺就是害怕，對別人的也一樣。」姚小影想了想，回道。

「具體說，你害怕爸爸的什麼呢？」我追問。

「他是個不好的人，會傷害我和媽媽。他不止罵人，還撿椅子砸東西，用鏡子去砸人！」姚小影不自主提高了音量，回道。

「你認為，發生在父親與母親爭吵時的衝動行為，對你和媽媽造成了

傷害，是嗎？」我需要對衝突情景進行限定，問道。

姚小影點了點頭，說道：「對啊！在那個時候，我只能在一旁流眼淚。」

「你與母親也有過爭吵，那麼有沒有什麼地方讓你感到受傷害？」我問。

「嗯，我小時愛玩，不太聽話，媽媽就說我不像是她親生的孩子，是老天派來懲罰她的，是讓她生氣的，不是福報。還說，遲早有一天我要把她氣死。但是，我，我……我並不想這樣的！」

說到這裡，姚小影有點語促，淚水又在眼眶中堆積著。

「你感到很難過，即使你與母親的感情很深，心裡也很愛她，但她著急時也會說出一些狠話，讓你感覺被誤解了。」我說道。

「嗯嗯。我媽媽原來不是這樣的，其實這都怪我爸！現在她很辛苦，都是為了我才變成這個樣子。」姚小影急忙為母親辯解。

「你認為，是母親離婚了還要教養你，所以是你的錯？你不聽話貪玩時，母親說你是來讓她生氣的，所以還是你的錯？對嗎？」我順著姚小影的話，追問。

「嗯！反正我就是覺得媽媽沒什麼錯。她雖然脾氣不好，但還是離婚這個事才讓她變成這樣的。」姚小影依然順著她的邏輯，回道。

「現在假設你的認定，是父親和離婚讓母親變成了今天這個樣子。那麼，你繼續向前探根尋源，誰需要為此負責呢？如果按照邏輯，當你母親在決定成為妻子時，你還沒有出生呢。那麼，為什麼母親的改變都是你的錯呢？」

此時，我利用蘇格拉底式對話，進行認知澄清與分析。

蘇格拉底式對話：指心理師不做主觀判斷，而是透過一系列追根究柢式的邏輯對話，讓來訪者發現自己想法中的自相矛盾之處，進而改變自己的想法。

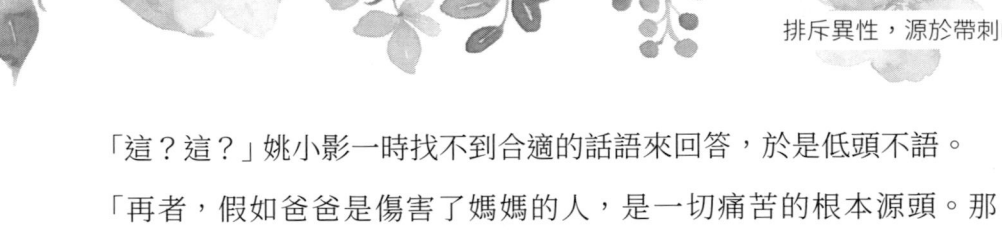

「這？這？」姚小影一時找不到合適的話語來回答，於是低頭不語。

「再者，假如爸爸是傷害了媽媽的人，是一切痛苦的根本源頭。那麼，這個婚姻也是爸媽他們自己的選擇和決定。那麼，又如何都是你的錯呢？」

在我的追問下，姚小影有些難以回應，也有些氣急。

於是，她撇一撇嘴說：「我不管他了！現在，我覺得反正我和媽媽跟他一丁點關係都沒有了！」

基於我們之間已經建立的良好諮商關係，對她言行不一致的地方，進行了必要的面質，這有助於進一步澄清問題的實質。

面質：是指心理師對來訪者言語或非言語行為反應不一致的質疑。目的是為了澄清來訪者表述中矛盾的地方，更容易理解來訪者的問題。

於是，我說道：「你可以這麼說，但事實真的是這樣嗎？如果你真的跟他毫無關係，那麼你現在為什麼這樣氣憤？這樣害怕他？還把這種害怕的感覺轉移到其他人身上。其實，不是你們沒有關係了，而是存在著一種偏離性的關係，這也是一種關係。」

此時，面對我邏輯遞進式的提問與分析，姚小影找不出反駁的理由，眼見到她的小臉也漲紅了。

身為治療師，我內心是清楚的，唯有透過漸進的、居於事實基礎的、逐步引申的邏輯提問，才能幫助她看到自我心理困擾的本質，覺察梳理既往的情緒記憶，並在認知層面進行反思，改善因情緒性恐懼引發的負向自動化反應，從而達成對非理性認知歸因的修正。

於是，我繼續說：「如果再假設，你和父親沒有關係，你們各自也都是獨立的。那麼，我們就用獨立的觀點來看看他們的問題，比如，你和我都不清楚是什麼原因，讓他們有了爭吵和肢體衝突。同理，你和我也無法

把父母間的傷害行為，推論到所有男人都這樣吧？因為，這不是事實，只是你在感覺上的推論。」

「哦？好像我不能這麼去推！這對其他的男人有點不太公平。」姚小影回應道。

「你之前的推論，是基於你的情緒記憶和感覺，而你剛才的回答開始回歸事實本身了，是你的理性判斷出來了。」

我給了她及時的正向回饋，來強化她積極正向的認知反應。

此時此刻，我還要用她在現實生活中的真實體會和感受，推進她在認知層面的反思。

「現在，我們再回到事實上，生活中有很多其他男性，你父親只是其中一個。之前你提到你家樓下的李叔叔，你說蠻喜歡他的。如果按照你剛才的邏輯，所有男性都和父親一樣，都是壞人，都讓你害怕。那麼你害怕這個李叔叔嗎？」我問。

「不害怕。我家樓下的這個李叔叔是男性，不過他確實對我還不錯。」她輕鬆地回道。

「那麼，之前你認為所有的男人都是壞人，是事實嗎？」我追問。

「哦？好像不是的。我……我之前可能沒太仔細地想過。」她開始質疑了。

聽到姚小影的回答，我暗自鬆了口氣。似乎能夠跟著我的認知邏輯軌跡走了，言語間開始反思自己對既存事實歸因的真實性了。

能夠回歸事實本身，對自己的固有觀點進行反思，這是感性回歸理性的一種表現，也是認知行為治療的關鍵所在。當下，她顯然已經緩和了將父親等同於所有男人的自動化負向歸因的方式。

我微笑地看著姚小影，說道：「現在，你可以嘗試從父母間的衝突關

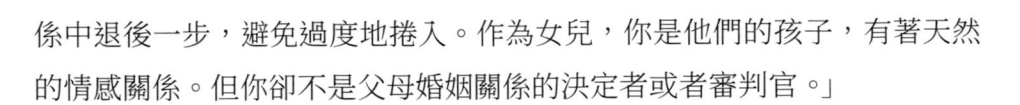

係中退後一步，避免過度地捲入。作為女兒，你是他們的孩子，有著天然的情感關係。但你卻不是父母婚姻關係的決定者或者審判官。」

姚小影聽得專注，顯然是聽進去了。

為了幫助她重新定位自己的角色，我給出一些具體的解釋、指導與建議。

我說：「你是獨立的，有自己對事物的判斷，試著去做一個父母婚姻關係的觀察者，或許你會發現，無論父親或母親，他們都存在著情緒管理不善的問題，才會因家事爭吵，使矛盾更新，最後演化為對立的『戰爭』。

最後，他們都累了，心身傷痕累累了，不願再繼續互相傷害了。因此，選擇結束他們的婚姻，分開生活。」

「嗯，是這樣的。在我的記憶裡，我媽媽的脾氣很急躁，我爸的脾氣也很暴躁。」姚小影點頭。

「其實，每個人都有著不同的成長經歷，因而就有了不同的行為和思維方式。我不了解你父親，不能隨意幫他貼上暴力分子的標籤。或者，如若說他真有暴力傾向，那也只是他個人的行為。但關鍵是，你把對父母衝突時的情景記憶與感受，推論類化到所有男性身上，這對其他男性來說是很不公平的。你說呢？」我說。

姚小影沒有像先前一樣表現出情緒化，而是認同地、用力地點了點頭。

我接著說：「你上國二了，身邊就有不少男同學。你仔細觀察一下，看看他們身上各自有些什麼特點，比如哪些是你喜歡的，哪些是不太喜歡的，而不是把男同學都歸到父親那一類去。」

貼標籤：當一個人被一種詞語名稱貼上標籤時，他就會做出自我印象管理，使自己的行為與所貼的標籤內容一致。心理學認為「標籤效應」

的出現，是因為標籤具有定性導向作用。「貼標籤」不僅會影響自我認同，也會影響別人對其的態度與傾向性。

此時的姚小影，一副若有所思的樣子。

於是，我結束了本次諮商。

希望下次再見時，能夠看到一個比今天更加獨立的姚小影。

解開心結，我心裡照進了光

也許，姚小影不知道，她分享的這段心路歷程有多麼重要！所有這些，都源於她向內進行的審視，而不再像以前將其投射到外部。

一週之後，姚小影如約來到了診間。進診間後，她先是向我微微一笑，隨後目光落在我的身上，示意我可以開始了。

今天的姚小影不再像上次那般警惕與不安，也不再那麼被動了。看來，上次諮商對她的內心有所觸動，這是一個不錯的訊號。

不過具體因何改變，仍需進一步探究。

一兩句寒暄之後，我直接問道：「你上次回去之後有去思考嗎？如果有的話，有什麼感受可以和我分享嗎？」

姚小影點點頭，回道：「現在稍微能一人獨處了。剛才我一個人坐在心理治療室外等著，感覺還比較好。不像以前身邊都離不開人，不敢自己一個人待在家裡。」

「這是一個不同於先前的感受。那麼這個感受是怎麼來的呢？」我藉此來引導他積極調動自我內在力量。

內在力量：敘事治療中，心理師用這樣的提問方式將焦點引向來訪者自我付出的努力，以及內在自我的力量上，增強其內在驅動力，讓來訪者

成為面對和解決問題的主體。

　　我一邊讚許著，一邊引導她對自己的正向經驗進行有意識地自我審視。

　　「回去以後，仔細回味您之前跟我說的話，的確發現在我認識的男同學、男老師裡，也都有我不害怕的人。這樣想以後，纏在心裡的疙瘩鬆了，害怕也就減輕了不少。」

　　姚小影下意識地撩了一下頭髮，微微紅著臉，回應我。

　　「之前，害怕的想法像野馬一樣到處亂跑。而現在那些害怕的念頭，好像被你牽到了馬廄裡，不再隨處亂跑了。所以感覺就會好些了，是嗎？」在對青少年的心理諮商中，我喜歡用一些形象生動的比喻來做解釋與回應。

　　我的比喻得到了姚小影的共鳴，她面露欣喜，連連點頭，說：「對，對，對！就像您說的那樣，那些讓我害怕的馬聽話多了。」

　　「我想知道，你是怎麼想到用這個自問自答的方式幫助自己呢？」我有意識在此停留，是想用敘事問話的方式，不斷豐厚正向積極的經驗，強化她內在的力量。

　　「其實以前也常常這麼用過，只不過用處都不大。」姚小影回道。

　　「但這次用起來好像很有效啊，這是為什麼呢？」我繼續用好奇的問話，鼓勵姚小影覺察自己內心的變化。

　　「上次您和我說的那個情緒記憶，還有去觀察自己的推論是否真實，對我很有幫助，我感覺到原來的那些想法好像是不對的，有點太超過了。」姚小影回道。

　　「可以具體說一說嗎？」我心裡一陣欣喜，這是姚小影第一次開始內省自己的固有認知，並開始進行理性的審視。

　　在心理諮商與治療中，認知層面發生的改變才是一個人真正成長的開始。

　　「之前，我認為爸爸是壞人，並因此認為其他男性也都是壞人。您卻指出了，樓下的李叔叔也是男性，但他是好人。我後來想想，您說的對，我之前的想法是不太成立的。」她說。

　　她還告訴我，諮商回家後，她心裡的感覺就開始慢慢變了，沒有那麼害怕男人了。而且，她也開始有意做一個父母關係的觀察者，讓自己不捲入爸媽間的「戰爭」！另外，她也開始從母親那裡，了解父母間吵架的原因。儘管，母親說了爸爸一些壞毛病，但也提到了自己做得不好的地方，比如得理不饒人，很容易激動，吵架時經常沒有經過思考就說出口，說話的內容刺人難聽，不然也不至於鬧到父親要離婚。後來，她的母親還哭了，說對不起她女兒……說到最後一句，姚小影有些哽咽，淚水在眼眶裡。

　　我將衛生紙遞給姚小影，然後靜靜等待著。

　　很快地，她止住了淚水，繼續說道：「那天和媽媽聊完之後，我突然發現媽媽的說法和我之前對爸爸的印象又有了出入，我爸好像並沒有我先前想的那麼壞，對爸爸也就沒起初那麼恨了。」

　　也許姚小影不知道，她分享的這段心路歷程有多麼重要！她對自己曾堅信的「既存事實」，開始了重新的真實性檢驗。

　　真實性檢驗：找到來訪者的認知曲解後，心理師與來訪者一起對這些推論和假設是否合乎邏輯與實際情況進行檢驗和辯論，鼓勵來訪者對自己的信念進行核查，以驗證其正確與否。經過真實性檢驗，來訪者可能發現這種負向認知和信念是不真實的，從而鬆動原先的信念。

　　她在這段心路歷程中，修通了既往固有的非理性信念，這將成為她恐懼症狀得以好轉的一個關鍵。所有這些，都源於她回歸理性層面的審視，而不再像以前那樣，將自我臆想視為真實的事實，並投射到外部世界。

　　我深切地感受到，姚小影內心的那朵小花不再萎縮，而是重新舒展枝

枒，向陽生長了。

這一切難得的轉化生長，我想見證給她看。

我想透過隱喻的方式啟發她的思考。於是，我對姚小影說：

隱喻：心理師透過與已知的、清晰具體、容易理解的日常事務進行類比，幫助來訪者理解那些未知的、模糊抽象的事物，是心理諮商中常用的一種技術。

「之前，你在自己的想像中做了一個很大的推論，即你看到草原上有一匹馬不好，就認定草原上所有的馬都不好，並成了固著的觀念。直到有一天，有位老爺爺跟你說：孩子，那一匹馬脾氣暴躁，總是踢別的馬，它是不好。可是，你再看看其他的馬，旁邊的那匹白馬性情溫順，安靜地吃草。另外一匹駝色的馬，也在流汗幫主人馱東西。還有一匹黑馬，將它受傷的主人帶回了家，救了主人，你能說它們都不好嗎？你因為一匹馬不好，就認定所有的馬都不好，是不是對其他的馬不公平啊？」

姚小影聽懂了，她不好意思地點了點頭，似乎在為之前自己的那些想法感到難為情。

說到這裡我停了下來，想給姚小影留出一些思考和回味的空間。

姚小影思索了一番，然後試探地小聲說道：「我聽進去了，也能有些理解了，好像現在我可以看到一些以前看不到的東西了，可以變得客觀了，自己也不那麼慌了。」

「你不僅客觀了，還能重新檢視自己原先的想法了。」我拓展了姚小影的答案。

是的，她已經意識到，不能憑自我主觀臆想做推論，而應從自我觀察的角度去看周圍的世界。這樣，才能看到更多的事實，才能還原出事物原本的真實。

正值青春期的姚小影，也正處於獨立意識形成的重要心理階段。在此，我需要強化她獨立意識的存在與成長。

於是，我繼續說道：「之前，你選擇相信自己想像中的世界，而現在你選擇相信你看到的世界。當你這麼做的時候，你就成為了自己，變得更獨立客觀了。」

「成為我自己？變得獨立了？這我能做到嗎？」姚小影喃喃道，語氣有些不確定。

作為見證者，我用肯定的語氣，說道：「為什麼不可以呢？你之前是有些迷茫，但在我們的對話中，我們重新對問題進行了澄清，使你覺察到在歸因上的偏頗。現在你透過跟母親談心，了解到更多真實的情況，有了新的發現和理解。這個過程是你完成的，新的想法和理解也是從你內心出來的。這就是一個人獨立性的展現。」

為了強化姚小影在轉變過程中的正向經驗，我將她修通的過程做了一番解讀，並引導她重新進行自我審視。

我告訴她，一個人有了獨立性之後，就有了自我力量。惶恐不安的內心就變得寧靜了，這種寧靜的自我狀態，更容易進行內在的覺察與審視，這就形成了一個良性的內在循環。

「是的，醫師。現在我好像有了一些判斷力，原來我總認為自己想的是對的。現在看來，其實很多想法都是矛盾的。」姚小影托著腮，思考之後說道。

「有了判斷力，你就有了新的想法，就有了不同以往的感受和行為。當你繼續成長，有了更多的獨立判斷與想法之後，接下來會發生什麼？」我追問道。

聽到這個問題，姚小影突然笑了起來，眼神中透出一絲狡點，說道：

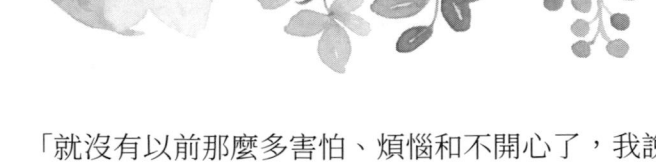

「就沒有以前那麼多害怕、煩惱和不開心了，我說的對嗎？」

聽到姚小影的回答，我心中暗自讚嘆。看來，她密閉已久的內心，已開啟了窗戶，能夠有陽光照射進來了。

「這是你的一個收穫，還有呢？」我繼續拓展話題。

「嗯。就是心裡會感覺更輕鬆，更有力量一些，也可以靜心做自己的事情了。」姚小影很快回道。

「也就是說，你的內心更寧靜了。以前心裡越害怕就越煩惱，越煩惱就越糾結，越糾結就越不開心。現在內心變得寧靜了，情緒也就平復了，是嗎？」

我能感受到姚小影內心萌生出來的新芽，想透過解讀讓她仔細地體悟自己內心的變化，希望她內心的土壤能夠變得豐厚，使陽光下的新芽能夠扎根生長。

姚小影認同，點了點頭：「對，就像您說的那樣。」

「那當你的內心寧靜了之後，還可以做些什麼？」我繼續問道。

「我就有能力用自己的溫暖去報答爸媽，讓他們也不再那麼苦惱。」姚小影立即回道，語氣中透著一股堅定。

這是一個善良而孝順的孩子，也正是這樣，她才會捲入父母的情感漩渦如此之深。

此時，我覺得可以將諮商的程式進一步推進，轉向她與父母之間關係的重新審思與界定，這對她自我獨立意識的建構很有幫助。

我略微整理了一下思緒，然後說道：「那我們先來看看你爸媽為什麼會這麼苦惱。他們最初因互相吸引而戀愛，想在一起生活而步入婚姻。但是，夫妻關係是一種親密關係，這種關係與社會關係模式不同，首當其衝的就是彼此關係邊界的消融。」

「關係邊界消失以後，兩個人不是應該變得更親了嗎？」姚小影露出了一絲不解。

我搖了搖頭，接著解釋道：「當兩人邊界消融時，就忽略了彼此差異，欠缺了尊重，過度捲入很容易出現矛盾衝突。比如，妻子要丈夫下班後買瓶醬油，丈夫答應了，結果忘了買。這本是件小事，但妻子可能會抱怨『做事這麼不可靠，你心裡還有這個家嗎！』這種言語很容易激起丈夫情緒。如果丈夫控制不住情緒，這件小事就能引發一場爭吵。這種例子在生活中比比皆是。」

過度捲入：當一個人過度捲入到與他人的情感中時，就模糊了個體之間獨立的邊界，其心理狀態更容易受到對方的影響；導致其不恰當地判斷事件與自己的關聯程度，以及自己的行為可能給對方造成的影響。

姚小影專注地聽著，不斷點頭認同。

「在生活中，當你母親用言語激惹你父親時，如果他無法用語言表達，就有可能用肢體來表達，吵架就會更新為打架，他們的感情都會受到一些傷害。若此類衝突不斷，夫妻愛的感覺會慢慢變淡。事後若無有效溝通，更容易發生新的衝突，從而進入一個惡性循環。最終，兩個人不得不劃清界限，以避免繼續傷害。」我繼續說道。

「那為什麼有的家庭可以過得很幸福，而我們家卻成了現在這個樣子呢？他們總不可能一輩子都不吵架吧？」姚小影有點不甘心地問道。

「是啊！人都是有感情的，家人也難免會有負面情緒，這很難避免。但是，如果無法將彼此的負面情緒，回歸於理性的溝通、寬容與改變，那就會使衝突不斷更新，直至傷害。所以，關鍵是情緒管理的能力。當有這種能力時，他們就過得幸福一些，但能力不夠時就要學習與成長。」我解釋道。

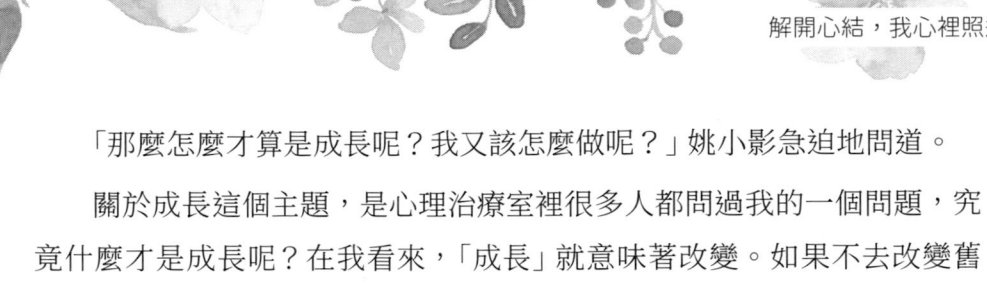

「那麼怎麼才算是成長呢？我又該怎麼做呢？」姚小影急迫地問道。

關於成長這個主題，是心理治療室裡很多人都問過我的一個問題，究竟什麼才是成長呢？在我看來，「成長」就意味著改變。如果不去改變舊有的認知行為模式，那就是「複製」。所謂複製，就是個體面對自我發展問題時，其習得的認知行為模式沒有改變。

我需要對姚小影的提問，給出一個具有針對性的回應。

「具體到你現在的問題，就是對父母之間的關係及結果，做出你自己新的審視與分析，思考為什麼會是今天這個結果？如果你能從中有所覺察和學習，幫助你管理自己的情緒，就是你的成長。」我說。

「其實和幾天之前相比，你已經有了一個很大的進步了。」我笑著對她說。

「哦？您指的是我不像以前那麼容易害怕了，是嗎？」姚小影試探地問道。

「這是你的改變之一。還有一個更重要的，你記得麼？我們第一次交談時，你一直都在說父親的問題，說他是個壞人。然後你再回想一下，今天你是怎麼說父親的，比較一下有何不同？」我問道。

「噢。以前我把所有的錯誤全都歸結到爸爸那裡，而現在我好像不這麼看了。」姚小影想了一下，認真地回答道。

「是的！今天你變得更理性，能比較客觀地看父親了。這是你之前做不到的，所以這就是你的成長。其實，每個人的改變都很不容易，所以我想把你的成長見證出來，讓你看到它們。」

見證：見證人透過對來訪者講述的事件或觀點進行重述和回應，使來訪者能夠更加深入地洞察自己積極正向的變化，以增強自我認同。

姚小影忍不住地笑了。此時，她的笑容真的很動人。

「現在，我想起他們吵架的情景時，也會想起我和媽媽吵架的時候，我就會想我心裡一定是愛我媽的。有時候，我跟媽媽吵架時說話蠻狠的，就會去想像他們吵架可能也是這樣的。」姚小影回道。

現在，姚小影能用自己與母親的爭吵，去理解同理父母爭吵時的情景，而不是臆想之中的絕對化歸因，再一次印證了她的成長。

於是，我緊接著她的話，說道：「你剛才這個回答很寶貴。你能夠體會到即使家人有感情有愛，也可能會在情緒狀態下衝突吵架，也會說出傷害的話。這樣你就能更客觀地觀察，獨立地做判斷了。用簡單的一句話來形容，就是你有獨立的自我意識了。」

姚小影望著我，很開心的樣子。

此時，我還需要把她當下的感悟，轉移到她現實的生活中。

「是的！有了獨立自我的你，就會更清楚你想要什麼、不想要什麼。比如你想要好的家人關係，不想要父母那樣的人生。這時，父母就會成為一面鏡子，成為你學習情緒管理的動力，比如你可以學習如何跟自己不好的情緒相處，學習如何跟別人表達情緒性感受。」我繼續道。

「醫師，您能教教我嗎？我好像不太會跟別人表達……」

姚小影期待地望著我，主動請求道。

只不過，沒有時間了，不知不覺間 50 分鐘又過去了。

於是，我答應道：「好啊！我們下次就解決如何表達自己感受的問題，好嗎？」

「好！」她爽快地答應了。

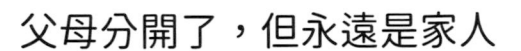

父母分開了，但永遠是家人

對既往情感傷痛的過度負向加工，將會導致扭曲的關係認知。透過具體化、審視與重新歸因，可以逐步回歸到理性客觀，療癒情感傷痛。

我們再次見面，已經是十天以後了。這期間她回到學校，處理了一些學業上的事情。

我仔細打量了眼前的姚小影，她神情自然，兩個向上翹著的眼角帶著輕鬆，美麗的面孔上微紅的色彩，彰顯著她的青春氣息。

她坦然地望向我，說道：「醫師，這些天來我都在想，我確實需要學習如何表達自己的感受，之前跟我媽媽的每一次吵架，我心裡都很難受，還哭過很多次呢！」

看著姚小影熱切的目光，我點點頭說：「其實，關鍵就是學會述情性表達，而不是情緒性的憤怒或攻擊。我舉個例子吧！假如，你被人無辜抱怨，你很生氣，然後說『你亂說！講不講道理啊！』這，就是情緒性表達。這種表達帶有憤怒與攻擊的性質，容易激怒他人。但同樣這事，如果你說『事實不是這樣的，我的心裡感到很委屈，也很不舒服。』這就叫作述情性表達。」

述情性表達：透過敘述自己的內在情緒和感受，使對方能夠更容易理解自己，而不對他人做評價、評判。

看得出來，姚小影聽得用心了，想必這些心理學的觀點和方法，令她感到新鮮而陌生。故此，我需要在此深化她的感受。

於是，我做了進一步的解讀，說道：「其實，就是透過向對方表述出她的何種言語或行為，帶給你的負面影響和內心感受。這樣，可以促使對方更多地了解你、理解你和體諒你。同樣，對方也有機會反思自己的言行，使對方意識到某些言行是不恰當的。如果，雙方都能夠採用述情性表

達，那麼相處就容易多了。」

「醫師，能借我一下紙和筆嗎？我想記下來，回去和媽媽一起學習。」姚小影冷不丁突然冒出這麼一句。

「當然可以了！」我拉開抽屜，把紙和筆遞給她。

眼前的姚小影只有 14 歲，看著她認真書寫的神情和姿態，我內心不禁淌過一陣暖流，希望她的這段生活歷程，能夠成為喚醒她內在自我力量的動力，不再糾纏捲入父母的人生。

很快，姚小影就記完了筆記，然後一臉期待地望向我。這一幕，使我有些忍俊不禁。

毫無疑問，父親是姚小影人生中的重要他人，她需要面對這段重要的關係。故此，我還需要對她與父親之間的關係做進一步的修通，這對她未來的生活至關重要。

修通：存在主義心理治療理論認為，當人能夠以一些條理分明而且可預期的模式來解釋和梳理生活中所發生的事情時，這件事就被置於因果關係之中了，它就好像處於人的掌控之下了。如此一來，人的確定感和掌控感得以增強，內在的經驗或行為就不再恐懼、排斥或擔心失去控制。

於是，我理了理思緒，針對他們父女關係問題，說道：「我期待你與父親的關係能有所改善與和解，這樣你才會真正的幸福。儘管你覺得他不是個好父親，但我感覺他在你心中仍占有不小的位置。試想，如果他沒有占據重要的位置，你也不會如此怨恨他了，因為恨也是一種深刻的情感連結。所以，你和他之間的關係需要做一些調整。」

看到我鄭重其事的樣子，姚小影點了點頭。

「首先，就是接納父親是不完美的，這需要你先對他有個客觀的理解。之前，你說父親過得並不如意，離婚也沒有讓他比以前更好。儘管你是父

親的女兒，但你卻無法決定父親的人生應該如何度過，對嗎？」我問。

「嗯，是的。爸媽他們認識和結婚，那時都還沒有我呢！」

「父母婚後，你出生了，他就成了你的父親。他可能不是你的榜樣，也不是你敬佩的人，但他依然是給你生命的人。而今天你已經國中二年級了，有了自己的感受和判斷了，比如，你可以選擇如何去思考，如何去行動。其次，你還可以重新梳理與父母的關係，不讓自己過度捲入，而是做出適度的分離。」

說到這裡，我看到姚小影一直在奮筆疾書，便停了下來，等她記錄完。

我一邊等著，一邊整理著思緒。

不多一會兒，姚小影抬起頭來，示意我可以繼續。

接著，我又給了她如何分化情緒的具體指導。建議她把過去的事件與現在的情緒感受之間劃出一個界限。比如，母親經常會在情緒不好時抱怨父親洩憤，但是抱怨之後，母親的情緒反而變得更差了。所以，幫助母親逐步對往事釋懷是她的一個具體目標。

明確告訴她，當意識到母親又開始抱怨父親的過往時，首先調節好自己的情緒，然後直接對母親說：你和爸爸已經分開了，這些事情也都過去了，我們要過好現在才是重點。

她看著我，用手托著腮，似懂非懂的樣子，好像希望我再說得詳細一點。

於是，我補充說：「我舉個例子吧！假如過去的生活是陰霾的，如果你想要擺脫它，那就必須要從裡面走出去。如果一味沉浸在往事中，只能讓自己一直被陰霾籠罩，你覺得呢？」

「噢，有點明白了。媽媽從過去走出來，我就能幫到她了嗎？」她急切地問。

「如果你心平氣和地說，我想媽媽是能夠聽得進去的。很多家庭，當兒女長大了，學習能力比父母快，子女就成了家庭的引領者。心理學認為，每個家庭都是一個系統，只要孩子改變了，家庭關係也會有相應的改變。」我進一步闡釋道。

「可是，我行嗎？」姚小影有些不自信，插言問道。

我點點頭，用肯定的語氣說：「小影，你試著帶著媽媽一起走出過去的陰霾，而不是複製過去的生活。這樣，也許才能讓你們過上自己想要的生活。」

「嗯，我懂了。」姚小影眼睛一亮，點了點頭。

「最後，我想對你說，你們之間真正的和解，就是你明明知道父母有不少缺點，但卻不怨恨他們，而是讓自己情緒穩定，因為你是自己的主人。另外，你父母之間的問題，是屬於他們關係的糾結與疏離。對你來說依然要感謝父母，這樣做不是為了他們，而是作為女兒的你無論父母如何，都應讓自己心存溫存，這既是一種自律，也是一種善良。」

聽完這一段話，姚小影有些感動，眼睛裡泛著淚光。

「謝謝您，醫師。我想，我知道該怎麼尋找自己想要的生活了。」她說。

這是姚小影離開診間前和我說的最後一句話。

是啊！作為父母的孩子，她何曾不期盼自己的父母能和睦、安康和幸福呢？！

一年時間過去了，希望已經上高中的姚小影能找到自己的安寧、自在和快樂。

● 本篇結束語

　　如果，你曾站在陽光下歌頌清晨，那麼，也請你在大海邊擁抱夜晚。生命的歷程中，每一次遇見，每一個離別，一點一滴都是生命裡真實的存在。去面對它、接納它，並把它轉化為生命成長的一種力量！

輕鬆心理咖啡屋 —— 做自己的心理療癒師

◎ 第一杯咖啡：如何找出「害怕」背後心理根源

　　心理學認為，安全感既是兒童心理健康發展的基礎，也是人格完善的基礎。

　　害怕，是常常出現的一種負性情感經驗。究其根源，往往來自於安全感的缺乏。心理學認為，適度的安全感既是兒童心理健康發展的基礎，也是人格完善的基礎。社會文化精神分析學家卡倫‧荷妮（Karen Horney）認為，兒童在早期有兩種基本的需求，包括安全的需求和生理的需求，這兩種需求的滿足完全依賴於父母；當父母不能滿足兒童這兩種需求時，兒童就會產生焦慮。即如果父母不能滿足兒童安全的需求，兒童就會缺乏安全感。

　　「害怕獨處」，是姚小影的第一個主訴，如何將「害怕」的內涵澄清和具體化，將姚小影內心深處的困擾抽絲剝繭地呈現出來，將是治療師要處理的第一個問題，也是最關鍵的一個環節。

　　姚小影透過敘述自己的成長故事，逐漸釐清了「害怕」的心理根源，在這個過程中經歷了三個重要的階段：其一，小時她耳聞目睹了父母之間

的肢體衝突，內心產生了強烈的不安全感，引發了情緒的焦慮恐懼。其二，父母離婚後，母親將自己塑造成了一個受害者的角色，並將女兒當成了傾訴者，這既強化了父親在她心裡的負面形象，同時也強化了她情感的傷痛。其三，自我安全感的缺失，不僅使她害怕獨處，而且令她與父親之間的關係發生偏離，逐漸類化為對所有男性的恐懼，導致社會性功能受損。

◎ 第二杯咖啡：如何矯正偏離扭曲的親子關係

人際關係既包括個人與真實他人的關係，也包括與幻想他人的關係。

哈里・蘇利文（Harry Sullivan）在人際關係理論中提到，人際關係既包括個人與真實他人的關係，也包括與幻想他人的關係。後一種關係對個人生活具有同樣甚至更大的有效性和重要性。倘若一個人的內心世界脫離了現實，由虛幻的想像支配了人的生活，使正常的人際關係遭到破壞，就會導致人的心理出現病態，產生一定的人際扭曲。這是一種曲解他人的知覺加工傾向，是一種偏離性的關係。

處於青春期的姚小影，由於父親本身的暴力行為，以及其母親離婚後在姚小影面前反覆用負性語言建構的父親形象，致使姚小影與其父親之間產生了一定的人際扭曲，對父母離異的歸因產生了過度的汙名化及拒絕排斥，並形成了刻板印象，從而出現了「害怕」父親乃至後期類化至「害怕」異性，即認知療法中提到的「非理性信念」。

在澄清事實的基礎上，引入「例外」事件分析，透過解讀對姚小影友善的男鄰居形象，來求證其男性都是壞人推論的真偽，以己之矛攻己之盾，矯正其非理性信念，並在此基礎上對其父親的形象進行合理化重構。

透過情境還原、一致性確認、行為類比等方法，使姚小影發現導致父母關係惡化直至最後離婚的原因是複雜的，是情景因素、個人因素和原生

家庭因素交互作用的結果，並非父親一人的問題，從而矯正了在她心目中過度負性化的父親形象，使其對父親的印象逐漸回歸到理性，繼而緩解了其因人際扭曲而帶來的焦慮和恐懼，修通了其害怕異性的偏離認知，並在後續心理諮商中透過隱喻等方法對其新建構的合理化信念進行鞏固。

第三篇
婚姻，是愛情的「墳墓」嗎

人物獨白：兩年前，我很篤定自己遇到了愛情！一年半前，我穿上了白色的婚紗，與我愛的人步入了婚姻。如今，兒子出生了，我卻無論如何也快樂不起來，愛情再也找不到了！

人際動力心理學認為，人是關係的產物，是永遠生活在各種關係之中的。因此，自我與他人及外界關係的品質，就是個體生活品質的展現與拓延。

情感憂鬱，隨之而來

產後憂鬱的發生，通常與腦內神經傳導物質水準紊亂有關，臨床上會出現一系列生理心理性功能紊亂的症狀。

午後，從外縣市趕來的張莉莉走進了心理治療室。

透過低垂的眼角，我看到的是一個略帶迷離和憂鬱的眼神。纖細的手臂無力地垂在身體兩旁，手指關節清晰可見。

怎麼會瘦成這個樣子？我的心裡泛起一絲憐惜，不禁思忖著眼前的女人是經歷了怎樣的變故，會讓自己如此憔悴。張莉莉靜靜地坐下後，話未出口淚已湧。我遞給她一張衛生紙，等待她恢復平靜。看得出，這個女人心裡充滿了悲傷。

「醫師，我生了兒子後，我感覺自己整個人都變了，看什麼事情心裡

都不舒服。」她傷心地說。

在諮商初始，蒐集資料與建立關係階段，要先具體化主訴問題。

於是，我問道：「兒子什麼時候出生的？」

「一個月前剖腹產的，現在我還在哺乳。我最明顯的感覺就是有了孩子以後，看到他那麼小、那麼依賴我，就會胡思亂想，擔心他遇到危險，每天都心煩意亂的。」她帶著傷感的語調，回道。

產後憂鬱症？這是我腦中冒出的第一個念頭。對來訪者心理問題做出準確的評估與診斷，是諮商初始階段的重要內容，也是後續心理治療的基礎。

產後憂鬱症：是一種常見的情感障礙症，發生率8%～13%。是女性於產褥期出現的憂鬱症狀或典型的憂鬱發作。該病對嬰兒、母親及家庭健康都有重要影響，需要及時診治。

「還有什麼變化嗎？」我繼續問。

「我經常發脾氣，摔東西，大聲哭喊，控制不住自己。有時覺得這樣活下去，一點意思都沒有。」她低聲說。

「你發脾氣有原因嗎？」我需要細節。

她告訴我，一個半月前，剖腹產不久後就開始發低燒，肚子一直抽痛，常常夜裡疼痛難忍就去掛急診，打止痛針。每當這個時候，心裡就感覺很委屈，不由自主地掉眼淚。

哭泣，是憂傷而壓抑情緒的一種自然釋放。

此時，我沒有打擾她，也沒有勸解，只是將衛生紙遞過去，給她平復情緒留一些時間和空間。

「有了孩子，你做了媽媽。那麼你丈夫呢？你們之間關係如何呢？」我需要澄清一些基本的事實。

「我和他關係不好，看他哪裡都感覺厭煩和不順眼，我有兒子就行了。現在，我都不願意讓他碰我一下。」張莉莉哽咽著。

「現在你與丈夫沒了肢體上的親近，那麼你們言語上的交流如何呢？」我追問。

她皺著眉說：「我跟他無話可說，兩個人在一起就是吵架，一旦發脾氣我就控制不住自己了。現在我一點食慾都沒有，深夜睡不著時，會止不住地流淚。」略微停頓後，她又補充道：「我猜想自己是不是精神上出了問題，就來醫院了。」

「你的體重有變化嗎？你看起來非常的消瘦。」我問。

「下降了 10 幾公斤。」她回道。

「你對原來感興趣的活動或愛好，還有興趣嗎？」

她搖搖頭：「對什麼都沒有欲望了，就是害怕他們對我孩子不好，除此之外沒什麼興趣。」

情緒低落，興趣喪失，悲觀無望，沒有性慾，睡眠障礙，體重下降 —— 這是典型的憂鬱症狀。

人際動力心理學認為，人永遠都是生活在各種關係之中的。因此，與他人及外界關係的品質，就是個體生活品質的展現與拓展。

當下，要想緩解她的憂鬱症狀，就要從她與周圍人的關係上入手。

於是，我問道：「除了和丈夫關係不好，和家裡其他人的關係呢？包括你與孩子的關係？」

「我很愛我的孩子，我一看到他，就覺得心情平靜了很多，但是也會有很多擔心。覺得他很可憐，這麼小的一個生命，如此依賴我，而我又保護不了他。想到這些就非常傷感、難過。」她回道。

「你和母親的關係呢？」我繼續問。

「還可以，但如果她沒按照我的方式照顧孩子，我就大發脾氣。」

「和婆婆的關係呢？」

「唉！我和婆婆的關係一直都不太好。」

她沒精打采地嘆息。

結婚以後，她和婆婆在很多生活細節上都有分歧，該買什麼，不該買什麼，日子該怎麼過，兩個人之間總是吵吵鬧鬧。

傾聽了張莉莉的敘述，我已經能夠做出產後憂鬱的診斷。

傾聽：心理師要認真、有興趣、設身處地去聽，並適當表示理解，不帶偏見，價值中立，這是心理諮商的關鍵一步，是建立諮商關係的基本要求。

「聽了你的敘述，了解了分娩後你的情感、身體及心理變化，再結合系統心理評估的結果，基本符合產後憂鬱的診斷。」我說。

張莉莉此時的反應卻很平靜，這有些出乎我的意料，似乎她早已經預料到了什麼。

「嗯。我也是感覺自己很憂鬱，很失常，這也正是我來醫院的原因，看看能不能透過治療來緩解。」她回應。

「從產後憂鬱治療的角度來說，單一心理治療是難以徹底解決問題的。」我回道。

從醫學角度看，產後憂鬱的發生，通常與腦內神經傳導物質水準紊亂有關，臨床上就會出現一系列生理心理功能紊亂的症狀。比如情緒低落，容易生氣，易哭泣，對事物喪失興趣等，還有食慾減退、失眠、體重下降等，這些都是憂鬱常見的表現。由於神經傳導物質的紊亂無法透過言語去恢復，而是需要用專門矯治神經傳導物質的藥物，這一類藥被稱為抗憂鬱劑。

張莉莉認真地聽著。「我建議你去精神科門診做一些藥物治療，同時在我這裡做系統性的心理治療。」

「好的，我會去的。」

「醫師，今天我跟您這樣交流，我感覺能減少我不少的壓力，我下週再來見您。」

我們互相道別。

婚姻中，愛情不在了

當人們深陷情緒的沼澤時，智慧的光芒就被深深地遮蔽了。

張莉莉如約來到了我的診間。

與上次不同的是，她少了之前的拘謹，但臉色依然蒼白，突出的眉骨之下，是那雙漂亮而憂鬱的眼睛。

「這一週你感覺怎麼樣？還那麼心煩嗎？」我將眼光投向張莉莉。

「心情很不好，還是控制不住情緒，很容易發脾氣。丈夫和家人說一些我不愛聽的話，就會突然發作，晚上也睡不踏實，做夢很多。」張莉莉搖頭道。

夢境，是特殊意識狀態下的心理活動，透過對夢境的了解，治療師也能獲得一些有用的資訊。

於是，我讓她描述了夢境：「一天晚上，我發現家裡很冷，丈夫卻呼呼大睡。我騎上車子心急如焚地趕去賣場，但賣場大門卻關了，我拚命地敲門，人聲呼喊：孩子沒保暖的東西，他會凍死的呀？有一次，我還夢到，兒子孤零零一個人在大哭，但家裡人依然都在看電視，我憤怒極了，大叫一聲，就被驚醒了！」她眼神游移，不安地說道。

從張莉莉夢境的情感反應中，可以清晰地感覺到她的悲觀、焦慮和恐懼。

把對嬰兒的照料幻化為生死的極端問題，並視自己為孩子唯一的拯救者。

另外，她情感問題的主線，也漸漸顯露出來。我發現，無論是她的語言描述，或是夢境中的情緒反應及伴隨情景，對丈夫的失望、焦慮和憤怒都顯而易見。

所以，我將話題引向了夫妻關係，直接問道：「你非常擔心孩子，唯恐他受到什麼傷害，所以在夢境裡都讓你很緊張焦慮。但孩子是你和丈夫共有的，現在我想了解一下你丈夫。」我說。

「剛結婚時還好，但是懷孕之後就開始有矛盾，會為一些瑣事爭吵。」張莉莉回道。

一對戀人，從婚前愛與性的激情浪漫，進入到婚後朝夕相處的生活，婚前被忽略的家庭文化、生活經歷與價值追求，在平凡瑣碎的相處中，逐漸發現彼此之間的諸多差異、矛盾和衝突。

如若，雙方沒有做好接納差異、管理情緒與學習成長的心理準備，那麼，隨之而來的就是雙方差異引發的衝突、冷漠與疏離，甚至是攻擊與傷害。

這，正是人們常說的：相愛容易，相處很難！

張莉莉一直認為，自己是為愛情步入婚姻的。

她大學畢業後，應徵到一個不錯的保險公司工作。她與丈夫吳碩在一次專業技能培訓課上相識了。起初，張莉莉覺得吳碩不僅長得帥氣，責任心還很強，自然是印象深刻。但是，由於工作上沒有什麼交集，也就止於好感。

有一次，張莉莉在一個專案設計時遇到難題，整體進展受阻，正在焦灼之際，吳碩挺身而出，主動相助，多方協調，最後順利完成了這個專案。這件事情之後，張莉莉對吳碩的好感快速攀升，愛慕之情油然而生。

她還說，那時覺得吳碩與眾不同，除了有責任心，有能力，在工作上也積極上進，尤其展現在他學習的能力上。

戀愛半年，情感很快地升溫。於是，他們決定要結婚了。

聽完她的故事，我笑著做了概述式回應：「你們從最初的職場相遇，到英雄救美，再到傾心相愛，最後成為生活伴侶。這是一個難得的過程。」

概述式回應：是指心理諮商師把來訪者的言語和非言語行為，包括情感等，綜合整理後，以提綱挈領的方式向求助者表達出來。

張莉莉似乎還在回憶裡，眼神裡流露出一絲迷茫。

也許，是我描述的這些愛戀、情感與溫馨浪漫，已經離她十分遙遠了。

張莉莉嘆口氣，聲音低沉地說：「唉！我有很強的落差感。愛情帶給我的幸福太短暫了！結婚後不久，我就懷孕了，從那時起我們衝突很多。現在有了孩子，衝突就更多了，爭吵也沒斷過，根本就沒有了愛的感覺！」

戀愛中的人，在談情說愛的當下，看到的都是對方美好的一面，在燭光下你儂我儂，在月光下暢談人生。然而，婚後，在密切瑣碎的日常生活中，彼此毫無遮攔的真實言行、文化差異與個性弱點，自然而然地顯露出來。

婚前婚後，這種巨大的反差，使理想化的婚姻情感關係受到了很大的衝擊。

張莉莉還坦言，她最大的痛苦是雙方的原生家庭。兩個家庭在經濟、

文化以及價值觀上的衝突，導致小夫妻的矛盾不斷更新，從最初的爭吵、抱怨，發展為厭惡、拒絕。

她是獨生女，父母都在銀行工作，家境比較富裕。戀愛期間，她就知道未來的公婆都在電網系統工作，家境一般，生活節儉。

「醫師，我不計較他的家境，我喜歡的是他這個人。但他母親似乎不喜歡我，似乎總是找我不夠好的地方，讓我很難受。其實，我很在乎婆婆，也想做個好媳婦，比如她過生日，我訂個好蛋糕，她撇一撇嘴說：『幹麼亂花錢？以後別買了！』我很受傷啊！」

她說，為了讓婆婆過上好一點的日子，逢年過節會買一些吃的及衣物送給她，但婆婆卻不領情，總覺得她花錢大手大腳，不是個勤儉持家的媳婦。

現在，她害怕與婆婆單獨相處，找理由躲避，心也越來越累了。

我能感覺到，在這種處境中，張莉莉的內心是不安矛盾的。她一方面極力避免與婆婆的接觸，但內心深處又非常渴望親近婆婆，企盼婆婆能夠認可她、喜歡她。

從心理層面看，這是對重要關係人（權威者）一種關注認同的心理需求。

當張莉莉與婆婆發生衝突的時候，丈夫吳碩的反應十分重要，也十分敏感。於是，我把話題擴展到她丈夫身上。

「在你與婆婆之間，你丈夫會怎麼做呢？」我繼續採用開放性問話。

開放式提問：處於個人探索階段時，較多運用開放式提問。主要目的是：　建立良好的關係；　獲取相關資料，以進一步界定和理解問題；　協助來訪者進行自我探索。

說到這裡，張莉莉眼睛一下子睜大了，略帶憤怒地高聲回應，說道：

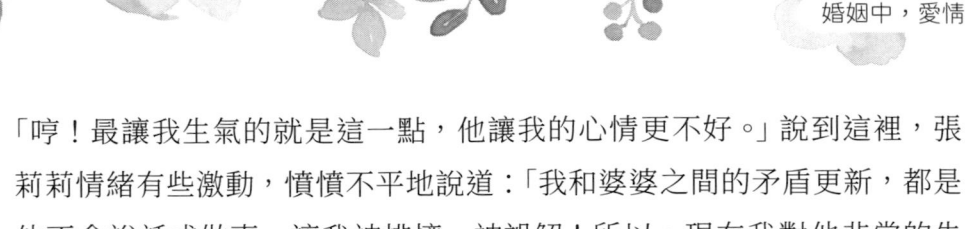

「哼！最讓我生氣的就是這一點，他讓我的心情更不好。」說到這裡，張莉莉情緒有些激動，憤憤不平地說道：「我和婆婆之間的矛盾更新，都是他不會說話或做事，讓我被排擠、被誤解！所以，現在我對他非常的失望！」張莉莉對丈夫的憤怒、失望與厭倦顯而易見。

此時，我需要將這種本能的外投射式的防衛機制，轉變為內省式的自我覺察與審視，助她開啟一個新的視角，去探索婚姻問題的成因。

於是，我有意轉換了話題，問道：「我們先把問題放在一邊。現在，我很想知道，你丈夫身上有什麼地方，讓你感覺到很真實而又難得的呢？」

張莉莉對我這樣的問話方式，似乎沒有心理準備，沉默了一會兒後，認真地說：

「其實，我還是能感覺到，他對我挺好的。剛結婚就有了孩子，也一直很體貼我，尤其是我發脾氣、摔東西的時候，每次他都在忍耐。我能感覺到，他心裡也想幫我，只是不知道該怎麼幫。還有，我生氣時說狠話，要離婚。但他不計較，一樣照顧我。」

從張莉莉言語的表述中，她感受到了丈夫的體貼、關注和不容易，也體會到了丈夫欲助卻無門的心境，以及對她壞情緒的包容與忍耐。

顯然，透過轉換視角的話題，已經順利切換了她的情緒表達頻道。這種回歸事實的多視角覺察，對改善負面情緒十分有益。

時間像流水一樣，在不知不覺中悄悄地流逝。此時，時鐘已指向結束的時間了。

我沒有在這個話題繼續停留，而是要在諮商結束前做一個總結。

「透過今天的交談，我感覺你是一個渴望幫助自己的人，希望透過努力，讓你有個更好的狀態，能夠給孩子有品質的母愛。上週你還去掛精神科，這本身就是一個積極的行為。」我說道。

張莉莉將身體向前傾了傾，看得出她很看重治療師給出的回饋。

「另外，你也意識到原生家庭差異，是婚姻關係衝突的一個重要原因。這種覺察，能幫助你了解負面情緒來源，發現情緒失控是心理衝突的結果。」我說。

張莉莉點頭說：「之前，我心裡是一大團亂麻，感覺都要煩死了。剛才我一直在講這些煩心事，而您一直都在耐心地聽，不打斷我，也不評價我。現在，我心裡輕鬆多了。」

「很高興你有這種感覺。今天這種自我覺察，也許能幫助你找到方法去化解問題。」我微笑著說。

張莉莉似乎有些不好意思，面露一絲羞澀，對我說：「謝謝醫師！之前我都沒有這樣想過，我每次和您交流以後，那種亂七八糟的感覺就少了很多，心裡好像有個東西被開啟了一樣，敞亮了很多。」

在我看來，當人深陷情緒的沼澤時，智慧的光芒就被深深地遮蔽了。

試看人間恩怨幾何？人生的悲劇，哪一個不是在非理性情緒狀態下引發的？人生的哪一句傷害性的語言，能逃出非理性情緒狀態這個隱匿的魔網？

這時，我還需要給張莉莉更確定的回饋，讓她看到自己的內在，看到負面情緒如何將自己引向衝動式的宣洩。

「其實，治療師能做的就是成為你的一面鏡子，從中對映出更真實的、更隱蔽的自己。當下，你最需要的是把情緒化這匹烈馬的韁繩牽住，否則任其狂奔會帶來更多的傷害。」我用肯定的語氣，回應道。

「知道了。還有醫師，我很想跟您說一說我父母，我覺得他們對我的影響也很大。」張莉莉說。

心理治療的有效性，依靠的仲介不是化學物質，而是治療師與來訪者

之間有溫度、有尊重的治療聯盟關係。

當下，張莉莉在諮商中越來越主動的行為，以及自我開放的程度越來越深入。這些都是諮商關係良好的表徵，也是心理諮商取得實質性進展的基礎。

他們夫妻雙方的原生家庭，正是下一步我需要重點了解的內容，因為它對夫妻關係具有多重性影響。

心理諮商與治療是一個有節奏的、遞進的過程，忌諱一次諮商時間涉及過多的議題。

於是，我還是結束了今天的諮商。

我的婚姻，很難經營

在人類的遺傳基因裡面，沒有事先刻入讓人們幸福的基因，它需要用學習思考去建立，用理解包容去維護，用持續的成長去發展。

張莉莉第三次來到診間，已是初秋時節。一件淺駝色的夾克配上一件休閒的牛仔褲，整個人看起來精神了許多。

這時，她從容地坐到了我對面的沙發上。按照上一次確定好的諮商目標，這次的重點放在了他們夫妻的原生家庭上。

我開門見山，用平和的語氣問道：「我想知道，你是在什麼樣的家庭長大的？」

她思索了片刻，說：「儘管我是獨生女兒，但父母卻對我的要求很嚴、也很高……」

張莉莉回憶說，父親能幹，但脾氣急躁，一言不合就會對她發脾氣。直到她上大學以後，父親才對她客氣一些。父親工作一直較忙，在家時間

很少，她和母親的交流更多一些。母親很獨立，工作能力也很強，所以要求女兒也必須自力更生。

這樣的成長環境，塑造了張莉莉相對獨立強硬、有主見的性格和善於自我管理的行為方式。

我觀察到，張莉莉在講述中，雖然神情平和，但卻一直眉頭緊鎖，言語中似乎有一些委屈、難過和無助。

依據家庭系統理論，父母在親密關係中的互動模式，將會對孩子造成深刻的影響。於是，我直接切入主題，問道：「你父親和母親之間的關係，又是怎麼樣的呢？」

聽到這個問題，張莉莉從沙發上坐正，說道：

「小時候，我經常看到他們吵架。現在都退休了，關係也好了一些，但依然還是爭吵，就是互相指責的那一種。」

我心裡閃過一個念頭，也許在某種程度上，張莉莉與丈夫的相處模式，似乎就是父母相處模式的一個循環複製。

「現在請你回憶一下，你父母之間會如何表達愛意與情感？或者他們有了矛盾會用什麼方式去解決？」我說。

她認真地想了一下，然後低下頭不好意思地笑了笑，說道：

「呵呵，我感覺他們都不會表達愛意與情感，不僅彼此不表達，對我這個女兒也不表達。我從小到大，就沒聽到他們誇讚過對方，都是挑對方的毛病，包括對我。」

張莉莉頓了一下，她的眼睛裡流露出一絲幽怨，只見她不由自主地嘆了一口氣，繼續說道：「唉！對我來說，從小到大做什麼事都得不到他們的肯定。尤其在父親眼中，無論我做得有多麼出色，他都絕不會表揚我，甚至還會找碴批評我。比如大學時，我是學校乒乓球隊的主力隊員，有一

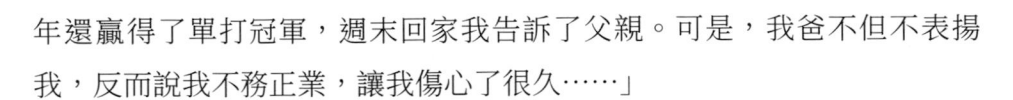

年還贏得了單打冠軍，週末回家我告訴了父親。可是，我爸不但不表揚我，反而說我不務正業，讓我傷心了很久……」

張莉莉顯得有些傷感，還夾雜著憤怒，語速明顯加快了。

「我能感覺到你父親說這些的時候，你心裡的失望和難過。」我回應道。

「嗯，現在想起來心裡還是挺難受的。」她默默地低下頭，眼角垂了下來。

「你與母親之間的交流，怎麼樣呢？」我繼續問。

「我母親也很少對我表達情感，更少有肯定與讚賞，好像我做什麼都是理所應當的。所以現在我非常在意別人對我的評價，心裡很渴望別人對我的認同和稱讚。」張莉莉嘆口氣說。

此情此景，讓我聯想到，內心渴望得到父母喜愛認同的張莉莉，在來到另一個新的家庭後，在婆媳關係之中，依然隱隱期待著公婆長輩的肯定，這種深層的心理需求和行為模式與原生家庭如出一轍。

我繼續探索著她原生家庭中的溝通模式，問道：「如果你父母之間有了衝突，他們彼此的解決方法是什麼？」

張莉莉的臉上盡顯無奈，回道：「哦？沒有解決方法，基本上就是互相抱怨式的爭吵，直到他們吵累了才停下來。」

父母相處的模式以及情緒表達的方式，對孩子的心理行為與思維模式，有著潛移默化的深刻影響。

於是，我笑著說：「你覺得自己更像誰呢？是像父親？或是母親？」

張莉莉搖了搖頭，不好意思地苦笑，回道：「怎麼說呢，我覺得自己分別繼承了他們兩個人的缺點，比如我父親的壞脾氣和我母親的控制欲。」

她的回答引起了我的關注，當個體把自己的心理行為模式視為父母傳

承的一部分時，她本能地會認為那就是天生的，是無能為力的，也是無法改變的。這種潛隱的認知歸因，不利於一個成年人對獨立自我的內省、覺察與改變。

我需要在此停留。

讓張莉莉與父母之間的關係劃出一個界限與距離感，喚醒她內在的自我意識，促使她對自我心理行為模式進行審視覺察，這是個體生命獲得自我心理成長的基礎。

於是，我說道：「你是父母的孩子，但你更是一個獨立的生命體。你說父母已經這樣子過了一輩子，他們一直在爭吵中生活，現在吵不動了也就不吵了。可你不一樣，你來做治療了。在我們交談中，你能面對真實的自己，既能看到自己不同的人格特質，也能覺察自己的問題，並開始反思自我、父母和家庭關係中的衝突與影響，這是非常難得的。所以，在我看來，你和父母是不一樣的。」

人格特質：是一種能使人的行為傾向表現出一種永續性、穩定性、一致性的心理結構，是人格構成的基本因素。

張莉莉頻頻點頭，若有所思地回應，說道：「您說的話我聽進去了。記得我同學說過，她的表姐生孩子後得了憂鬱症，但表姐不知道是生病了，沒有就醫，日子非常辛苦。最後，她離婚了，孩子很可憐。現在，我很害怕也像她一樣，所以就來接受治療了。」

在充分了解她的成長歷程之後，我意識到，解決張莉莉情感問題的關鍵，是先緩和她與丈夫之間劍拔弩張的關係。

於是，我直接奔向主題，說道：「接下來，我希望你以第三人的視角來描述一下你的丈夫，這對我了解你丈夫很重要。」這種客觀視角，有助於減少情緒的影響。

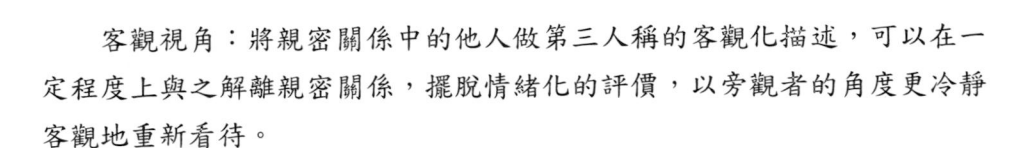

客觀視角：將親密關係中的他人做第三人稱的客觀化描述，可以在一定程度上與之解離親密關係，擺脫情緒化的評價，以旁觀者的角度更冷靜客觀地重新看待。

「我覺得，我老公這個人……」

「可以不用老公這個稱呼嗎？」我立刻打斷了她。接著問道：「你丈夫姓什麼？」

「他姓吳。」她回道。

「好！從現在開始，我希望你稱呼他吳先生。」我說。

我常採用這樣一種特別的提問方式，目的是將當事人與衝突對象拉開一定距離，減少情感捲入引發的情緒化。

這種陳述方法，對進一步解讀衝突雙方的心理行為特徵，可以帶來很多的幫助。

張莉莉聽懂了我的問題，她坐正，思索了一會兒，說道：「我覺得吳先生最大的問題，是他不會處理人際關係，這點我們兩個人有點像。但是他人真的很好，尤其是對我和孩子。面對他沒做好的地方，也會認錯的。」

「所以，吳先生是一個體貼暖心的人。請你再詳細地描述一下。」我點頭回應，進一步拓展這個話題。

「嗯，比如在照顧我這一點上，吳先生知道我身體不好，就主動把能做的家事做了，或者幫我去做。」張莉莉繼續說。

「噢，吳先生這樣做的時候，你的感覺是？」我給出了一個繼續的手勢。

張莉莉抿著嘴笑了一下，說道：「我覺得相對於很多男人的不管不顧和自私，吳先生在這方面還是很可取的。」

看她臉上難得露出的笑容，以及對丈夫行為給予的肯定，我也感到

欣慰。

接下來，我需要讓張莉莉更多地去感受這位吳先生，就像前面她了解自己的方法一樣，需要在覺察、審視與理解的語境下，探索不同的成長環境對個體帶來的潛在影響。

心理諮商的過程很像剝洋蔥，一層剝完才能深入下去，再剝離下面的一層，層層緊扣。所以，解決問題過程的循序漸進，是心理療癒的必經歷程。

這時，我將話題直接帶入吳先生的原生家庭層面上。

「你們在職場中相識相戀了，最後也讓原本兩個陌生的家庭走到了一起。請你說說，這位吳先生是在一個什麼樣的家庭中長大的？」我問道。

張莉莉剛才的笑容消失了，眉頭又緊緊地皺了起來，不自覺提高了音調，說道：「我非常接受不了他的家庭環境！唉……」她嘆了口氣。

張莉莉說，婆婆能幹俐落，勤勞節儉，都是算著過日子。相反，公公很少做家事，在家裡也沒有話語權。這種家庭境況，上有老下有小，日子一直過得很緊張。所以，婆婆經常抱怨，下輩子再也不想過這樣的日子了。

張莉莉在講述中，不時地搖頭，顯然她有情緒在湧動。

身為治療師，我需要讓她看到自己內在湧動的情緒，以及探索情緒中所包含的潛在含義。

於是，我繼續問道：「說到這些記憶中的往事時，你心裡湧出的感受是什麼？」

她直視著我，快速地回應道：「哼！太過分了！如果我媽也這樣抱怨貶低我爸，我爸爸絕對不會沉默的，而是一定要表達出不滿！」

張莉莉停了下來，嚥了嚥嘴，表現出欲言又止的樣子。

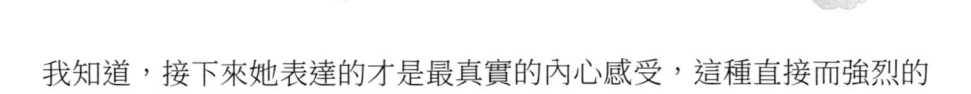

　　我知道，接下來她表達的才是最真實的內心感受，這種直接而強烈的情感經驗，在心理療癒中有不可低估的功能。

　　「嗯，還有一些什麼感受呢？」我緊緊追問道。

　　「我覺得吳碩的父親很可悲，也很可憐！記得有一次，他下班回家，一進門就煮麵條，但水不小心溢出來，婆婆立即上前，劈頭蓋臉斥責：『這點事你都做不好，還有什麼用！』但此時，我公公竟默然不語，悄悄回房間了，連一句抗拒的話也沒說，我心裡非常不舒服！」

　　張莉莉憤憤不平，音量也提高了。

　　我感到，張莉莉對這些往事印象如此深刻，一定應該有她內在的原因。只是，可能連她自己也沒意識到，她在潛意識層面，發生了情感性經驗的自我涉入。

　　於是，我直接表達了這種感受，說道：「你說婆婆斥責公公時，你看到他是沉默的，沒有任何辯解。可是現在，我卻看到你有情緒跑了出來。似乎，你覺得他應該去爭辯，而他卻沒有做，這時我看到了你的憤怒。我想知道，為什麼憤怒的是你，而不是別人？」

　　自我涉入：是指個體對某種信仰、社會規範或團體規範加以認同的心理傾向。個體自願參與自認為與己有關的事件，並積極與他人發生互動。

　　「的確，我很憤怒。但是，為什麼我會憤怒？我從來沒有去想過這個問題。對呀，為什麼我會這麼憤怒呢？」

　　她沒有迴避我的問題，快速、正面地做出了真實的回應。

　　「現在，你可以靜下來想一想，你的那個憤怒是從哪裡跑出來的？」我追問著。

　　她遲疑了一下，緩慢而沮喪地說：「我覺得，發生在我和丈夫之間很多的衝突，都與他的家庭有關。他父親委曲求全的樣子，一定會影響他兒

子。現在，我丈夫也是這樣默然無語，我跟他連吵架都吵不起來，無論我怎樣情緒化，他總是沉默、忍耐。」

張莉莉急迫的言語，就像連環炮一樣。我既能感受到她心裡的焦慮、失望與憤慨，也能感覺到她一吐為快的情緒宣洩。

這種適度的情緒宣洩，有助於心理壓力的釋放，也有利於後續的心理治療。

我對她剛才的表述做了一個澄清。

「你認為，你們夫妻間出現了一些矛盾衝突，你丈夫沒有積極解決問題，而是採用了消極回應，或者乾脆迴避不反應的行為。是這樣嗎？」

張莉莉點點頭，說道：「是的。我再舉一個例子吧！在家庭消費這件事上，他也聽不進我的意見，我更看重有價值的東西。但他不一樣，只要有便宜折扣的東西，就會馬上衝過去。」從她表述的這個事件中，可以看出他們在消費觀上的差異。

消費觀：是指人們對消費水準、消費方式等問題的整體態度和看法。

「我有些好奇，這樣的情景為什麼讓你如此的反感？」我問。

「我覺得這些小事，就能反映出一個人內在的品格。」她面露慍色。

張莉莉告訴我，從他們認識時，他就說小時候跟爺爺奶奶一起生活，日子過得很窮，都是省吃儉用的。結婚後，儘管夫妻倆收入不少，但還是對張莉莉的衣食住行提出意見，認為她花錢太奢侈了。

在消費上，來自丈夫的責備，不僅讓她感到難以接受，而且還感到很受傷。

她認為，自己有穩定的經濟收入，是靠心智勞動贏得嚮往的生活方式，為何要受到別人的負面評價和指責？隨之而來的，就是情緒化的互相指責和貶損，繼而演化為言語攻擊，夫妻間的心理距離越拉越遠。

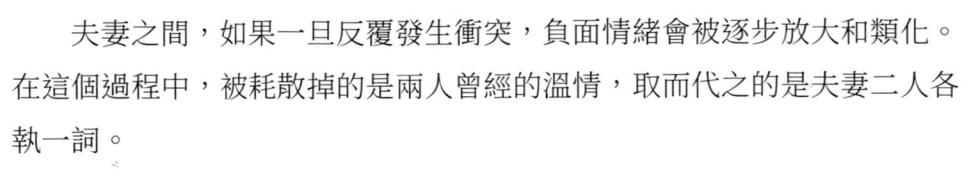
夫妻之間，如果一旦反覆發生衝突，負面情緒會被逐步放大和類化。在這個過程中，被耗散掉的是兩人曾經的溫情，取而代之的是夫妻二人各執一詞。

「這是你們夫妻在消費觀念上的差異，在如何消費這件事情上，很多家庭也都存在矛盾。」我回應道。

「是的。我們兩個人在如何消費這個問題上有很大分歧。」張莉莉皺了皺眉。

看到她困惑的神情，我需要對交談的相關內容做一個梳理與解讀，說道：「之前，你說吳碩在經濟拮据的家庭長大，也許他節儉的行為模式會帶給他心理上的安全感。從人本性看，人類都有自我保全的遺傳基因。在潛意識裡，財富對於人來說就好比動物的食物一樣，這是人自然屬性的印記。」

張莉莉聽得很專注，不眨眼地望著我，一邊聆聽著，一邊點著頭。也許這些常識性的知識，能為她帶來檢視問題的新視角。

我做了一個開啟自己內心的手勢，繼續說道：「我希望，你能夠從不同的角度去了解自己和你的丈夫。鑑於人性的複雜性，我們很難用簡單的『好與壞』、『黑與白』去解讀現實中的問題。比如對你丈夫來說，他即使有錢也不會去買太貴的東西，他認為不值得。這就像你之前所說的，與他從小生長境遇有關。」

她的神情已經舒展了很多，我知道她聽進去了。

果然，她用平緩的語氣回應道：「的確，我在丈夫身上也看到了很多矛盾的地方，人的確是很複雜，很難簡單地去看。」

「你有這樣的感悟我很高興。具體來說，在丈夫指責你買化妝品這件事上，你可以嘗試這樣表達：『為什麼我要用好的化妝品啊？女為悅己者

容囉！我把自己打扮得漂亮點，我心裡高興，你看著也舒心。』所以，花點錢也是值得的。」我說。

夫妻溝通中，學會述情性表達。在夫妻雙方出現行為方式差異時，能夠恰當地表達出自己的情緒情感，而避免用衝突的方式。

述情性表達：透過敘述自己的內在情緒和感受，使對方能夠更容易理解自己，而不對他人做評價評判。

「嗯。我明白您的意思，就是不去直接指責他，而是表達自己心裡的感受。」張莉莉頓了頓，若有所思地說：「唉！醫師啊，可我恰恰做不到這一點，我一著急就立即指責他，很少能表達出自己的感受。」

我能夠理解張莉莉所感到的困惑。當衝突發生的那一刻，她的情緒急著幫主人說話，哪能輪到大腦思考呢！

人類的「情緒腦」，永遠都比「認知腦」跑得更快！

「之前，在不理解對方時，你的情緒反應是本能直接的。而現在，你試著從丈夫的角度理解他的行為，也許你的情緒衝動就緩和下來了。」我笑著回道。

張莉莉點了點頭，然後又將眼光投向了我，問道：「那我怎麼做呢？」

「如果你想理解丈夫的現在，就要從縱向的角度出發，追尋他過去的足跡。」我說。

「看來了解一個人真的很不簡單。」張莉莉瞪大眼睛看著我，自言自語說。

為了讓她更容易理解這其中的心理過程，我需要做一個詳細的分析和解釋。

於是，我說：「就像我之前所分析的，你和丈夫來自不同境遇的家庭，各自形成了一種習得性的行為模式，並把這個模式帶到了你們夫妻的相處

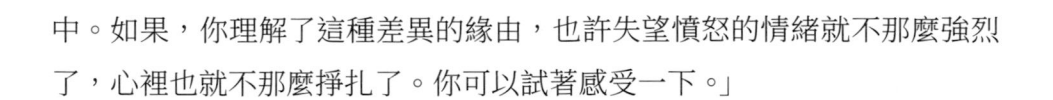

中。如果，你理解了這種差異的緣由，也許失望憤怒的情緒就不那麼強烈了，心裡也就不那麼掙扎了。你可以試著感受一下。」

張莉莉聽得很專注，眼睛不眨地望著我，不由自主地說了一句：

「哦，原來是這樣！如果我理解了這件事情的緣由，就可以紓解、改變我的一些感受和情緒。」

她的嘴角露出了久違的、甜美的笑容。

緊接著，她又說道：「現在，我好像有些明白了。首先我要去了解我的丈夫，然後再去表達出自我的情緒與感受。原來的我，只是感覺他很煩，無法接受他。但從來都沒有去想他為何成長為這樣的人？更沒想去知道他的前世今生。今天，您這麼一分析，我心裡不那麼彆扭了，也好像能理解丈夫一些了。」

「非常好！這是你的覺察與改變的一個開始。」我積極地回應著。

「謝謝您啦！我長這麼大，很少能夠有人這樣與我說話，也很少有人會提出這些不一樣的問題。當然，生活裡父母也會跟我說很多，可是常常會因為一些言語衝突，交流就進行不下去了。」

張莉莉的嘴角露出了燦爛的微笑，臉上泛起了紅暈。

每對夫妻在現實生活中，都難免存在差異與分歧點。要想擁有幸福的家庭生活，夫妻雙方一定要共同學習、內省和成長。

在人類的遺傳基因裡面，沒有事先刻入讓人們幸福的基因，它需要用學習思考去建立，用理解包容去維護，用持續的成長去發展。

張莉莉是一個渴望在婚姻關係中學習和成長的女人，能陪伴這樣一位初為人母的職業女性，一起經歷一段特殊的人生旅途，是十分有意義的。

我的心越來越疲憊

生命之中細小的、具體的、累積的內心情感經驗和感受，才是一段親密關係裡主要的核心。

第四次見到張莉莉，已是深秋時節。

一件紅色的外套非常引人注目，之前的披肩髮變成了幹練的馬尾辮。她步伐輕盈地走進了我的診間，向我投來禮貌性的微笑。

「你好！說一說你最近的情況吧。」對於複診的來訪者，我會用開放性的問話方式，第一時間了解他們的近況。

張莉莉的表情已沒有了往日的僵硬，回說：「最近我找到了一些調節情緒的方法，我現在每天定時做運動，運動後的心情會好很多。」

「哦！不錯的方法！」我鼓勵道。

「現在你與丈夫的關係呢？」我很快地切入主題。

提到丈夫，張莉莉剛才還上揚的嘴角，不自覺地垂了下來。

「雖然和之前相比已經改善了很多，但我和他還是會吵架，有些事情很難跟他意見一致。」她用低沉的嗓音說。

「哦？具體表現在哪些方面呢？」我追問著細節。

在我看來，正是這些細小的、具體的、累積的內心經驗和感受，才是一段親密關係中主要的核心。

「唉！我從沒見過像他這麼笨的人，在他身上發生的問題、做的事情真的很愚笨。」她對丈夫使用了標籤化的評價。

張莉莉這段看似吐槽的話，倒是引發了我的好奇，究竟他們之間發生了什麼事情？

「最近發生的、讓你覺得很愚笨的事，是什麼呢？」我追問。

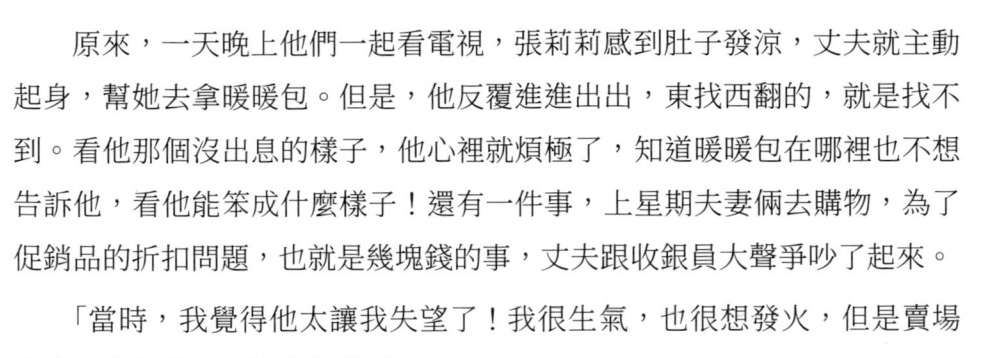

　　原來，一天晚上他們一起看電視，張莉莉感到肚子發涼，丈夫就主動起身，幫她去拿暖暖包。但是，他反覆進進出出，東找西翻的，就是找不到。看他那個沒出息的樣子，他心裡就煩極了，知道暖暖包在哪裡也不想告訴他，看他能笨成什麼樣子！還有一件事，上星期夫妻倆去購物，為了促銷品的折扣問題，也就是幾塊錢的事，丈夫跟收銀員大聲爭吵了起來。

　　「當時，我覺得他太讓我失望了！我很生氣，也很想發火，但是賣場人多，我就強忍著沒有和他爭吵。」

　　張莉莉說到這裡，她的臉有些漲紅，看得出她依然很生氣。

　　我能夠體會，在公共場所，張莉莉作為妻子，目睹丈夫因小事大發雷霆，引來無數圍觀時的困窘和無奈。此時，我需要梳理一下她在情緒受到刺激時的敵意與焦慮，同時也在認知層面上做一些引導性的思考。

　　於是，我給張莉莉提出一個問題，說：「我能理解你當時的感受。不過現在，我想請你來考慮一下，那天你丈夫做出怎樣的反應，能讓你感覺心裡是舒服的？」

　　「我認為作為一個男性，應該理性一些，更不該與收銀員吵架。再說了，他自己也是一個職場中人，經常告訴別人應該如何處理各式各樣的客戶矛盾。但讓我失望的是，當他真遇到問題時，自己竟也變成野蠻人了！這一點，讓我很難接受。」她一口氣講完了。

　　看得出來，丈夫那天的言行，的確是衝撞了張莉莉在價值觀念上堅守的地方。

　　我不由欣賞張莉莉的語言表達能力，她把為何不能接受丈夫言行的心路歷程表達得十分清晰，也把一個人的職業角色與工作職責上的關係展示得邏輯清晰、因果分明。

　　她對丈夫與收銀員衝突爭吵事件的看法，在歸因解釋上並沒有邏輯上

的錯誤。然而，從個體心理成長的角度看，更重要的是如何理解面對同一事件時，不同個體的所思所想，以及如何行動之間的差異與原因。顯然，這是一種更不容易的學習，是一種需要獨立自我省思、追問與思考的社會性學習。

於是，我直接提問：「你有沒有多問自己一個為什麼？比如，一個從事客戶服務、了解商業營運規則的人，為什麼會在這件事上有如此表現？」我準備在此透過 ABC 認知理論，引導她審視情緒的真正來源。

ABC 認知理論：A 代表誘發事件；B 代表個體對這一事件的看法、解釋及評價，即信念；C 代表情緒反應和行為結果。該理論強調情緒或不良行為並非由外部誘發事件本身所引起，而是由於個體對這些事件的評價和解釋造成的。

「哼！我覺得這是他的本性所致。」她提高嗓音說。

當夫妻把他們之間衝突的根源，視為某個人的本性時，就意味著不相信對方能夠改變，自己也被困於情緒性的敵意焦躁之中，致使關係衝突步入了循環狀態。

此時，對情緒困擾剝開洋蔥的工作又要開始了。

我需要對她已習得的認知行為，做一個問題的重新釋義，讓她體悟人類行為背後複雜的心理動機與需求。

「具體談到這裡，就先把本性放在一邊。在我看來，更多的原因是他的角色所致。」我說道。

她瞪大了眼睛，好奇地看著我，嘴裡默唸著，說道：「哦？難道不是他的本性，而是他的角色？這有什麼不一樣嗎？」她睜大眼睛，反問。似乎在等著我的下文。

「是的。週末你們一家出行時，他的角色是這個家庭的男主人，當你

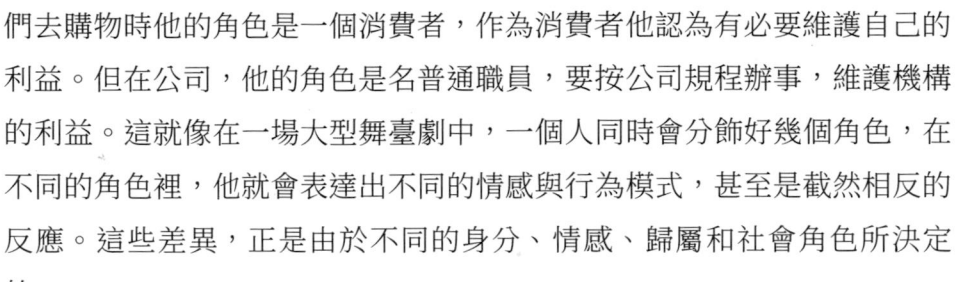

們去購物時他的角色是一個消費者，作為消費者他認為有必要維護自己的利益。但在公司，他的角色是名普通職員，要按公司規程辦事，維護機構的利益。這就像在一場大型舞臺劇中，一個人同時會分飾好幾個角色，在不同的角色裡，他就會表達出不同的情感與行為模式，甚至是截然相反的反應。這些差異，正是由於不同的身分、情感、歸屬和社會角色所決定的。」

我用了一些比喻的方法，盡量把複雜的心理現象說得簡單一些，使她易於解讀和領悟。果然不出所料，她很快回應道：

「我聽懂了！您說的話我覺得挺有道理的，我接受了。不過，看來人心還真是複雜，沒我想得那麼黑白分明。」張莉莉神情柔和，認同地點點頭。

「另外，剛才我有個感覺，也是我的一個好奇，就是當你和丈夫共同面對這個事件時，我能感到他有很大的負面情緒，而你卻一直顯得十分平靜。那麼，你怎樣評價當時你自己的角色呢？」

張莉莉微微一笑，脫口而出：「嘿嘿，不瞞您說，當時我就是旁觀者。」

雲淡風輕呀！很有意思的回答！

夫妻兩個在同一件事上如此不同的情感行為反應，不僅引發了我的好奇，也引發了我新的思考，所以我決定，把自己現場的感受與困惑與她分享。

在我看來，治療師就是來訪者對面的那面「鏡子」，希望她能透過我們之間當下的分享，讓她看到之前不曾看到的存在，尤其是那些深藏於心而未被她知覺的一些東西。

於是，我放慢了語速，一字一句說道：「此時，我們不妨一起再回頭望一望，重新感受一下你丈夫為你找暖暖包的那件事。我記得，你當時

的反應是『我看到了，但我就不告訴你。你找不到就繼續找，都是因為你笨。所以活該！』你當時是這種感受嗎？」我需要確認。

張莉莉認同地點點頭，但一臉懵懂，我知道她在等待我的下文。

「但是，如果這件事情我遇到了，我可能會想：他看我肚子不舒服，主動幫我找暖暖包，我會覺得很暖心。如果他沒找到，但我看見了，一定會提醒他。因為在我心裡，他是我丈夫，是我生活的伴侶，這是我的選擇和決定。所以，現在不需要我去驗證他是聰明的，還是笨的。」

在這裡，我用角色體驗回饋的方式，讓她感受到行為背後的情感內涵，感悟到行為互動過程中傳遞出的情感溫度。

張莉莉很專注，眼睛望著我，似乎已被我這個角色經驗的回饋觸碰到了。

果然，她給了我確定的回應，說道：「哦！聽了您剛才說的，我覺得好像我自己也有問題。原來，我一直在有意找尋他的不好，一直在有意無意地驗證他的笨。」

這是一個絕好的自我省思機會，也是個人成長的一個關鍵時期。

於是，我沒有到此為止，而是繼續追問，說道：「在我看來，任何行為背後都是有深層原因的。你再想想看，你這樣做的原因是什麼呢？」

「哦？什麼原因呢？好像……好像我很想證明我自己是正確的，他是錯的。就像您上一次說，是想為丈夫貼一張壞標籤。」

看到她有這般的深層領悟，我心裡一陣欣喜，這是來自張莉莉內在成長的深刻感悟。

難道不是嗎？所謂夫妻間的愛與溫情，不正是在日常生活中，彼此在行為上的給予，以及在心靈上的依戀與疼惜嗎？

張莉莉已經進入到自我審視與內省階段。所以，此階段工作的重心，

將放在既往舊有認知行為改變上。

於是，我沒有繞彎，直切認知行為模式，將所思所感回饋給她。我一字一句地說：「我們一起來回顧一下，你與丈夫在生活中的相處模式。我感覺，在某種程度上你似乎更像他老師，會不停地教導這個學生。經常用冷漠旁觀的眼光去審視他、評價他，相處中聚焦他的缺點……殊不知，這些消極評價和冷漠帶來的情感傷害，輕則，它疏離夫妻情感；重則它傷害伴侶關係。」

張莉莉抬起了頭，若有所思的樣子。

這時，我需要讓她看到，他們既存婚姻關係中的隱憂。於是，我繼續說道：「我還看到，在這種相處模式中，你們雙方都在隱忍著，壓抑著，也堅持著。也許，直到有一天，當其中一方實在無法再忍的時候，就會說：『算了，我累了！分開吧！』如果有這麼一天，這會是你想要的結果嗎？」

我望向她的眼睛，看她如何做出反應。

此時，她使勁搖搖頭，又低下頭，急促地說道：「不！不！不！這不是我想要的結果！」她一連說出了三個「不」字。

看得出來，婚姻生活中頻繁的衝突和摩擦已經讓她疲憊不堪。一個新生命的提前到來，又給匆忙的婚姻增加了新的矛盾、衝突點，擊碎了他們曾經對美好婚姻生活的夢想。

這一次的心理治療，也是對他們婚姻家庭關係的一次危機管理，是十分有價值的。

這時，我放慢了語速，把話題拉回到她與丈夫的關係上，繼續說道：「你們是一對年輕夫妻，婚齡不長，新生嬰兒的到來，讓年輕的吳碩一夜之間成了父親。由於角色變化得過快，讓他有些手忙腳亂，顧此失彼。此

時，已是母親的你，面對小生命，內心擔憂焦灼，急於要培養教導丈夫，想讓他盡快成為好父親加好丈夫。但他需要時間，轉換角色是一個學習適應的過程。」

「醫師，但我已經很累很累了，我可能堅持不下去了，我⋯⋯」張莉莉面露難色，低下頭，小聲而清晰地回應。

看到她無力、疲憊而又被動的樣子，我清楚地意識到，心理治療已進入到一個重要的轉捩點。

在接下來的工作中，治療師必須要喚醒張莉莉內在的驅動力，讓她成為解決自己婚姻問題的主體，而不是繼續成為不良婚姻關係的抱怨者與受害者。

此時此刻，能否及時修通這個關鍵結點，不僅決定著他們未來婚姻關係走向，也決定著整個心理諮商與治療的成效。

於是，我直視張莉莉的眼睛，向她丟擲了一個選擇題，問道：「現在，我需要你做出一個選擇，不知你是否願意用一段時間去陪丈夫成長？如果你願意，我們可以一起嘗試去找方法；如果你沒有想好，你也可以明確告知我。我要你真實的想法，比如，是認為你們差異很大無法調和？或是你們還有感情捨不得彼此？」

我知道，這的確是需要張莉莉審慎思考的一個大問題，這其中的道理很簡單，就是一段親密關係站在了十字路口，是選擇相向而行，或是背向而行，都將決定這段親密關係的內涵與品質。

不出所料，張莉莉聽完我的問話後，並沒有馬上給出明確的答案。看得出，她似乎心裡有一些糾結，也有一些迷茫與躊躇。

我一邊等著她的回答，一邊強調了這樣做的必要性，我用肯定的語氣，說道：

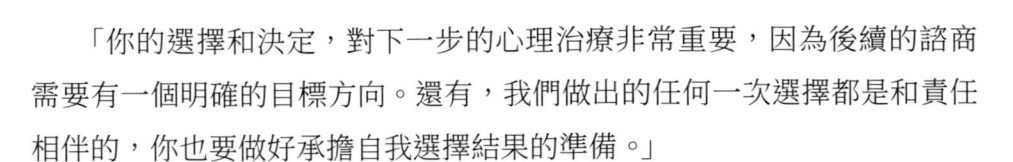

「你的選擇和決定，對下一步的心理治療非常重要，因為後續的諮商需要有一個明確的目標方向。還有，我們做出的任何一次選擇都是和責任相伴的，你也要做好承擔自我選擇結果的準備。」

「我……」張莉莉剛要開口，又停住了，顯然她還在猶豫。

讓她在這麼短的時間裡，為他們婚姻關係的走向做出一個決定是不容易的，我需要給她一些思考的時間和空間。

於是，我對她說：「你不用急於給我答案。因為這個答案對你、對我都很重要。我建議你回家後再好好想想，我們下次見面，你再告知決定吧。」

決定：存在主義心理治療認為，人有選擇的自由，且要對自己的選擇負責，即個體具有自主意志。來訪者做出的決定代表內心具有推動此決定的心理動力，心理師要尊重來訪者的決定。否則強加給來訪者選擇，將無法促成其真正的改變。

「嗯嗯，好的！我是要好好想一想，再告訴您。」她回道。

我清楚地知道，在接下來的時間裡，一定會引發張莉莉更多的思考，這將會成為她後續婚姻關係治療的一個新起點。我，等待著她的決定。

婚姻，也許先退才能進

每個人獨有的文化背景、性格特質以及生活處境，決定了在心理療癒中沒有現成的範本可以複製，而是需要走過一段澄清問題、覺察問題和尋找方法的心路旅程。

一週後，張莉莉再一次來到了心理治療室。

她落座在我對面的沙發上，將乳白色的風衣放在一旁的沙發上。然

後，望向我，語氣堅定地說：「上次您的問題，我已有了明確的答案，我希望能給我們彼此一段時間去解決問題，而不是疏遠關係。」

這令人感到欣喜，站在治療師的角度，我等待的就是這樣一句話！

尤其是張莉莉在審慎思考之後的決定。

身為治療師，我知道只有這種以理性為主導的思維方式，才能做出以解決問題為出發點的自我選擇。

不過，我依然需要進一步確認她的選擇和決定。於是，緊接著問道：「我的理解是，你願意讓自己做出改變，用一些時間修復你和丈夫間的關係。這已是你思考後的決定，對嗎？」

張莉莉認真地點點頭，說：「嗯嗯，是的。我想要改變自己，也想解決我們夫妻的問題。」

確認了她的態度，我才說道：「很好！非常高興聽到你的決定，不是每個人都能做出這個決定。」

張莉莉用微笑回應我。

「現在，既然你想要解決你們夫妻的問題，那就先從梳理問題開始。」然後，我提出了一個需要她給出答案的問題，說道：「請你回答我一個問題：在這個世界上，是否有一個男人是專門為你而來到這個世界的？比如，他很愛你、成熟帥氣、賺錢多、家世好，還是孩子的榜樣父親等？如果你的答案是否定的，你就會意識到，每一個降生到這個世界上的人，誰也沒有天然的義務，要成為你想要的那個樣子。」

張莉莉的眼睛，再次與我直視，見我停了下來，急忙插話，說道：「我知道世界上沒有這個人！可是醫師，我等不及了啊！我有兒子了啊，我要他能給兒子樹立一個好榜樣，可他做不到呀！以前我們隨時都會爭吵，但現在只要兒子在場，我都忍住不吵了。記得有次吵架把兒子嚇哭了，以後

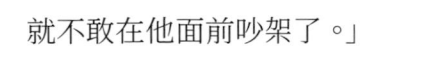

就不敢在他面前吵架了。」

我感覺到了她當下的情緒，一種瀰漫著焦慮、急迫、不安、擔心的複雜情緒狀態。

於是，我有意放慢了語速，一字一句地說：「其實，就算做父母的壓抑著焦慮、緊張、敵意和憤怒不吵架，孩子也能感覺到，他能透過父母的神情、語音、語調和肢體行為，感覺出父母之間情感關係的溫度、柔軟度和親密度。不知道你小時候，在你父母的關係中，有過這樣的感受嗎？」

張莉莉連連點頭，回說：「我有感受。記得我小時候，父母只要鬧矛盾，互相不理睬，或者大聲爭執時，家裡的氣氛就都變了，我就莫名地緊張害怕，變得小心翼翼。」

我知道她認同了我的分析。這時，治療師需要做出一個影響性見證，讓她能夠發現自己與丈夫相處模式的問題所在。

我告訴她，在生活中每當出現分歧衝突時，她都是依據自己的價值來做判斷，以自己認為正確的標準去評價、要求和指責丈夫。此時，因為跨越了彼此的心理邊界，丈夫內心有被侵入的感覺，引出對立情緒反應，導致有效溝通中斷。如果他們夫妻誰也不改變，繼續這樣「磨合」下去，最可能的結果就是事與願違。

分析到這裡，我停了下來。

此時，她沒有即刻回應，似乎在思考著什麼。我沒有催促她，這種被觸動的省思，對她的改變至關重要。

「您分析得對。我剛仔細回想了一下，的確是這樣的。在家裡，每次我指責他之後，兩個人的距離就變得很遠了，我的心也變得很冷了……」

我知道，要讓張莉莉改變舊有的認知行為模式，是一個不容易的過程。

於是，我沒有對她的回應進行評價，而是變換了一個問話的角度，去

激發她的主體意識，問道：「記得你說，你願意給一些時間去改變你們的關係。現在我想確認，在這段時間裡你是否真的願意去幫助他？」

她抿了抿嘴，整理一下剛才因為激動而垂下來的頭髮，急切地說道：「我願意啊！畢竟我還在乎他，不管怎麼說他也是我孩子的父親，只是我現在還找不到方法啊。」

治療師在解決具體問題的過程中，沒有現成的解決方案，而是要與來訪者之間建立治療聯盟，一起走過澄清問題、分析問題與解決問題的心路旅程。這種個體化的過程，正是由每個人獨特的社會文化背景、性格特徵，以及家庭生長環境所決定的。

我微笑著，繼續丟擲另一個需要她選擇的問題：「我想了解一下，當你丈夫做事情的時候，如果讓你選擇，你是更注重他的心願呢？還是更注重他行為的結果呢？」

她莞爾一笑，說：「我覺得都挺重要的。但如果只能選一個，我更看重他的心願。」

我點點頭，沒有停下來，而是繼續沿著這個問題深入下去，說道：「請記住你的答案。現在，緊貼著我表述的內容去感受一下：一天晚上，你肚子不舒服，他主動幫你找暖暖包，如果看重心願，無論找到與否，你的心都是暖的。因為，這個男人在乎你、體貼你、想幫你。其次，你希望他和孩子有更多相處、承擔更多責任，你丈夫似乎也開始這樣做了。還有，為了節省家庭開支，他三番五次找人交涉。以上這些，你的感受是什麼？能感覺到他的心願嗎？」

我觀察到，隨著我對既存事實，用見證式語言再現出來時，我再次看到張莉莉的神情發生了明顯變化。

也許，我的一些話語觸碰到了她心中最柔軟的地方，這種觸碰如此真

實、犀利而又有溫度。

　　也許，張莉莉的醒悟與改變就此發生。

　　這就是心理諮商最神奇的地方，一切皆由心生！

　　「醫師，現在我發現，我的關注點好像有問題。您剛才把我說過的話，又回放給我聽一遍，讓我看到了自己的矛盾，我所說的與所做的前後不一致，都是有衝突的。唉！想做好真的太難了！」她真誠地說。

　　這種具有成長性的省思，是最難得的，更是她改變自身的深層心理動力。但是，她的反思不能止步於此，而是要給出一些具體的幫助。

　　我放慢了語速，繼續說：「其實，面對生活中的問題，你依然可以去表達你真實的感受，但不再是冷冰冰地去旁觀他、評價他。另外，你想找到改善夫妻關係的方法，那就盡可能避免以『家長』姿態與丈夫相處。因為，家長有一種潛在的優勢與賦權，會造成對方的心理壓迫，很容易引發對立情緒或冷戰。」

　　她聚精會神地聽著，若有所思地點點頭，望著我誠懇地說道：「我從沒有往這方面想過。剛才您一直都沒有訓導我，只是問了我一些問題，但卻讓我看到了自己的衝突與偏激。以前，我常常居高臨下挑剔他、指責他，他也會用沉默反抗或者爭辯。每當這種情況發生，要麼爭吵，要麼心煩，最後是心涼。」

　　我接著先前的方向，繼續引申著話題：「現在，你看到了丈夫的努力，也看到了他的忍讓包容。但如果你持續以居高臨下的姿態指責、挑剔他，有一天他心累了，就會出現更多的拒絕、厭倦和敵對。」

　　聽到這裡，張莉莉低下了頭，似乎在思考著什麼。

　　我沒有催促，只是在靜靜地等待。

　　一會兒功夫，她抬起頭望著我，低聲說道：「聽完您剛才的分析，我

真的覺得自己好像有些太過分了。原來，我都相信自己是正確的，是對的，所以每次對他的指責我都是理直氣壯的，也非常堅持自己的想法。」

來訪者能夠內省自己的行為及後果，往往是開啟心靈智慧之門的表現。

內省：又稱自我觀察，是指人對於自己的主觀經驗、感受變化的觀察覺知。

張莉莉已經進入了主動調整的改變期，此時讓她感受到丈夫的善意、付出和愛意是十分重要的。

於是，我說道：「從你的敘述中我發現，即使你在以前常常以責備、抱怨和哭鬧的方式來釋放你的情緒，但是好像到目前為止，你丈夫都沒有表現出對你的厭倦、敵對或想要放棄的意思。」

當下，已到了問題解決的關鍵期，需要治療師掌握好時機，推進諮商目標達成。

「唉！」張莉莉嘆了口氣，說：「我也不想放棄，只是我……」

我嘗試著幫她說出了自己的感受：「你不想放棄，而是有心無力，是嗎？在我看來，在感情上真正的放棄是冷漠，而你現在是疲憊、是衝突、是找不到方法，對嗎？」

張莉莉認同地點點頭。

我依然能感覺到她內心的擔心，以及自我隱隱的無力感。所以，我還是需要給她一些支持性的回饋，讓她心中希望的航燈一直亮著。

從心理治療的觀點出發，「希望」本身就是一個獨立的心理療癒因子。

「任何事情都有它的運轉規律，你正處於分娩後的身心調整期，所以你也要給自己時間，給你們彼此時間。另外，我發現近一月來，你已能把壞情緒疏解開來，不再與丈夫激烈爭吵，這本身就是一個難得的變化。」我說。

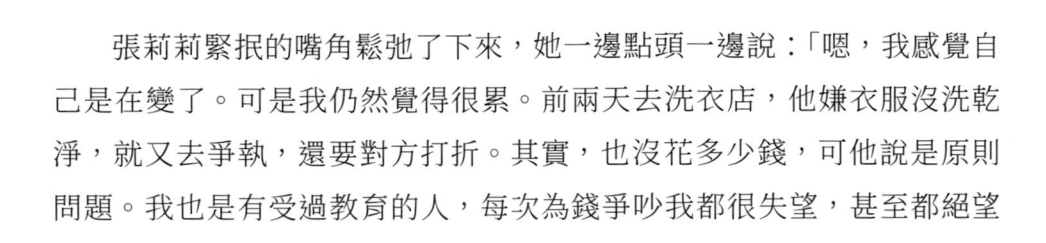

張莉莉緊抿的嘴角鬆弛了下來，她一邊點頭一邊說：「嗯，我感覺自己是在變了。可是我仍然覺得很累。前兩天去洗衣店，他嫌衣服沒洗乾淨，就又去爭執，還要對方打折。其實，也沒花多少錢，可他說是原則問題。我也是有受過教育的人，每次為錢爭吵我都很失望，甚至都絕望了。」

我一點都不奇怪她和丈夫之間，三番五次在「錢」的問題上發生矛盾。

透過前幾次的諮商，我已了解到張莉莉在比較富裕的家庭里長大，和丈夫在金錢觀、消費觀和價值觀上存在較大分歧。

在我看來，不同家庭背景導致的認知差異，不一定意味著這些矛盾分歧就無法彌合，而是決定於當事人的成長性。

此時，我給出了進一步的回饋性建議，說道：「遇到這樣的事時，你可以換個角度去表達你的觀點。在這個世界上，不同人的生活方式和資源是不一樣的，有人收入幾百萬，也有人靠最低薪資生活。每個人生活在不同的經濟、社會階層，誰也不能輕視或否定別人的生存方式，或者是生活習慣。」

張莉莉聽進去了，認同地點點頭。

於是，我再次把話題聚焦在了她與丈夫身上，並給出了具體的分析解讀，說道：「你和丈夫都受過大學教育，現在都有不菲的收入。但你丈夫因為從小生活習慣的原因，仍然想精打細算過日子，你同樣也要理解體諒，並且還要尊重他的生活態度。」

張莉莉仔細地想了想，然後抬起頭來，看著我說：「真沒想到您會這樣來看這件事情，很有道理的。現在我有點理解了，我丈夫的父母不僅日子過得很苦，還常為錢吵架。或許，現在他的這些做法想法，也是過去生活習慣的一種自動延續，而不是故意與我作對或者反對我。」

　　張莉莉的理解力是一個很大的優勢，也是促進心理諮商目標達成的一個特質因素。

　　婚姻關係中，夫妻雙方在成長背景、家庭境況和生活方式有深入了解的基礎上，若能學會接納彼此的差異，對非原則問題採用包容的方式，就是改善關係，減少衝突的一種有效方法。

　　我微笑地說道：「當你理解了之後，再去看丈夫的行為，你心裡就不那樣糾結難受了。尤其是你讀懂了他的心路歷程，也許你會變得柔軟了。因為，今天你獲得的感悟，可以幫助解讀彼此在認知行為上的差異。」

　　張莉莉笑了，她笑起來的時候還是很美麗的，眼睛彎彎的，嘴角兩個淺淺小酒窩，時隱時現。

　　「您說的對。好多事情換個角度想，真的會有不同的感受。只是，現在我還有一個困惑，對於我丈夫身上的這些缺點，我是應該包容下去，還是主動指導他改變？」她問我。

　　對張莉莉來說，若在夫妻相處中，總是認為自己是正確的，她就會不自覺地要求丈夫，並讓丈夫按照自己的意願改變行為模式。這種由自我出發、非黑即白的標準以及強加於人的生硬方式，不僅不能消弭彼此衝突，反而有可能破壞夫妻關係。

　　行為模式：由於遺傳和環境因素互動影響所形成的習慣性的行為定勢，具有持續性和穩定性。

　　這時，我沒有直接回應她的話題，而是舉了一個例子，希望透過分享能夠幫助到她。

　　「舉一個例子吧。我有一個好朋友，婚後經常跟我抱怨，說她與丈夫之間的分歧衝突很大。比如，她認為人就應該奮鬥，就應該獲得社會性成功，最後她果然功成名就，而她丈夫則對此不屑，他喜歡烹飪，喜歡古典

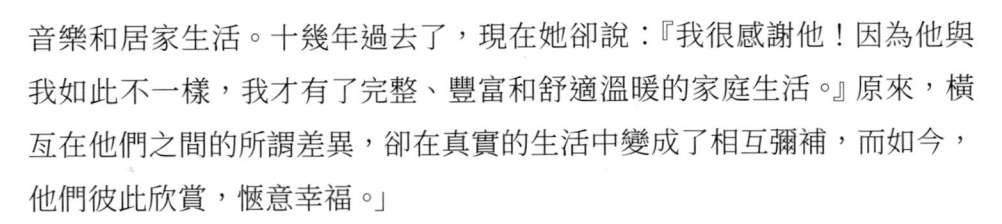

音樂和居家生活。十幾年過去了，現在她卻說：『我很感謝他！因為他與我如此不一樣，我才有了完整、豐富和舒適溫暖的家庭生活。』原來，橫亙在他們之間的所謂差異，卻在真實的生活中變成了相互彌補，而如今，他們彼此欣賞，愜意幸福。」

張莉莉對我舉的這個例子很感興趣，瞪大了眼睛看著我，繼續問道：「哦？那他們在生活中怎麼相處呢？」

「我也問了她同樣的問題。她說正是丈夫對生活的熱情，對社會功名的淡然，舒緩了她很多的心理壓力，也才有了所謂她的成功。比如，在她失意痛苦時，丈夫拉著她聽音樂會；在她焦慮失眠時，拉著她討論畫作的寫意與寫實。就這樣，在真實而又多風雨的生活中，她感覺丈夫成了她的避風港、加油站。最後她說，原來她與丈夫所謂的差異衝突，恰恰讓她的人生更飽滿，更愜意了。否則她就是個只會工作，沒有生活的人。」我繼續道。

張莉莉很專注地聽著，一邊點點頭，看得出她對這個話題很感興趣。

生命唯有故事，而每一個生命的故事都有相通的地方！

猶如，列夫‧托爾斯泰（Lev Tolstoy）說：「幸福的家庭都是相似的，不幸的家庭各有各的不幸。」

我把話題收了回來，與她當下的心理困擾做了一個連結，給出直接建議，說：「你還可以透過表達感受讓他了解你的想法，減少誤解。比如，當你看到他為省錢與他人爭執時，你可以告訴他，你很擔心吵架更新，甚至發生肢體衝突，害怕他意外受傷。此時，你關心的不是錢、也不是宣洩情緒，而是關心他這個人。這是每個人心裡最柔軟的部分，而這部分常常被忽略掉了。」

「我記住了。改變自己的關注點，表達感受但不評價，是很有道理

的！我回去一定要試一試。」她連連點頭。

還未等我回應，張莉莉又接著說：「其實這幾個月來，我已經有感覺，每當我又哭又鬧的時候，他顯得很無助，就只是在忍受。過後他依舊我行我素，也沒出現什麼改變。看來，我要跳出自己原來的習慣。」

「你的感受是真實的，它會幫助你找到一個解決問題的方法。所以，你現在的感受是非常寶貴的。」我鼓勵道。

張莉莉點點頭。

我們已就伴侶之間的差異與接納的話題，做了不少的交流分享，此時我需要進行一個階段性的總結概述。

於是，我說道：「在生活中，你們都是獨立的個體，彼此既能接受差異，又能接納和欣賞這個人與自己不太一樣的地方。現在你為更好的家庭生活做努力，這是不容易的。」

我需要對張莉莉的努力和付出，給予充分的支持肯定。

接著，我繼續說道：「夫妻關係磨合的過程，就像共同培育一棵果樹。它在歲月中慢慢成長，你們也甘願為它培土澆水，懷著希望，伴它成長，秋天結果。在我看來，愛和幸福也是我們此生的事業，無論為它付出多少，都是值得的。」

「是的。醫師，你說到我的心坎上了，兩年前我剛步入婚姻時，我就期待著愛和幸福；當我有了兒子時，我就期待他能成長在一個幸福的家庭。剛才聽了您的話，好像我想要幸福的那個夢想，又開始復甦了。」

看到張莉莉微微泛紅的臉龐，又聽到她這番急切、誠摯的話語，我也很有感觸，不由得感慨地回應，說道：「是啊！在不斷衝突與爭吵中，你們都忘了彼此對愛與幸福的諾言，甚至因為衝突放棄了彼此。今天，我能見證你，看到你願意為幸福而付出心力。說真的，你要謝謝自己。」

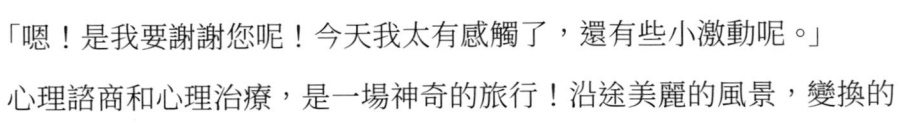
「嗯！是我要謝謝您呢！今天我太有感觸了，還有些小激動呢。」

心理諮商和心理治療，是一場神奇的旅行！沿途美麗的風景，變換的季節，也在我們共同的見證下不斷湧現、不斷豐厚。

時間過得真快，又到了結束的時間。我送張莉莉出了診間。

愛情，永遠是兩人故事

看似偶然事件的背後，往往都有著深刻的心理行為印記和認知基礎，只是看你如何發現它隱含的意義，並給予及時的解讀和回饋。

再一次見到張莉莉，已是兩週之後。

她高挑的個子很顯身材，紅潤的瓜子臉上有了幾分輕鬆的笑意，淡淡的眼影和柳葉彎眉，更加突顯了她的女人味。

心理諮商時間有限，我也很少與來訪者寒暄，而是要得到她最新的狀況。

待她脫下外衣，落座在我對面的沙發上，我就切入話題，微笑著問道：「我想了解一下你這兩週來的情況。」

她難掩開心的笑容，快速回應道：「嗯，有個大變化。我和丈夫不再與父母同住了，我們搬出去租房子單獨住了。」

哦！他們搬出去單獨居住了？這的確是一個之前未曾有過的新變化。

從心理學角度看，看似偶然事件的背後，往往都有著深刻的心理行為印記和認知基礎，只是看你如何發現它隱含的意義，並給予及時的解讀和回饋。

這個大改變，對他們夫妻關係會產生什麼樣的影響呢？我需要對這個關鍵點做進一步探索與澄清。

關鍵點：具有特別重要價值意義的因素，涉及時間、事件與情境。

於是，我問道：「你們搬出去獨自生活了，這是誰做出的決定呢？」

「我提出的建議，迅速得到了我丈夫的支持，最後也得到了我父母的支持。」她回答得很快，看得出來，她的心情不錯。

「哦，我感覺這是你們夫妻一個理性的決定。小家庭結構簡單、責任更清晰，有助於你們之間的溝通協調。祖孫三代的大家庭中結構複雜，父母是家長，小夫妻是孩子，再加上新生嬰兒，可能會有更多的矛盾。從另外一個意義上看，一旦夫妻獨立生活以後，男性照顧妻兒的社會責任感就有可能被強化了。」

我對他們小夫妻主動搬離父母家的決定，給予了正面的解讀和積極回饋。

她聽完我的講述後，眼睛瞇成了一條縫，笑著連忙說道：「您說得太對了！我們搬出去獨自住以後，我也按照您的建議，在有分歧時換了一種表達感受的方式跟他說話，現在我們的溝通順暢了很多，他也是個很講道理的人。」

我還需要了解她丈夫的感受。於是，緊追著問了一句：「你丈夫的感覺如何呢？」

「他能感覺到我的變化。他說我的抱怨少了很多，情緒也平和了很多。我自己也發現，在生活中的默契好像無形中也增多了。」她淡淡地笑著，平和地回應道。

看到他們夫妻生活有了如此大的積極改變，身為治療師，我由衷地感到欣喜。

是啊！每一個生命都有潛在的智慧，他們才是解決自身問題的主宰者，我要讓她來體悟感受這個成長的過程，這對她今後來說至關重要。

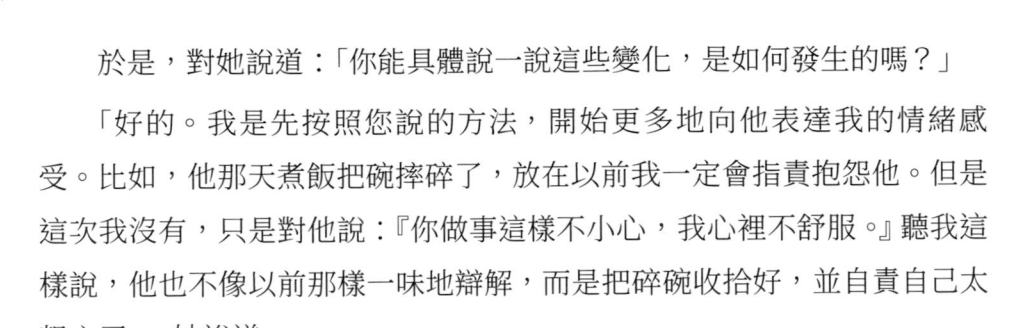

於是，對她說道：「你能具體說一說這些變化，是如何發生的嗎？」

「好的。我是先按照您說的方法，開始更多地向他表達我的情緒感受。比如，他那天煮飯把碗摔碎了，放在以前我一定會指責抱怨他。但是這次我沒有，只是對他說：『你做事這樣不小心，我心裡不舒服。』聽我這樣說，他也不像以前那樣一味地辯解，而是把碎碗收拾好，並自責自己太粗心了。」她說道。

說到這裡，她停頓了一下，忽閃的眼睛裡掩藏不住笑意，接著又補充道：「嘿嘿，不過他那天煮的飯還是很香的。我覺得，如果我能容許他生活中有些小失誤，我的丈夫還是一個很不錯的男人呢。」

說著這些，她忍不住，「咯咯」地笑出了聲。

我能看得出來，曾經作為妻子的幸福感，就這樣悄悄地回來了。

她接著告訴我，他們夫妻兩個人情感上的互動也多了起來。比如，他們會一起看電視劇，之後還會議論一下劇情，並對未來的生活做一番美好的暢想。

最讓她覺得意外的是，平時不捨得花錢的丈夫，竟然主動安排了婚後兩個人第一次的旅行 —— 泰國三日行。

哦？又是夫妻關係中一個嶄新的、有積極意義的訊息！

身為治療師需要去見證和分享這個過程。

於是我好奇地問道：「你們二人第一次去泰國旅行的感覺，是怎麼樣的？」

她回應道：「整體來說還是不錯的！只是期間偶爾還是會發生一些小爭吵。」

「能說一說你們是因為什麼在爭吵嗎？」我問道。

張莉莉說，到達泰國之後，她不再像以前一樣大小事都攬在自己身

上，而是放手讓丈夫去安排，結果他經常顧此失彼，比如沒有趕上早餐時間，又或是錯過了景點班車等。

面對丈夫的粗心大意，張莉莉的反應是否與先前一樣呢？她是否依然會情緒爆發呢？我充滿著好奇。

我追問道：「在這種情況下，你的反應是什麼呢？」

張莉莉似乎早有準備，平靜地對我說：「我不會直接和他爭吵了。一開始，我不會說什麼，讓他自己想辦法去處理。如果實在非常緊急，我就直接想辦法去解決，不再做旁觀者了。」

為了讓來訪者有意識地洞察到自己的變化，我需要在此做停留。透過見證回饋過程，可以強化這種新的認知行為模式。

我有意反問：「可否讓我知道，你是怎麼想到要去這樣做呢？」

張莉莉微笑著，直視著我，用了肯定的語氣，說道：「之前，您已幫我分析過了，大喊大叫不是解決問題的有效方式，我就要嘗試讓自己改變了。」

從她的神情中，我能清楚地看到她的喜悅以及掩藏不住的小小自豪。

可不是嗎？之前無法控制自己發脾氣的張莉莉，現在竟然可以柔軟溫暖了，這何嘗不是一個家庭的福氣呢！

「醫師，我還想告訴您，在整個旅遊的過程中，我都沒有發過脾氣，反而是丈夫內疚自己的粗心，讓我們的旅行留有遺憾。記得，在離開泰國的前一天晚上，他竟然還特意找了一家浪漫的餐廳，向我表達他的歉意。這太讓我吃驚了，因為餐廳價格不便宜。」

說到這裡，她的臉頰微微泛紅，還有些小女人的羞澀。

原來，在燭光點點的西餐廳裡，丈夫像初戀時的男生一樣，為張莉莉準備了一個小禮物，深情地表達出要為她再重新策劃一次出國旅行的想法。

他還說，下次一定要提前籌劃和安排，讓夫妻二人重溫新婚蜜月時的開心快樂。

看著她滿面笑容，如沐春風的樣子，我也被她的幸福感染了，喜悅之情瞬間盈滿了心間。

「你丈夫這些變化，對你們夫妻關係帶來了什麼影響呢？」我關注著變化，繼續豐厚著她的正向經驗。

豐厚：敘事療法強調，抓住積極的節點，以此為基礎進行拓展，幫助來訪者建構出積極的故事，從而建立積極的自我認同。

「我覺得他的想法變了、行為也變了。原來，他認為做家事很簡單，但他親自做時卻發現很不容易。現在，他理解我的不容易了，也看到我為這個家的付出。」她流暢地回道。

此時，張莉莉略停頓了一下，又連忙補充說：「這段時間，他還反覆對我說，要幫我分擔家事。他能這麼說，我心裡感覺挺好的。記得您說過：『如果我變了他也會變。』那時我有很深的質疑，現在我信了！」

「說一說你丈夫，他具體還有那些改變呢？」

我有意地繼續追問，希望他們能看到並記住彼此的付出，彼此給予的溫情。

「他改變不少！比如他回家後會主動帶孩子，夜裡為了讓我睡好覺，他幫兒子熱奶、餵奶。這在之前是我的奢望，但現在已經是我真實的生活了。所以我心情好起來了，吃飯睡覺也感覺香了。」

張莉莉面帶笑意地又補充了一句，說：「當然了，我也會體諒他的不容易，早上我幫兒子餵奶，盡量不讓他吵醒爸爸，讓他多睡幾分鐘。另外，我還會準備早餐給他，讓他精力充沛地去上班。」

張莉莉如數家珍一樣，向我述說著他們生活中溫馨的故事。

我意識到，他們駕駛著幸福牌汽車已經在路上了！

為了進一步固化張莉莉新的認知行為模式，我需要在此多做一些見證性回饋。於是，我繼續問道：「今天聽到你講述的情境與行為，感到與你之前有很大不同。我好奇的是，你的這些改變是如何發生的？比如你是如何做到不再發脾氣的？又是如何與丈夫溝通的？甚至開始心疼他、體諒他？」

張莉莉撥了撥垂下來的頭髮，坦言道：「之前跟您的交流中，很多話對我有觸動，也讓我看到了以前自己看不到的東西。於是，我開始試著靜靜地去感受他和觀察他，我發現他做家事時還是很認真的。看到他用心的樣子，我就不那樣心煩了。」

治療師職業生涯中，最愜意、最幸福的時候，莫過於來訪者達成自我成長與自我療癒的時刻！

張莉莉說完後，稍微停頓了一下，笑著補充道：「醫師，我還發現了他一個特點，那就是如果我能心平氣和地與他說話，比我發脾氣要求他去做效果會更好。」

記得她曾經問過我，她是要改變丈夫？還是要接納丈夫？

看來，現在她已經找到了這一問題的答案了。

我笑著回應她，說道：「看來你已經開始去理解他、接納他、體貼他。在這個過程中，你認知行為上的變化，也讓丈夫感受到了你的溫情、體諒和付出。這是一種良性的、具有建設性的互動，你們之間既有了情感交流、也有了溫暖的感覺。我為你們感到高興。」

是啊！人們在生活之中，因為親近，所以常常會忽略了對方的球感需求，口不擇言，甚至認為是理所當然的。

如若一直這樣認為，終有一天，摯愛也會離他而去。

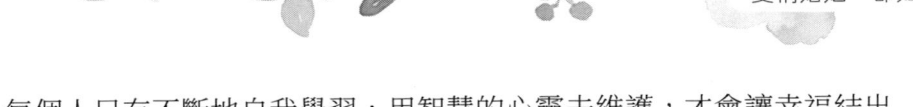

　　每個人只有不斷地自我學習，用智慧的心靈去維護，才會讓幸福結出纍纍碩果。

愛情婚姻，都如暖陽

　　心理諮商的有效性，是以來訪者的覺察體悟、認知思考和學習成長為仲介的，如果沒有他們內在成長性改變，心理諮商與治療的目標就難以達成。

　　這次諮商，我希望張莉莉能夠從他們當下的生活裡，汲取更多的力量和滋養。

　　於是，我開門見山地問道：「現在你來體會一下，當丈夫說想要親自再為你規劃一次蜜月旅行，並要提前做好一切細節準備的時候，你真實感受是什麼？」

　　張莉莉燦爛地笑了，深情而感慨地說：「醫師，說實話，我非常感動，也讓我很意外。現在，每當他主動要求分擔一些家事，主動為我和孩子操心時，我的心都很溫暖，情緒也跟著好起來了。」

　　我趁熱打鐵，緊接著丟擲了一個開放性的問題：「現在，你能否思考一下告訴我，你情緒的『好』與『不好』是怎樣發生的呢？」

　　她很認真地思考了片刻，然後抬起頭來，望著我說：「嗯，您是知道的，來做諮商之前我的情緒非常不好，是我看不到他身上有改變的希望，那時候我真的是很絕望，活在那種狀態下我沒有任何快樂可言。但是現在，他的所言所行讓我看到了希望。」

　　說到這裡，她微微漲紅了臉，看得出她有些激動。

　　「希望」和「絕望」，只一字之差，卻是天壤之別！

希望，帶給人光明和力量。絕望，讓人陷入黑暗和無助。

「我能理解你所說的感受。之前的你覺得自己是弱小、孤獨而無望的，無論發生什麼你都是孤單的，很容易就陷入憂鬱的泥潭裡。此時，這種無助和絕望感，很容易在情緒刺激時轉變成憤怒和攻擊。」

張莉莉連聲說道：「對！對！您說出了我那時的真實感覺。」

「現在你的感覺不一樣了，因為你找到了解決婚姻關係問題的方式方法了。原來那種因憂鬱而引發的無望無助，也漸漸離開了你的生活，代之以新的改變、新的感受和新的希望。」我繼續道。

張莉莉點一點頭，緊接著回應道：「嗯，是的！我丈夫心很軟，但他有個特點，做事情總是需要別人去推一把。比如說，最近我們布置新房子。他很用心，發現了很多問題，看到他這樣用心，我就會主動和他一起做家事，感覺很愉快。」

張莉莉的這種變化實屬不易，是一種真正意義上的心理成長。

「我發現，你變得更加柔軟了，看到了丈夫的付出，也更理解他了，你們之間的關係有了溫度。尤其是你對丈夫的改變給予正向的回應，比如表達自己的愉悅。這會激勵他有更多改變。你用的方法，就是行為主義心理治療中的正增強技術。」我說道。

聽到我的讚賞和肯定，張莉莉開心地笑了，她連忙說：「其實都是按照您說的去做！我沒正規學過心理學，這次還歪打正著地運用了心理學的原理，看來以後我還是要學一點心理學呢！」

「這個想法很不錯啊！另外，我還想知道，你是怎樣想到要把正向的感受告訴給自己的丈夫？」我有意問道。

她思忖了片刻，回應道。

「我母親也提醒說，要我多鼓勵自己的丈夫，不能總是挑他毛病。」

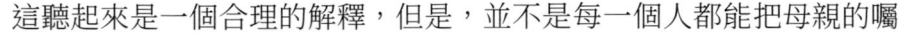

這聽起來是一個合理的解釋，但是，並不是每一個人都能把母親的囑咐和期望，轉變成自己的實際行動。

於是，我追問道：「母親的提醒固然很重要，但是，這句話是怎樣被你內心接收到，並轉化為行動的呢？」

我層層遞進式的問話，引起了張莉莉的思考，過了約莫一分鐘，她說：「我先讓自己靜下來，然後慢慢靠近他，去梳理過往中發生的事情，後來⋯⋯」

她說，自己在梳理往事中發現，無論丈夫做什麼事情，都有做不好的時候，當你直接批評指責他的時候，他就很不配合；但當你先肯定他再給他建議時，他就會積極配合。

最後，張莉莉總結性地說：「總之，我發現他內心是有些自卑的，所以是一個需要及時被鼓勵的人，這樣他能夠向更好的方向發展。」

她的回答是用心的，也是深入思考過的。作為她的治療師，我很欣賞張莉莉的思考力與行動力。

「看來你的『鼓勵』很重要，讓丈夫感到被認可、被支持和獲得力量。可見你在他心中是十分重要的。心理學告訴我們，重要他人的認同與讚美，能夠帶給人巨大的力量、愉悅與滿足，也能成為自我內心動力源。此時，你就是丈夫的重要他人。」

重要他人：在個體社會化以及心理人格形成的過程中具有重要影響的人，如父母、兄弟姐妹、好朋友與權威者。

張莉莉挺直了身子，望著我會心地笑了，說道：「透過這幾次心理諮商，我感覺和丈夫的關係彷彿回到了當初戀愛時，其中有了絲絲甜蜜的感覺。現在我覺得自己之前對他太苛刻了。」

能夠有這樣的領會，說明張莉莉的內心發生了實質性改變。

在臨床上，心理諮商的有效性，是以來訪者的覺察體悟、認知思考和學習成長為仲介的，如果沒有他們內在成長性改變，心理諮商與治療的目標就難以達成。

「我很欣賞你透過觀察接納、情緒表達和委婉建議的方式，重塑了你們之間的關係，這是你們彼此在親密關係中的一次學習成長。」我說。

「說真的，現在我才真正理解了『接納』的重要性，以前也說接納呀接納，但都只是口頭上，心裡是挑剔的、厭倦的和鄙視的。」

張莉莉望著我，真誠地反思著。

心理諮商已接近尾聲了。

我需要做一個整體概述，讓張莉莉清晰地看到婚姻關係的多維複雜性，幫助她過好未來的婚姻生活。

「希望你記住，良好的夫妻關係是家庭關係的基礎。在一個家庭中，夫妻關係是第一層級的，親子關係是第二層級的。另外，從社會這個角度來看，男人可能比女人承載了更多的社會責任與壓力，因為他們的能力需要被證明。」我說。

她從沙發上直起身子，點著頭說：「嗯，我看到了他的付出和努力，我也更能體會到丈夫的辛苦了。」

張莉莉的確變了！她由最初的憂鬱絕望到如今的從容淡定，讓我再一次感受到了生命裡的智慧。當下，我感受到了一份流動的、溫暖的和發展的情感，看到了一對小夫妻相互間的理解、體貼和包容。」

於是，我笑著對她說：「現在，你需要感謝一下自己了。」

張莉莉不解地看著我，眼睛瞪得大大的，說：「哦？要感謝我自己，為什麼呢？」

「我覺得，作為妻子你實際上是家庭關係的重要連結者、推動者和維

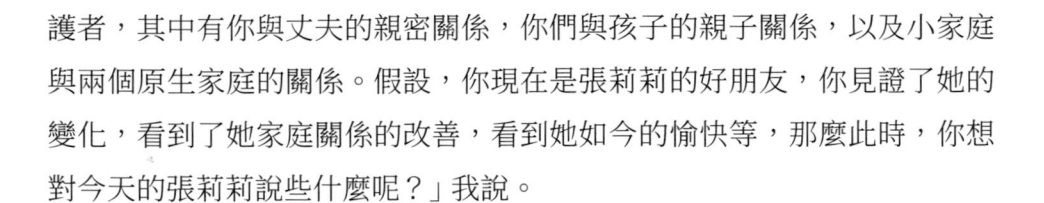

護者，其中有你與丈夫的親密關係，你們與孩子的親子關係，以及小家庭與兩個原生家庭的關係。假設，你現在是張莉莉的好朋友，你見證了她的變化，看到了她家庭關係的改善，看到她如今的愉快等，那麼此時，你想對今天的張莉莉說些什麼呢？」我說。

張莉莉想了一會兒，嘴角露出了笑意，很認真地說：「我想對她說：我覺得這段時間你表現得很棒！當你靜下來感受你丈夫，你看到了他的改變和努力，你就不再激進、煩躁和絕望。還有，你能接納理解他了，想辦法與他良性互動。最後，希望你可以保持這種狀態，做得更好一些。」

我還沒有來得及回應她的答案，她便急忙接過了話題，很有感慨地說：「醫師，其實戀愛與婚姻就不是一回事，結了婚我才知道維持良好的婚姻真是太不容易了！我怎麼也想不到，婚姻裡會遇到這麼多的煩心事！這段時間要不是您的幫助，我都不敢去想像，現在會是個什麼樣子。」

「醫師，真的，我非常感謝能遇到您！」她認真地說。

「還是要感謝你自己，我只是陪伴了你一段時間，而你才是真正付出努力、成全自己的那個人。」我笑著回應道。

身為治療師，見證了張莉莉自我成長的過程，感受著她重新找回的愛、溫暖和親情。這一切對我來說猶如看到「霧霾」散去後的陽光，無比珍貴和難得！

這一切也是張莉莉留給我的最好禮物。現在，她就在我對面，笑得很燦爛。我們揮手道別。

但是，我記住了她燦爛的笑容！望著她離去的背影，我不禁想到，也許人類的微笑，就是世界上最無可比擬的天然化妝品。無論何時何地，當一個人微笑的時候，他們在那一瞬間就變得無比美麗動人。

● **本篇結束語**

　　愛情，不是人生中一個凝固的點，而是一條流動的河。這條河中不僅有壯觀的激流，也會有平穩的緩流，甚至可能會出現支流和暗流。但所有這一切，都是這條生命河流的組成部分，共同造就了愛情獨有的風景。

輕鬆心理咖啡屋 —— 做自己的心理療癒師

◎ 第一杯咖啡：為何家庭關係緊張會引發心理障礙

　　人類學家發現，不良的家庭關係對心理障礙的發生有明顯作用，因此透過改善家庭關係可以消除心身不適症狀。

　　1980 年代心理學家發現，家庭成員的特殊關係有很多特徵，一是家庭中各成員都緊密相連，互相影響；二是要解決家庭的問題，必須要了解成員之間的多維關係，而不能僅從某一單維層面進行；三是家庭中慣用的交流與關係模式對家庭問題的產生具有重要的影響。

　　人類學家葛雷格里・貝特森（Gregory Bateson）發現，不良的家庭關係對心理疾病的發生與發展有明顯作用，因此，透過改善家庭關係可以療癒心理疾病，消除心身不適症狀。

　　本案例中，透過對張莉莉的婚姻衝突以及家庭成員的關係，進行了剝洋蔥式的諮商與治療，這對她解開心結，找到內在力量，解決問題造成了重要的作用。

　　這些有效的方法主要有：

　　其一，治療師必須要接納、梳理與消解她的負面情緒，然後再進入她

的理性層面展開有效的梳理、審視與分析。

　　其二，採用剝洋蔥式的逐層問題解決法，從她最焦灼的問題開始，逐層深入。在開放、溫暖、尊重和接納的氛圍下，幫助她將外投射式問題歸因，引入自我內部的覺察與反思，即父母之間、自己與父母之間以及自己與丈夫之間的關係模式，這種深層反思是其改變的內在心理動力。

　　其三，採用見證式問話技術，讓她看到了在夫妻關係中自己的優越感與強勢，引導她對「自我界限」的重新界定，澄清夫妻間越界的言行，重構成熟的心理行為模式。

　　其四，及時採用敘事性的見證豐厚與重寫技術，對張莉莉在反思中獲得的新感悟、新體會和行為改變，給予及時引申拓展、豐厚強化，並用語言敘事技術賦予新意義。

◎ 第二杯咖啡：為何原生家庭影響婚姻關係的品質

　　只有當一個人更多地了解到事實真相時，才會在心理行為層面上發生實質改變。

　　莫雷・包文（Murray Bowen）在 1950 年代提出，家庭是每一個獨立生命成長的系統，是一個穩定的系統。父母與子女互動作用時，產生的有形和無形規則構成了比較穩定的家庭結構，也使他們之間形成了特定的行為模式。父母與子女之間的情感表達、行為模式、互動方式等均不斷地相互傳遞與模仿，了解男女伴侶原生家庭系統的心理行為模式，對提高親密關係品質有重要意義。

　　張莉莉是以病人角色進入到系統的心理治療中的，從她講述的故事來看，表面上似乎是一個婚後矛盾引發的親密關係問題。此時，若對心理問題根源探索不夠，僅把焦點放在當下衝突點上，就可能會出現並解決了第一個衝突，不久就會再出現第二個衝突並解決，繼而進入衝突問題的連鎖

循環中。

　　本案例中，治療師清晰地意識到表面上的夫妻衝突，其深層根源卻是雙方成長背景的巨大差異，也就是雙方原生家庭系統的不同。所以，在解決心理問題中，強調親密關係中個體生命的獨立性與存在模式，促使她去探索伴侶在行為模式、處世方法和價值觀上的差異，以及差異的來源，這種澄清性探索對個體的心理成長極為重要。

　　治療師透過連鎖提問法、具體化法與探索性心理分析，促使來訪者成為自己問題的主體，改變其受害者或者抱怨者的角色，這對後續心理治療造成了很大的正向影響。

　　在心理分析中，當一個人更多地了解到事實的真相時，才會在心理行為層面上發生實質性改變，因此，如何透過深層心理問題的分析、探索與發現，是一個獨立個體解決心理困擾的核心所在。

第四篇
我的憂鬱，說不清道不明

人物獨白：我的情感似乎麻木了，對什麼都沒有了興趣，身邊的人也都無法理解我，我感覺很孤單，也很迷惘。沒有人喜歡我，我也不喜歡這個世界，甚至我都不知為什麼活著，我只感覺到很累很累……

一株樹苗是否能夠長成參天大樹，百年不倒，這一切不是取決於四季有無風雨寒冬，而是取決於它的根鬚能否深深地紮進大地之中。

少年時代，我沒有避風港

如果一個人壓抑久了，有時反而會質疑真正自我的存在。所謂的內心如墳，有時也只是潛意識裡因為害怕受傷，為保護自己而穿上的一副硬殼冷盔甲。

時值深秋，從遠道而來的葉曉蘭，走進了心理治療室。

她穿著一件橘黃色外套，高領白色羊絨衫，面容清秀端莊，頗具幾分古典氣質。

「醫師，我想問您一個問題，人類為什麼總是被辜負、拋棄和原諒呢？」

這是葉曉蘭落座之後，對我說的第一句話。

我快速翻看著葉曉蘭之前的病歷。

上面寫著：「情緒憂鬱伴焦慮，有輕生念頭、失眠、消瘦三個月；近

一月病情加重，在家不願見人，不願意去學校。」身心科診所的醫師診斷為「重度憂鬱症伴拒學」。

看到這裡，我不由得多看了她幾眼，端詳著。但引起我關注的，是葉曉蘭眼中那濃濃的憂鬱。

當與她的眼神觸碰時，除了眼中的困惑，還有一股倔強，一種渴求別人能夠理解，並給予解惑的盼望。

我能感覺到，葉曉蘭是那種對自我十分敏感的人。不過，我不願先入為主地給她貼上某種疾病的標籤，戴著有色眼鏡與她交流。

我想要細細去了解我眼前的這個女孩，也很想去親近她的內心，究竟怎樣的經歷，讓她對人生產生如此深刻卻略帶沉重的思考？

她的憂鬱來自何處？又是什麼困擾了她？

想到這裡，我放下了手中的病歷，沒有直接回答她的問題，反而好奇地問道：「你的問題還挺深刻的，不過，我很想知道你是如何會想到這些問題的？」

「哦，就是從自己和別人的經歷中總結的。」她聳聳肩，佯裝輕鬆地一笑，輕描淡寫道。

「之前你問『人類為什麼總是被辜負、拋棄和原諒』這三個問題，我能感覺到在這其中有你很多的情感，它包含了不少的委屈、無奈和疲憊，還有一些無所適從。你願意讓我了解一下你的經歷嗎？」我同理地問道。

同理：是指一種能深入他人主觀世界，了解其感受的能力。設身處地深入對方的內心去體驗他的情感、思維。掌握求助者的感受與他的經歷和人格之間的連繫，更容易理解問題的實質。

「我的經歷很普通呀，和別人都一樣。」

聽到我的話，葉曉蘭在剎那間瞪大了眼睛看著我，似乎我的話語引起

了她的一些共鳴。

但是，她仍不願提起自己的過往。

「在我看來，你的經歷不僅是獨一無二的，而且也是寶貴的。因為，這就是我們每一個人最真實的生活嘛。」我沒有放棄，回道。

她陷入了沉默，用她那充滿靈氣而又憂鬱的眼睛端詳著我，時不時地抿著嘴唇，似乎內心在做著某種鬥爭。

我凝望著她，同樣，沉默不語。

約莫過了兩分鐘，我打破了沉默，繼續問道：「能說說你最早的記憶嗎？它是在什麼時候？」

聽到我突然的問話，正在沉思中的葉曉蘭下意識答道：

「小學三年級吧，那時我剛剛轉學到一個新的學校……」

說到此處，她回過神了，看了我一眼，似乎做出了某種決定，說道：「我一個鄉下的普通孩子，到大城市裡來上學，被歧視是難免的……」

原來，小學時候的她，被父母送到市區一個高級寄宿學校。她覺得新學校的一切都很陌生，同學們的行為做派與她格格不入，再加上她說話有地方口音，時常被同學笑話和捉弄。

唯一的安慰是她的學業不錯，也難免招來同學們的羨慕嫉妒恨。

她說：有一次考試，她一如往常做題、答題，全身心投入。但是，後來有人想捉弄她，故意向班主任舉報她作弊，班主任未經考核就把她叫到辦公室，狠狠地批評了她。當時她做了解釋，但老師說她狡辯，甚至譏諷她以前的好成績，也都是作弊得來的。最後，公開批評了她。

她感到自己被孤立了，同學們看她的神情也變了。在偌大的校園裡，她永遠都是孤零零的，一個人獨來獨往。

她把情感需求冰凍了起來，直到小學畢業，都無心再交朋友。

「奇怪的是，我被老師冤枉作弊被孤立之後，沒有太多傷心，也沒有憤怒，好像我的心一下子變硬、變冷了。」

她有很好的語言表達能力，語句順暢流利。

「我當時就是不明白，就是想知道為什麼人類要這樣決絕？父母送我去更好的學校讀書，為什麼我看到的卻是這樣黑暗的一面，一個充滿著傲慢、歧視和偏見的世界？」

「為什麼所有的同學，都像機器人一樣，對老師說出的話，就像幫他們設定了一個機械程式，他們全都無條件地遵照執行？是我什麼地方出了問題？不然為什麼會是這樣？」

她一口氣接連提了多個問題，語氣十分平靜，但卻充滿了質疑。

望著她，我不由自主地想要去靠近她、貼近她。

她的每一個質問，都彷彿是一支利劍，直指人心！我想，那時她會有怎樣的心傷、委屈與苦痛，也能體會到她對情緒的克制，用漠視讓自己能夠冷靜面對而不失控。

無怪乎她不願談及過往，因為重新回憶這段傷心經歷，無異於重揭自己的傷疤，而那種疼痛，任誰都不願無端承受。但從心理療癒的角度看，有些傷疤，是需要揭疤去膿後，才能完全癒合的。

「在那件事情之後，有沒有同學還想要親近你？」

我嘗試尋找並想喚醒她記憶中溫暖的部分，哪怕只有一絲一毫。

「有的，也就是寫寫小紙條給我，用一些話鼓勵我。我擔心他們會受牽連，也就沒有再主動和他們交往。現在想起來，感覺這幾個同學挺好的。」

她在講述這段話時，不知不覺語氣柔和了起來，嘴角無意間上揚了一下，一閃即逝，但仍被我捕捉到了。在黑暗的天際之中，還有幾顆星辰能

讓她感受到些許光亮，是挺好的。

聽了她小學的經歷，我明白她為什麼會提出「人類為什麼總是被辜負、拋棄和原諒」這三個問題了，但我仍需要了解更多資訊，以便能更好地貼近她和理解她。

於是，我接著問：「你上國中以後呢？有什麼變化嗎？」

「上國中後，老師和同學都換了，和以前不一樣了。」她回說。

葉曉蘭似乎已經對我建立了一些信任，沒有猶豫便接過了我丟擲的話題。

國中時，葉曉蘭結識了兩名好友。在一次與她們的交流當中，她談及了自己傷心的過往。

「那時，我非常希望有人能夠來拯救我。」她說。

「我的日子非常難熬，一個好朋友聽了我的事情後，就建議我『報復』他們，就是用學習成績去『懲罰』，讓他們羨慕我、仰視我。我突然覺得找到了一個突破口，覺得這個建議很好。於是，我就把所有課餘時間全用在學習上。別人在玩鬧，我在學習，別人在談戀愛，我還在學習。無論別人怎樣吵鬧，我都在學習，就這樣一直堅持著。」

她說話時，語氣中略帶一絲懊惱，似乎有些懊惱自己為何不復當初的鬥志。那時的她就像一個倔強不屈的鬥士，滋味是苦，身心也累。但是，意志卻很堅定執著。

因為刻苦學習，她的成績始終名列年級前茅。老師和同學們也改變了對她的態度，在他們眼中，她已經是一個用功讀書的「好學生」。

「在你很難過的時候，你沒有想過要和父母交流嗎？」我發現她在整個的敘述過程中，絲毫未提及父母，於是探索性地問道。

「我感覺父母根本不能理解我，和他們說也沒用。表面上看，我與周

圍的同學們相處得也都不錯，但實際上，我與他們都保持距離，我怕靠太近了反而會受傷，包括跟我父母的關係。」

她帶著冷漠的口吻，表情僵硬地回道。

聽到此處，我的內心有些隱痛。

也許，這就是有些「包辦」家庭教育下普遍存在的一種困境，父母往往替孩子做了各種的選擇決定，可謂是操碎了心，結果卻是與孩子內心更遠的距離。

「醫師，晚上我常常會夢到墓地，冷冰冰的，灰濛濛的，我感覺那個地方就是我的心。每當我跟別人說真心感受時，他們就會害怕而離開我。所以，要是人沒了情感，也就不會受傷了。」她繼續說。

害怕傷害，我不付出真情

一個如此真性情的人，內心又怎會荒蕪如墳呢？

她還說，外表上的和善隨和，只是她用來掩藏內心冷漠的一副外在面具。

在我看來，她所謂的內心如墳，也只是潛意識裡因為害怕受傷，為保護自己而穿上的一副硬殼冷盔甲。

她真實的內心，應該是聰慧、敏感、孤單而又渴望情感的。有時一個人壓抑久了，反而會質疑真正自我的存在。

「在你心裡，有過喜歡的人嗎？無論是異性或是同性。」青春期最容易萌發的是愛與依戀的情感，我緊接著問道。

「有一個男生吧，但我覺得那不算喜歡，這個男生身上有一些我欣賞的特質，比如他驕傲的樣子，對誰都不愛搭理，但學習還特別好，他在我

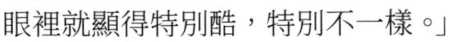

眼裡就顯得特別酷，特別不一樣。」

她說，曾經在聊天時，藉機向那個男孩隱晦地表白了，但沒被他接受。

然而，曾經也有許多男生向她表白過，但也都被她拒絕了。

在她的眼中，她沒有絲毫魅力，所以無法吸引那個她喜歡的男生。但也正是她獨有的風格，才吸引到身邊眾多其他男生的喜愛。

「其實，愛是很複雜的。不過我覺得，愛的核心是吸引、是喜歡，也是欣賞。」我回應道。

「當他拒絕我的時候，我的心還是感覺很痛的啊！」她眨著那雙明亮透澈的眼睛，看著我說。

「愛有時也會包含著一些苦楚、一些不捨與思念。但若讓你來選擇，你是願意自己有這份愛？還是沒有呢？」我丟擲一問，等待著她的回答。

「嗯，那當然還是有好囉！」她不假思索地答道。

是啊！如此真性情的人，內心又怎會荒蕪如墳呢？

「這些情感記憶，就是你國中時代的故事？」我問道。

「嗯，這就是我的國中時代。後來，我考上了市區的明星高中，又開始感到壓抑了。」

此時，我與葉曉蘭之間的信任關係已經建立起來了，聽到我的問話，她很自然地把話題轉到了自己的高中時代。

高一時，她在普通班學習。這個班不少同學都在忙著談戀愛、說八卦、聊體育，喧鬧嘈雜的學習氛圍，不僅影響心情，還很容易讓人感到心煩與疲倦。

高二時她透過努力，如願以償升入了實驗班。原本以為學習環境的改善，一切都會好起來，但卻發現自己更壓抑了。這個班裡的同學們，與普通班同學不同，而是集體沉默，全力備考。沒有人聊天，沒有人喧譁，只

有書本翻頁時的「嘩嘩聲」，筆在書寫時的「沙沙聲」。

葉曉蘭說，高強度腦力競爭的氛圍，讓自己感到學習壓力陡然猛增。甚至，曾經讓自己驕傲的成績，再也顯不出任何優勢了。

無論她怎樣拚，成績僅在下游徘徊，她內心倍感挫折、窒息與傷感。

「我拚了命地在學習，可是還是考不過他們。現在我累了，腦子亂了，根本沒辦法看書了。就好像腦子僵住了，學不進去了，成績也開始不斷下滑。」她說。

「我現在對一切都不感興趣了，感覺自己以前也都證明過自己了，現在我一點動力都沒了。」她苦笑道。

我們談話至此，一切皆已了然。多年來，她證明和維持自尊的辦法，就是自己出色的成績。可如今，她以往的驕傲、自豪和自信均一點點耗竭了。

難怪她神色憂鬱、疲憊！從國中開始，她就一直以百公尺衝刺的速度，為成績奮鬥；但誰知，卻跑了五年的馬拉松。如此速度的長途奔跑，就是一個超人也會累了、倦了吧！

葉曉蘭原有的心理平衡被打破了，又缺乏及時的社會支持和自我調適。因而，她憂鬱的症狀越來越明顯了。

這時，已經可以診斷葉曉蘭患了「憂鬱症」。憂鬱症是臨床常見的一種情感障礙，醫學文獻報導人群發生率在8%～11%。

葉曉蘭已表現出了一系列憂鬱的症狀，第一類是情感低落與興趣缺失，對周圍事情不感興趣，終日悶悶不樂。伴有悲觀消極念頭，常有無用感，無希望感和無助感；第二類是認知能力降低，自覺「腦子好像是生了鏽的機器」，注意力不能集中，記憶力顯著下降；第三類是自主意志活動減退，缺少動力，生活被動，不願和人接觸交往。

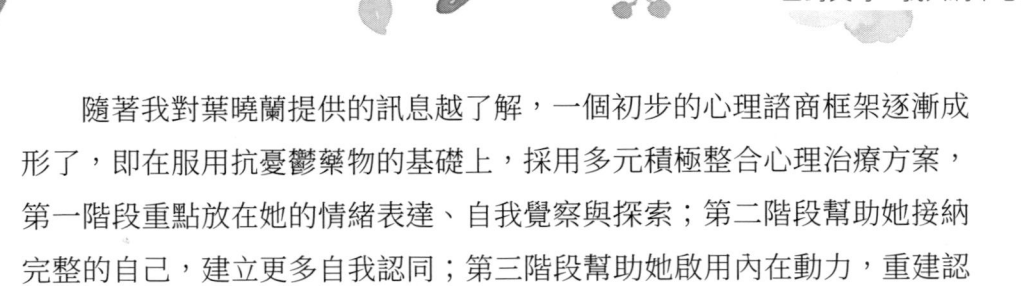

隨著我對葉曉蘭提供的訊息越了解，一個初步的心理諮商框架逐漸成形了，即在服用抗憂鬱藥物的基礎上，採用多元積極整合心理治療方案，第一階段重點放在她的情緒表達、自我覺察與探索；第二階段幫助她接納完整的自己，建立更多自我認同；第三階段幫助她啟用內在動力，重建認知行為模式；第四階段幫助她找回與父母之間溫暖的情感，喚醒自我獨立意識。

以此來療癒葉曉蘭的心傷，重建她的心理平衡，恢復學習能力。

心理諮商與治療系統方案形成之後，本次諮商的時間也到了。

我建議，她回家後可以梳理一下今天談過的內容並思考有沒有新的發現，下次再談。

面對父母，我只剩下心累

內心最在乎的人，往往最容易讓我們糾結。糾結的源頭，不在於沒有給予彼此愛與關注，而在於沒有懂得和給予真正需要的愛與情感。

一週後，第二次心理諮商開始了。

葉曉蘭母親急忙推開心理治療室的門，一臉焦急的神色，向我求助道：「醫師啊！明年我女兒就要考大學了，但她現在卻要休學，這怎麼行？唉！她是個硬脾氣，我該怎麼辦呀？」

對於葉曉蘭，是休學？還是上學？如何選擇？這在所有父母的眼中，都是一個重大的問題。我示意她坐下來，告知我關於此事的詳情，看到我的淡定，葉曉蘭母親的情緒也漸漸平靜了下來，開始訴說父母與女兒在休學問題上的衝突。

葉曉蘭堅持說，想要休學一年，跟著下一年級重讀高三課程。但是，

葉曉蘭的父母則擔心休學後把課業落下了，即使復學了，也會很吃力，而且還要比別人晚一年考大學，年齡處於劣勢。

父母認為葉曉蘭不能休學，應該繼續上學，只要咬牙挺過這段時間，等明年考完大學後，一切的痛苦就自然地消除了。

但是，憑我多年的經驗看來，葉曉蘭的父母還有個沒有說出口的擔心，那就是女兒已經拒學了，根本不想讀書，明年再讀只是一個藉口。

此時，由於女兒葉曉蘭堅持要休學，經過幾番爭執，他們雙方仍未能達成共識。

在了解完大體情況之後，我沒有與葉曉蘭母親進行更多的交談。我知道，休學這個問題的主體是葉曉蘭，了解她的真實想法是解決問題的關鍵。

緊接著，我與葉曉蘭開始了第二次諮商。進入心理治療室的葉曉蘭，她一臉的平靜，與剛才神色不安的母親完全不同。

不施粉黛的她，依舊是黑褲白衣的搭配，樸素而典雅。

她一落座，先朝著母親離去的診間門看了一眼，然後望向我，眉宇之間一臉探尋之意。顯然，她很想知道，剛剛離開診間的母親對我說了些什麼。

我決定直言相告：「嗯，剛才你母親與我在談論你想要休學的事情，你怎麼看呢？」

對於我的坦誠相告，葉曉蘭露出一副意料之中的樣子。但我也捕捉到她眼中一絲隱隱的訝異，也許我的開誠布公還是讓她感到有一些意外。

我想要探究她的真實想法，是憂鬱？是拒學？或是其他原因。這涉及我對她接下來心理諮商的方案與策略是否需要進行調整。

毋庸置疑，在休學這個議題上，葉曉蘭的真實想法至關重要。

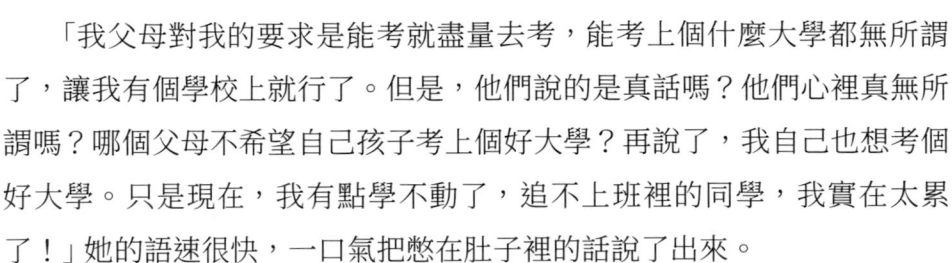

「我父母對我的要求是能考就盡量去考，能考上個什麼大學都無所謂了，讓我有個學校上就行了。但是，他們說的是真話嗎？他們心裡真無所謂嗎？哪個父母不希望自己孩子考上個好大學？再說了，我自己也想考個好大學。只是現在，我有點學不動了，追不上班裡的同學，我實在太累了！」她的語速很快，一口氣把憋在肚子裡的話說了出來。

葉曉蘭談及這個話題時，雙眉緊鎖，先是對父母想法要求的一番義憤填膺。但說到最後，卻又透露出一股自我的無力無助感。

她的父母一直認為，只要降低對葉曉蘭學業的要求，就能解決她拒學憂鬱的心理問題。殊不知，這只是父母的一廂情願。

顯然，如果按照父母的意願，採用降低要求的辦法完成學業，如果女兒願意，或許還能夠維持一段時間。

但是，父母忽略了女兒已陷於情感憂鬱的現狀，對於「腦子好像生鏽了」的葉曉蘭來說，又該如何度過她的每一天？如何面對她的同學老師呢？

其實，她目前最大的困境是缺少心理動力，還有伴隨而來的憂鬱焦慮情緒，嚴重的失眠、多夢，以及注意力、記憶力下降，甚至還伴隨精力體力耗竭的主觀經驗。這些複雜的因素，才是困住葉曉蘭無法繼續學業的深層問題。

我能體諒到此刻葉曉蘭的心情，也明白為什麼她會說父母不理解她了。她的父母很難理解她的困境是什麼？擔心是什麼？難以承受的又是什麼？只是把自己的想法和選擇給了女兒，這種做法，父母常常認為是他們的「愛」。

愛？有時真是一種很複雜的存在，有時愛與被愛者之間巨大的認知差異，使彼此都難以感覺到它的存在。

「我要休學！」她以肯定的口吻對我說道。「我覺得給我一些時間我能恢復過來！到那個時候我再去考大學，這樣的結果會更好！」

此時，我沒有對她的決定給予任何評價性的回答。

作為一名治療師，不能夠代替孩子或其父母做出決定。我們的工作不應是勸說教導，而應是同理傾聽、澄清與見證回饋。

多年治療師的職業生涯，使我意識到，有些來自每個人內心的願望和選擇，並不是界限分明的非黑即白或非對即錯。因此，對葉曉蘭此刻的選擇我保持價值中立的態度，不妄加評判。

價值中立：在心理諮商過程中，心理諮商師對於來訪者的價值判斷應持中立、非評判性的態度，這是諮商師與求助者互相尊重、接納與平等對話的基礎。

我需要盡可能幫助葉曉蘭理清思路，澄清問題與預判問題，讓她意識到即將做出的決定是什麼，她可能為此將要承擔的責任又是什麼。讓她在慎重思考之後，在清晰理性的狀態下做出自己的選擇，為自己負責。同時，協助她與父母進行理性的溝通交流，消弭衝突達成一致。

治療師這時就是她的一面鏡子，幫助她在做出休學決定之前，去審視自己的內心，讓她分清自己究竟是為了逃避而休學，還是為了療癒而休學？或是為了更好的自己？或是其他？

一頭長年累月搏鬥於山林之間的猛虎，有朝一日因傷離開了山林，他日重回山林之時，是否還能擁有往日的勇猛與銳氣呢？

還有，年年歲歲花相似，歲歲年年人不同。明年與她偕行的將是學弟學妹們，這些「後生們」帶來的壓迫感她是否能適應呢？

這是我預想到的幾種休學後必將面臨的一些壓力情形。

葉曉蘭微低著頭思考，沒有馬上給出答案。

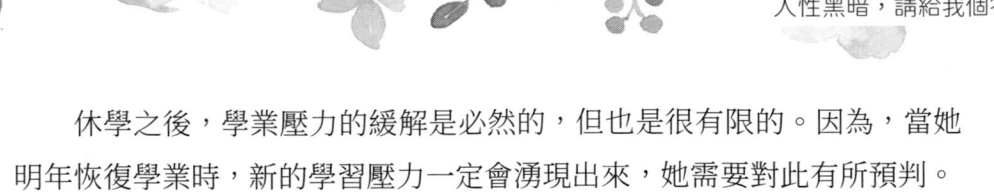

休學之後，學業壓力的緩解是必然的，但也是很有限的。因為，當她明年恢復學業時，新的學習壓力一定會湧現出來，她需要對此有所預判。

另外，她是否已做好了充足的準備，在休學期間能夠接受系統的心理治療，這還需要獲得確認。

不一會兒，葉曉蘭抬起頭，眼睛望著我，用肯定的語氣，說道：「我還是要休學！我也想繼續做心理治療，我覺得我能夠把自己的問題處理好，到那時再考大學會更好！我也就對得起自己了！」經過一番思考，葉曉蘭終於做出了休學的決定，所說的話與起初如出一轍。

不過，不同的是她的話語中已不復先前的猶豫和徬徨，取而代之的是一份篤定和自信。

於是，暫時休學這個話題就此告一段落。

人性黑暗，請給我個答案

其實，陽光一直都與生命相伴，只是當我們背對著陽光時，只能看到陽光下的陰影。此時，溫暖與明亮只需要我們一個轉身。

在心理諮商過程中，治療師的主要工作，就是幫助來訪者探索和覺察自己的內心世界。最終無論來訪者做出什麼樣的決定，我們都應予以尊重。

人生路上，每個人的生命旅程都只能依靠自己去行走，理當由他去選擇想要走的路，而不是被他人催生或驅使。

只是，讓我沒有料到的是，葉曉蘭的眼光投向我，語氣誠懇地重新提及第一次諮商交談時，她提出的問題：「醫師，我還是想知道那個問題的答案，就是『人類為什麼總是辜負、拋棄和原諒？』你能告訴我嗎？我疑

惑了很久，就是想有個答案，看看是否我在認知上出了問題？」葉曉蘭執著地問道，期待的目光落在我的身上。

對同樣的問題一問再問，不肯放下，可見這三個問題在她心裡纏繞很久了，或者是困擾她許久了，她渴望有人能夠幫她釋疑解惑。

此時，她選定的這個人是我。

第一次心理諮商中，她猶如一隻遇到挑戰的刺蝟，將渾身的刺全都豎起，要求這三個問題的答案，言語中帶著失望、傷痛和隱含的敵意。

在初次心理晤談的語境氛圍下，我與葉曉蘭的治療關係還未建立，在對她一無所知的情形下貿然回答，稍有疏忽，就有可能破壞治療同盟關係。所以，那時我的選擇是先擱置問題。

現在的葉曉蘭，雖然問的仍是同樣的問題，但已不再咄咄逼人，尤其是緊接著自我否定式的問詢，由此判定，她的情緒已漸趨平和了。

於是，我今天沒有迴避這些棘手問題，說道：「你上次問說，為什麼人類總是被辜負、拋棄和原諒？我想，這些感受可能都是你在自己的人生經歷中體驗到的，包括你上寄宿小學，被誤解，被孤立等，你的這些經驗都是真實的。做治療師這麼多年，更感受到人性的複雜，它善良也有惡毒，它高尚也卑微，它利他也有自私。」

我接著說：「也許在複雜的人性中，你說的被辜負、拋棄和原諒也都是真實存在的，那麼我覺得『原諒』是其中最溫暖的。在我看來，我們每一個人都是不完美的，但若有了『原諒』，人之間就有機會去修復、補償和重建了。另外，我還想知道，除了這三個問題，你還是否有其他感受？」

我努力去靠近她這個年齡層面的感受，與她在心理層面同理，並嘗試把這三個問題中的「原諒」單獨分離了出來，由此引發她更多覺察與思考。

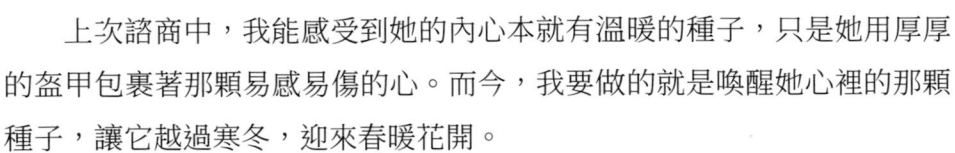

上次諮商中，我能感受到她的內心本就有溫暖的種子，只是她用厚厚的盔甲包裹著那顆易感易傷的心。而今，我要做的就是喚醒她心裡的那顆種子，讓它越過寒冬，迎來春暖花開。

果然，她沉默了一會兒，緊接著對我所賦意的「原諒」，急忙做了辯解，說道：「嗯，不過我對他們的『原諒』並非出自於愛，只是我覺得沒有必要去『恨』。這個不算是愛吧？也就不能算是有感情吧？」

從她急促的語速和有些不淡定的表情，我能感覺到她的內心還有一些糾結。

顯然，我對於她的「辜負、拋棄和原諒」問題的解構、理解和釋義，對葉曉蘭的內心產生了一定的觸動。

尤其對「原諒」一詞的解構，讓她幾許驚訝！

一直以來，她認為自己經歷的都是人性的黑暗面，內心也如冰窖般寒冷，她或許從未想到自己內心仍有「溫暖」的一面。我這一席話，似乎觸碰了她那顆看似堅硬的心，她需要重新去感受。

對於她內心產生的糾結，我十分理解。因為，人大多是害怕和拒絕改變的，改變的不確定感，隨之將帶來陌生感和不安全感。但是，流水方能不腐，戶樞方能不蠹。若不鬆土，又怎能讓心靈的種子透氣呼吸，生根發芽呢？

在我閃念思考的同時，葉曉蘭的一大段話語，又如機關槍掃射般快速蹦出，她嘆息了一聲，說道：「醫師，說真的，我覺得如果要恨的話，也是恨我自己吧。我想別人應該是沒太問題的，因為身邊所有的人都是這樣做的，不可能他們都有問題吧，那就是我有問題了。只不過，我眼睛裡看到的就是這些黯然的東西，我能感受到的人類世界就是這樣的，我覺得如果把這個世界想得太好了，那我也就是在自欺欺人了！」

　　從她的話語中，我能體會到她內心深深的衝突和矛盾。除此之外，從她剛才一直都在使用的自我質疑式語句，而不是全盤合理化自己的所見所聞來看，她的內心不僅有內省，也飽含著善意。

　　一朵高山雪蓮，即使它經歷了再多的惡劣氣候，也不會變成荊棘！

　　回到她最初見我時提出的問題，在我看來，這些問題既然已經涉及了哲學層面的思考，那麼也應該嘗試回歸到哲學上的理解與解答。

　　從存在主義視角看人生，世界上每個人都有存在性孤獨，這是一種終極性心理衝突。相對與自然界的博大，人是弱小的，難免會因孤單而陷入從眾、沉淪和閒言碎語之中。但同時人也有自由意志，有遵從心願進行選擇的權利。若一個人放棄了自我選擇，反而是失去了真實自我。

　　於是，我接著她的問題，給了進一步的闡釋，說道：「存在主義哲學認為，『存在』也只是存在者的存在。從生命本源上看，每個人、每個生命都是獨立存在的。它意味著我們內心有什麼？或者能從世界上看到什麼？感受到什麼？那麼人就會去解讀定義這個世界的本真是什麼。」

　　存在與存在主義哲學：出自德國存在主義哲學家馬丁・海德格（Martin Heidegger, 1889-1976）的代表作《存在與時間》（*Being and Time*）。

　　說到此處，她似乎聽進去了，漸漸陷入思索的神情，我便止住不語，留給葉曉蘭一些感悟時間。

　　看著葉曉蘭若有所思的樣子，我心中也感觸頗多。

　　因為曾有抗震救災的經歷，目睹殘酷慘烈的災難現場，帶給我內心極大的苦痛與震撼，是我生命的一次洗禮，開始深入反思生命的意義與價值。至今，十年時間過去了，也讓我與葉曉蘭有了如今這樣的分享交流。

　　我看到葉曉蘭眉頭有所舒展，但似乎仍有惑未解。

　　於是，我繼續解釋道：「舉個例子，你說你曾喜歡班裡一個男生，是

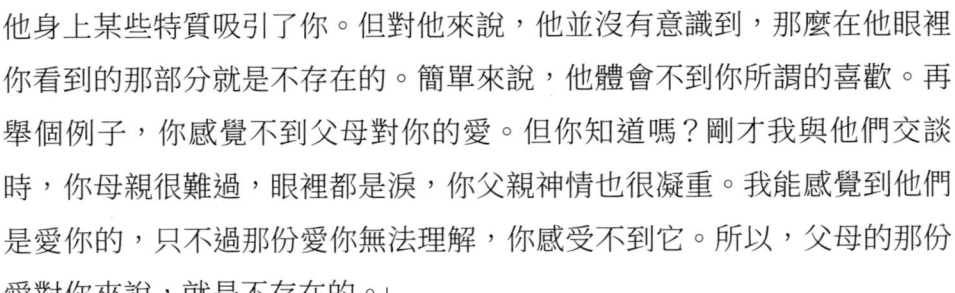

他身上某些特質吸引了你。但對他來說，他並沒有意識到，那麼在他眼裡你看到的那部分就是不存在的。簡單來說，他體會不到你所謂的喜歡。再舉個例子，你感覺不到父母對你的愛。但你知道嗎？剛才我與他們交談時，你母親很難過，眼裡都是淚，你父親神情也很凝重。我能感覺到他們是愛你的，只不過那份愛你無法理解，你感受不到它。所以，父母的那份愛對你來說，就是不存在的。」

我深深感到，身為治療師僅有心理學知識是遠遠不夠的。因為，每個生命眼裡的世界和人生，已經超越了心理學所能涉及與解釋的範疇。

在與葉曉蘭說話時，我的目光一直注視著她。我能看到，在我舉第一個例子時，她的眉頭逐漸舒展，而當我說第二個例子時，她的雙手一直在揉搓自己的衣角，舒展的眉頭又擰成了麻花。

對此，我心中也感到有些詫異。

第二個例子本是想透過幫助她理解父母對她的愛，以緩和她內心對父母的埋怨，她的糾結緣何而生呢？

我端起了桌上的水杯，藉此功夫，腦中電光火石般地思索著各種可能。我意識到，她內心對於父母的埋怨猶如一塊攔路石，阻隔著她與父母之間的交流，要化解她那份埋怨，就意味著要將這塊石頭挪走。

每一個人都獨自生活在自己的世界裡，若無法走進與理解另一個人的內在，彼此之間必然會因差異導致衝突，哪怕你們是有血緣關係的家人。

此時，我似乎明白葉曉蘭的糾結所在了。

於是，我放下手裡的水杯。望著對面沙發上的葉曉蘭，接著前面的話題，繼續說道：「在你父母生活的那個年代裡，能到市區或者能上大學，那是人人都渴望的東西，是好東西。父母想成為都市人，也很想進大學，但他們都錯過了。所以，父母愛你的方式，就是把他們自己認為最好的東

西給你。他們花錢找人，安排你到市區的寄宿學校。但他們不知道小小年歲的你，只渴望待在家裡，待在父母身邊，你心裡真正的需要是那種溫暖的、安全的和被愛的感覺。」

我闡述了亞伯拉罕‧馬斯洛（Abraham Maslow）的需求層次理論，試著帶她探索父母自身的內心與行為，試著讓她理解，正是父母與孩子在心理需求上的較大差異，才導致了父母表達愛的方式令她無法感受和接受。

需求層次理論：心理學家馬斯洛認為，人有多種需求，由低到高分別為生理需求、安全需求、愛與歸屬的需求、自尊需求和自我實現需求。當人的低層次需求被滿足之後，會轉而尋求實現更高層次需求的滿足。

「再者，從心理學上來說，孩子對母親是有情感依戀的，突然到遠方的寄宿學校讀書，很容易引發分離焦慮。你的內心恰好十分敏感，所以他們送你離家到外地寄宿，你的感受是被拋棄了，因為父母離你而去了。」

分離焦慮：一般指兒童與其有親密關係的人，尤其是母親分離時，表現出不適當的、損害行為能力的焦慮反應。

聽我說完這段話，葉曉蘭先是嘆了口氣，然後很無奈地說：「我現在能理解了，他們是在用自己的方式愛我。但是，我心裡真的感受不到。所以我就只能不斷地『原諒』他們了。」

也許，父母與子女的情感都是纏繞在一起的，倘若真無情，表現出來的將是冷漠疏離。

「嗯，看來我看這個世界的觀點還是片面的，是錯誤的。」葉曉蘭又開始自我批評了。

我意識到，葉曉蘭似乎總是用對與錯的評價方法，來面對或拒絕她內心的某些真實感受。

於是，我說道：「不妨換個說法，你看到的世界就是這個樣子，這就

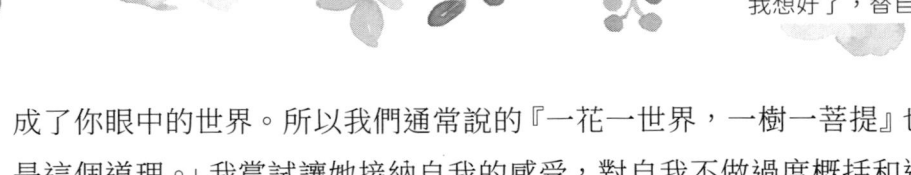

成了你眼中的世界。所以我們通常說的『一花一世界，一樹一菩提』也就是這個道理。」我嘗試讓她接納自我的感受，對自我不做過度概括和過多負性評價。

「那麼醫師，怎樣才能改變我眼中的世界呢？」

她突然提出一個帶有哲思意味的問題，眼中閃著一絲期盼。

我立刻微笑地回道：「改變！就是從追問開始的！當下，你已經在追問思考了，所以你已在改變的路上了。」

不管怎麼說，她已行走在路上了，這本身就已經值得讓人欣喜了。當一個人擁有了行走的力量，她所需要的就是去選擇合適的路徑和工具。

這時候，治療師需要扮演的角色不應是導航儀，也不應是承載她人生的敞篷車，而只是她生命列車途中的一個小小驛站。

何其難也！心靈，那一片神祕的土地。

我想好了，替自己修復時空

自卑與自信，是人內心的一對矛盾平衡體。無論走向任何一個極端，都會打破平衡，陷入自我的矛與盾衝突之中。

時值初冬，距離寒假，僅有月餘。大多高三學子，此刻都在教室裡苦讀，伴著暖窗。

心理治療室外，葉曉蘭在候診椅上坐著，頭戴耳機聽著音樂，不時跟隨旋律輕哼著。紅色外套襯著白若羊脂的純色毛衣，頗有聖誕少女的氣息。

心理治療室內，葉曉蘭的父母依然心急如焚，向我訴著苦。葉曉蘭不僅請病假不去上學了，而且在家裡也很不聽話，父母乾著急幫不上忙。

「怎麼辦呀？」這是葉曉蘭父母問我最多的一句話。

對此，我並沒有直接回答葉曉蘭父母的問題，而是在簡要了解葉曉蘭近況之後，將葉曉蘭請進了我的治療室。

只因，她自己才是能夠給予這個問題答案的人。

進入治療室後，葉曉蘭不慌不忙地褪去外套、落座，然後眨著一雙水靈的眼睛，面含微笑地望著我，似乎在示意我可以開始了。

她如此的淡定，讓我充滿好奇心。

我直接開門見山地問道：「對你自己一直糾結的休學問題，想好了嗎？」

「嗯，想好了。我決定休學。」

她對我的提問毫不意外，回答得也乾脆俐落，眼神卻在此刻不再與我對視，貌似無意地看向別處。耐心觀察就能捕捉到其行為背後的心理變化。

觀察：在諮商中，心理師所要取得的資訊，可以來源於談話的言語內容，也可以來源於非語言的表情動作。

言語上看似乾脆，內心卻未必果決。一個人的行為，透露的往往是她真實的內心。若她真的想好了，就不會以生病為由請假不去上學了，而會直接休學。倘若尚未想好，那麼理應繼續去尋找答案，她的人生，需要自己去思考，誰也無法替代她。

此時，我沒有繼續在休學這個議題上滯留，而是改變了方向，丟擲了一個帶有面質意義的尖銳問題，我說：「你的學習，僅僅是為了證明自己給別人看嗎？」

我清楚地意識到，解開葉曉蘭心結的關鍵，在於轉化在學業發展用心理動力的來源。

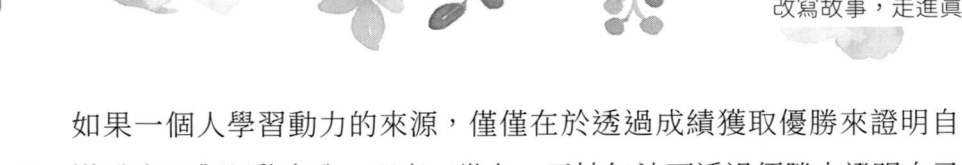

　　如果一個人學習動力的來源，僅僅在於透過成績獲取優勝來證明自己、激勵自己與驅動自我，那麼，當有一天她無法再透過優勝來證明自己時，她自我驅動與激勵的內在力量又將來自何處呢？

　　一直以來，葉曉蘭的學習動力，都來自於與同學比較中獲得的價值感和成就感。按葉曉蘭的說法，就是用好成績來實施「報復」，獲取心理上的優越快感。正是這種動力支撐她考取了明星高中，繼而又升進實驗班。

　　在實驗班裡葉曉蘭遇到「一群高材生」，她從優勝而獲得的心理驅力被抽離了，學習的動力也就失去了源頭，伴隨而來的是不斷加深的自我挫敗感、無力感與憂鬱焦慮的內心經驗。

　　如何幫助葉曉蘭改變以往慣用的認知行為呢？如何喚醒她獨立的自我意識呢？又如何把學業發展的歷程，視為一種自我實現與內在豐富的心理需求，以此轉換為自我激勵呢？

　　基於上述這些問題的思考，我想要做一些打破僵局的嘗試，我才探問了她這個問題，旨在引導葉曉蘭從另一個視角覺察自我的認知行為。

　　對我提出的問題，葉曉蘭先是一愣，然後略微沉默之後，對我說道：

　　「哦，現在大家不都是為了分數和排名而學習嗎？有幾個人是純粹為了知識而學習？」

　　她在說話之時，不知不覺提高了她的音量，似乎這樣，會顯得理直氣壯一些。只是，氣壯未必能夠理直。

改寫故事，走進眞實自己

　　人生活在自己的故事裡。所謂重寫生命故事，就是把在傾聽中獲取的意義事件，一點點串聯起來，見證與豐厚出來。

　　這時，我覺得有必要將這個話題拓展開來討論，但不是用我的理論觀點，而是把她自己忽略掉了的，關於她的故事，連結起來回饋給她，讓她以更多的視角看到自己，繼而引領自己。

　　想到這裡，我放慢了語速，一字一句對她說：「在前幾次諮商中，你講述了自己成長中的一些故事，記得三年前因你心中存有對人性的困惑，閱讀了眾多的哲學典籍，你說自己只為能尋求心中想要的答案。還有，你說因對歷史頗有興趣，自己還通讀了中國歷代的史籍，只為能在悠悠歷史長河中暢遊一番。我還記得你說……」

　　我需要把在傾聽中獲取的意義事件，一點點串起來，見證豐厚出來。

　　我沒有到此為止，繼續講述著，說：「我記得你說，因為有了尼采和叔本華哲學思想作為自己信念的支撐，讓你得以在『黑暗世界』中以一名鬥士的姿態，一路披荊斬棘，成為一名優秀學生。」

　　「我記得你還說，因為有了廣博的歷史文化知識作為底蘊，你得以在歷史課堂上面對老師的提問，引經據典，對答如流。」

　　當我用清晰的語言，用相互關聯的知識，複述著發生在她身上的故事時，我看得出她的驚訝！

　　她面部的表情變得柔和了，我也看到她眼睛裡流露出來的欽佩之情，還有嘴角掠過的掩不住的笑容。

　　她禁不住對我說：「醫師，你的記憶力怎麼那麼好呀？！」

　　有時一個生命被看見了，她就是被珍惜了。

　　是啊！在她憂鬱不如意的故事裡，治療師幫助她看到了一個更為真實的自己，而那個自己是連她自己也忽略了的，但卻是她喜歡的自己。

　　看到她的笑顏，我也回以微笑，繼續對她說道：

　　「我能夠體會到你現在對學業的感受，能夠體會到你升入實驗班之後

所體會到的壓力、害怕和無力感，也能理解你現在所表現出來的情緒反應。換成我是你，我也會很不好受的。」

有時，心靈空間裡也會瀰散著霧霾。此時，是一個合適的機會，與她一起走進自己的內心去看看。

這時，我進一步從心理學角度出發，向她解釋人的「心理防衛機制」，讓她明白現在對學校的害怕與厭倦，就是一種由於現實壓力過大導致的本能退縮和迴避，是一種壓力反應。

心理防衛機制（Defense mechanism）：由佛洛伊德提出，是指自我對本我的壓抑，這種壓抑是一種全然潛意識的自我防禦功能，是個體面臨挫折或衝突的緊張情境時，為了避免精神上的痛苦、緊張焦慮、尷尬、罪惡感等心理，有意無意地透過各種心理上的調整以恢復心理平衡與穩定的一種傾向。

「對於這種壓力反應，用迴避和退縮的方法不僅無法解決自己的害怕焦慮，反而會因此而固化這種反應，引發『恐懼－逃跑』循環。此時，原本的『紙老虎』也就變成真老虎了。」我解釋道。

「您說對了，確實是這樣的。我覺得我永遠都趕不上同學們了。我在學習，別人也在學習，而且他們比我學得更快、掌握得更好。我心裡很害怕，我已經學不動了。」她說。

在我看來，她眼中的「別人」，從來都不是具體的某件事或某些人，而只是她在前進過程中所看到的背影而已。她一直沉溺於同別人比較中獲得的優越感，而很少聚焦在自我內心真正的需求上。如此，只要她少了自我優越感，就會失去自我價值感，由此體驗到深層的自卑。

自卑與自信，是人內心的一對矛盾平衡體。無論走向任何一個極端，都會打破平衡，陷入自我的矛盾衝突之中。

在向陽的奔跑中，多少人想要追尋太陽的盡頭，最後，卻只看見了日

落的黃昏。其實，每個生命只有聚焦內在自我力量，才能將陽光溫暖的照射轉換成自身的滋養，彼此成就。

葉曉蘭的童年經歷，讓她原本易感的內心變得更加敏感，更容易觸碰到這個世界的本真；她對史哲典籍的博覽，也令她有了比同齡人更加深刻的思想，更容易以獨有的視野去看待這個世界。

此時，我需要重寫她生命裡的故事，轉換一個視角，用一個更積極的故事解讀，去替代那個記憶中受傷、無助和挫敗的故事。

於是，我緩緩地展開了這個故事的新畫面 ——

小學時的葉曉蘭，受了很多委屈，但同學偶爾傳遞過來的問候紙條，依然能讓她感受到光亮，內心感到有溫暖。

國中時的葉曉蘭，在同學嬉笑玩鬧的時候，如同一個鬥士一般，在圖書館堅持不懈地學習，她的內心是堅定的。

高一時的葉曉蘭，對於周圍有些喧鬧嘈雜的環境置若罔聞，依然能夠靜心學習，她的內心是渴望知識、熱愛學習的。

在收到明星高中的錄取通知書時，看到爸媽的喜笑顏開，會不自覺地想要哭，她的內心是柔軟的，是愛他們的。

在課堂上，當老師提問到《查拉圖斯特拉如是說》(*Also sprach Zarathustra*) 是誰的作品時候，當整個教室只有她能回答出「尼采」這兩個字的時候，她的心是驕傲的，不是嗎？

短短十七載年華，她已無數次翩翩起舞，擁有了這麼多精彩，她的內心是豐盈成長的，不是嗎？

我一口氣把她講述給我的過往經歷，從中撿拾出一粒粒飽滿的珍珠，串成了一條屬於她生命的珍珠項鍊。

現在，我把這條本來就屬於她的，獨一無二的珍貴項鍊送還給了她。

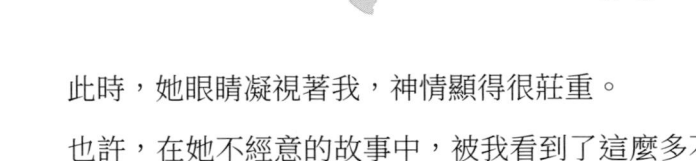

此時，她眼睛凝視著我，神情顯得很莊重。

也許，在她不經意的故事中，被我看到了這麼多不曾被她關注的真實存在，而正是這些真實存在的故事，讓她看到了自己的付出、力量和不容易。此時，葉曉蘭的眼眶紅了。

約莫一分鐘後，葉曉蘭情緒漸漸平復下來，然後，將目光投向了我。

我點點頭，示意葉曉蘭談談自己的感受，她不好意思地說道：「我不想這樣，也不太喜歡有太多情緒，感覺這樣很不理性。」

「噢，是嗎？但你恰恰說了一句很有理性的話呀！」我笑著回道。

只有一個理性的人，才會發現自己的不理性。只有一個有內省力的人，才勇於面對自己不足並坦然告之。

當一個人長期被負面情緒纏繞和包圍時，大腦中與情緒密切相關的功能區會持續地啟用。此時，大腦中負責理性思考的功能區被抑制，在這種狀態下人通常很難保持理性地思考。

經過一場雨水的澆灌，葉曉蘭內心智性的種子已悄然破土，我彷彿聽見了種子在凜冬之夜依然堅強地衝破冰霜之地而發出的脆響。

那是生命成長的聲音！

我將這些感受回饋給了葉曉蘭，我想讓她知道自己在重新梳理過往中的悄然變化。

一棵樹想要長得更高，吸納更多的陽光，那麼它的根就必須更深地植入深層的土地，只有更多地了解自己，才能接納面對真實的自己。

果然，思索了片刻後，葉曉蘭坦然說出了她的另外一個感受，她說：「我覺得自己是一個很邊緣的人，從小到大都和周圍的人不一樣，一直都是獨自一個人，感覺自己內心很孤單，也就不太相信感情。」

我能夠體會到她說出這句話時內心深處的那份孤單、委屈和對愛的渴

望。我向葉曉蘭闡釋了親密關係的內涵，讓她知道每一個生命都不可避免地要生活在各種關係之中，相伴而行。儘管當下的她未必能夠體會到。

「孤獨感是人的終極心理衝突之一。現實生活中，每個人都生活在各種關係之中，也會渴望有溫暖的同伴。」我說。

「也許我現在還不需要，但是我想我應該是喜歡的。」

她當然會喜歡，猶如陽光一直都與我們相伴，只是當我們背對著陽光時，只看到陽光下的陰影。此時，溫暖與愛只欠一個轉身。

與父母錯位，感覺不到愛

每一個人都活在自己的世界裡，若無法走進與理解另一個人的內在，彼此之間必然會因差異導致衝突，哪怕你們是有血緣關係的家人。

葉曉蘭辦妥了休學的手續。

按理說，遂了心願的她，應該生活得很愜意，至少目前應該如此。然而，她現在的生活似乎還是不盡遂人願。

剛進心理治療室的她，靜靜地褪下外套，默默地坐好，然後低著頭，保持著沉默。

沉默，是一種典型的防禦姿態。防禦的同時，也在蓄勢。

看到如此狀態的葉曉蘭，我能感受到她內心剛剛敞開的窗戶，現在又緊閉起來了，心裡不免有些擔心。

回想著她父母剛剛與我交流的情境，訴說葉曉蘭近期情形時猶如告狀般的語氣，再看看現在沉默中的葉曉蘭，心中又生出一番感慨！

在治療室中，我看到很多的父母，他們下意識地認為孩子是自己生養的，是自己生命的延續，於是將自己的意志「理所當然」地複製、植入到

孩子身上。殊不知，孩子雖然藉由父母的血脈來到這個世界，但他們卻是一個有著獨立感知、追求與思想的個體生命。

　　但現實中，能主動意識到並思考這一個存在主題的父母能有多少呢？

　　總能聽到父母在我的診間裡抱怨孩子不懂事、不聽話、不好好讀書，但又有多少父母能用心傾聽孩子的內心？呵護孩子的自尊心？尊重孩子的獨立性呢？

　　想到這裡，我準備在父母和孩子之間搭建一座溝通的橋梁，於是我調整了一下呼吸，整理好心緒，對葉曉蘭說：「你想不想知道，剛才你的爸媽和我交流了什麼嗎？」

　　「想」和「不想」，僅一字之差，但是語義卻大相逕庭。在對方有隱藏壓抑的情緒時，這種有選擇傾向的問話法，更容易看到對方更多真實的情緒反應。

　　果然，葉曉蘭在沉默中爆發了。她開始憤恨地大聲嚷道，話語如同開啟機關槍般一連串地掃射著，說：「你不說我也知道，不就是說我愛發脾氣嗎？但怎麼不說他們都做了些什麼？他們現在每天都胡搞瞎搞，只想安排事情給我做，今天讓我報這個補習班，明天讓我上那個培訓課。我才剛剛休學，能不能讓我休息一下？還限制我這不能做，那也不能去。這和控制有什麼區別？哼！他們還好意思說我，真是可笑！」

　　她一口氣抱怨完父母的現在，但似乎仍未解氣，緊接著開始抱怨父母的過去。怨氣如洪，宜疏宜引，不宜堵。水怒過後，自然平息。

　　我靜靜地聽著葉曉蘭宣洩她內心的憤怒，一邊感受著她此時的洶湧澎湃，一邊想著下一步的因勢利導。

　　宣洩：讓來訪者把過去在某個情景或某個時候受到的心理傷害和所積壓的情緒發洩出來，以達到緩解和消除來訪者負面情緒的目的。

　　葉曉蘭說了足足五分鐘。她的語速在滔滔不絕中漸漸緩了下來，剛進門時劍拔弩張的勢頭，也在不知不覺中削弱了許多。

　　此時，葉曉蘭的目光中帶著一絲期盼。我能感受到她內心的窗戶並未緊閉，至少面對我的那扇窗，仍敞開著。我知道，她期待我能夠和她站到一邊。

　　可惜，我不能。

　　這世界上有很多事情並不是非黑即白或非對即錯的。父母為孩子的未來著想，沒有錯。孩子追求獨立自主，也沒有錯。全此，又如何評判對錯？

　　因此，我哪一邊都不能站，站在哪一邊都不公平。

　　於是，我沒有對葉曉蘭對父母的抱怨給予回應，而是用溫和的語調，中等的語速，對她說道：「之前，我記得曾和你討論過，休學可能並不一定能解決你的煩惱。」

　　聽我說出這句話，葉曉蘭臉頰閃過一抹微紅，欲言，而後又止。

　　她想辯解，卻發現無可辯解，於是選擇了沉默。

　　在先前的諮商中，我曾與葉曉蘭就休學這個問題進行過探討。讓她明白休學是暫緩壓力的一種選擇，但並不是解決學習動力的方法，而且在休學以後還可能會遇到新的問題。

　　看到葉曉蘭聚精會神不時頷首的樣子，我知道她聽進去了。但有時，知道是一回事；真正面對時，又是另一回事。

　　誠如一部電影的臺詞所說，從小聽過很多道理，卻依然過不好這一生。

　　知行合一，從來就不是一件容易的事情。

　　看到葉曉蘭的神情，我暗自稱許。雖然，她休學後與父母起了一些衝

突，看似情緒化的表達，但她內心理性的部分依舊掌控著方向。

她當下不再一味辯解，就是理性審視的展現。一個人成長的途中，不怕慢，不怕緩，只怕停。

「為什麼想要透過發脾氣來表達你對父母意見的不贊同呢？」我緊接著問道。

「其實，我心裡很難受啊。父母每次對我厲聲說教的時候，我感覺就好像兩個小孩在說另外一個小孩一樣，非常的幼稚可笑！我和他們思維不在一個層面上，沒辦法和他們正常溝通。」她說。

「父母老是打著『愛』的名義來指揮我，控制我，拿個籠子套著我，管著我，讓我特別忍受不了，再這樣下去我會瘋掉的！」一提到父母，葉曉蘭稍稍平復的情緒又有些湧動起來。

葉曉蘭話語中仍帶著情緒，但我十分理解她此時的感受，也明白葉曉蘭為什麼要發脾氣了。

青春期，是個體自我意識進入快速發展的時期。顯然，隨著葉曉蘭自我認知與獨立意識的增強，她已有了自己的人生觀、價值觀，並能獨立評價自己和周圍的事物，要求自立，要求尊重。

然而，對父母而言，未能發現她青春期身心發展迅速「成人化」的現實。這種逐步增加的認知差異性，必然引發彼此的矛盾與衝突。

葉曉蘭對父母發脾氣，正是青春期普遍存在的一種「抗爭」行為。

「父母如何與你相處，會讓你感覺舒服一些呢？」我想探尋一下葉曉蘭與父母和平相處的模式是如何的，於是問道。

「我不想和他們離得太近，我只想離他們遠遠的，希望給我空間！」說著說著，她的眼圈開始泛紅。

葉曉蘭其實是十分在乎父母的，言語上的否定，並不能阻斷她內心對

父母情感上的連結。只是這份愛的情感，她不知該如何用合適的方式表達出來，才會本能地用情緒性語言，將這種糾結矛盾的心情宣洩出來。

我們最在乎的人，往往最容易讓我們糾結。糾結的源頭，不在於沒有給予愛的關注，而在於沒有給予彼此真正需要的愛與情感。

我需要做的，就是幫他們把這份有糾結的情感疏解開來。在這個過程中，不僅孩子需要成長，父母也同樣需要成長。

兩分鐘後，見葉曉蘭情緒逐漸平復，我開始著手疏解第一個糾結點。

葉曉蘭的父母都是在鄉下長大的，在他們的那個年代，是一個嚮往都市生活以及知識分子的年代。當他們在電視上看到繁華的都市，看到領著高薪的上班族時，也會產生一種憧憬和嚮往，會認為這種都市生活遠比鄉下幸福得多。

當時，葉曉蘭的父母做了一個決定，將僅有 10 歲的葉曉蘭送到市區的寄宿學校讀書，他們希望自己的孩子能得到大都市的教育資源，長大後念一個好大學，過上幸福的生活。

送到市區的好學校讀書！父母的想法執著而篤定，那就是想把自己錯失了的好東西給葉曉蘭，也許這就是他們認為的愛吧。

他們所給予的愛，在已有獨立意識的葉曉蘭眼裡，是對她過多的，一廂情願的控制和羈絆，是對她莫大的誤解和傷害。

其實，愛的方式，並非一味給予。

父母在情感上是愛她的，只是由於年代、閱歷和想法不同，導致在愛的內容與方式上出現了分歧衝突。

「醫師，我能理解他們了，也不想再責怪他們。可是他們還是一直想辦法管我，一點也不理解我啊！」

葉曉蘭聽進去了，但仍表示出一副無奈的樣子。

　　我曾與葉曉蘭父母對此有過一番交流，但他們在一時之間，仍難以找到有效溝通的方式，也難以轉變對女兒問題的過度捲入。

　　不可否認，葉曉蘭在理性思考層面的進步上，在一定程度上已超越了她的父母。家庭是一個連結的系統，子女或父母其中一方的轉變，也能對家庭系統動力產生影響。

　　家庭系統：家庭治療理論認為，家庭是一個穩定的系統，家庭成員互動作用時所產生的有形和無形規則構成了較為穩定的家庭結構，成員間形成了特定的交往模式。

　　所以，促使葉曉蘭的認知行為發生改變，成了當下我要聚焦的問題。於是，我對她說：「父母愛你，但可能並不懂你。你可以試著與書為伴，書能讓我們與另一個心靈相遇，會有很多新的感受出來，找到那種寧靜存在的狀態。同時，也能降低你休學後落寞孤寂的感覺。至於父母，你若讓他們感到你很好，他們就放心了。」

　　我並未說得十分具體，但我想葉曉蘭應該能明白我所說的意思。

　　葉曉蘭確實聽明白了，她說道：「我看書的那種安靜狀態，能讓父母感覺到我變好了，他們就不嘮叨了，是這樣吧？」

　　面對葉曉蘭的回答，我頷首微笑。

　　「那麼，我出門在外會讓父母感覺到我不好了，那我就不外出了嗎？」她不解地問。

　　我還未回應，她又追問道：「是要這樣嗎？」

　　我搖搖頭，說道：「剛才你父母說，你一早離家，晚上九點才回，還帶著讓他們一眼就能看到的身疲力竭，甚至你回家後誰都不理，就直接進了自己的房門，你能讓父母感覺你外出是件好事嗎？他們能不阻止你嗎？」

葉曉蘭點點頭，示意她聽懂了。

我想，聰慧如她，應該是真的懂了。

父母的世界其實也很簡單，若孩子安好，都是晴天。

「醫師，為什麼我每次來的時候剛開始情緒都很不好，但最後都能夠心平氣和地離開呢？」諮商結束前，葉曉蘭好奇地問道。

「因為你的情緒需要整理，把紊亂的情緒整理好了，心情自然就平順了。」我回道。

「那我總不能一直讓別人幫我整理啊！」葉曉蘭佯裝面露苦色。

「你還在成長呀，當你漸漸長大了，就能夠自己整理了。」

聽完我的回答，葉曉蘭心滿意足地走了。

要找回自己，先要喚醒理性

反思自己、在自己身上查詢引發問題的真實緣由，是個體在獨立意識之上的一種理性思考，常與解決自身問題連結在一起。

快過年了，寒冬也快過去了。

葉曉蘭正手捧著書，就著治療室外樓道不太明亮的燈光，看得津津有味。

診間裡，她的父親同以往一樣，向我訴說著葉曉蘭近來的情況，葉曉蘭的母親則時不時補充著一些細節。

「孩子最近情緒好多了，但學習的時間變鬆散，有時不隨她心願了，還是會發脾氣。」

葉曉蘭父親說道，言語間雖仍有一些擔心，但已不像先前那般焦急和不安。

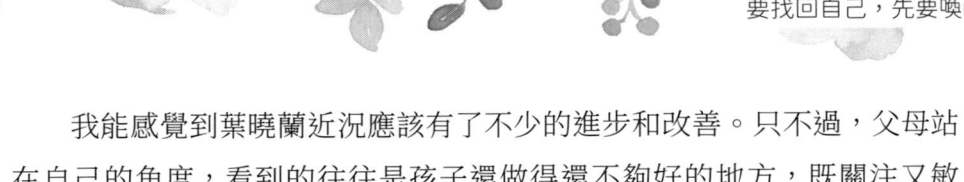

　　我能感覺到葉曉蘭近況應該有了不少的進步和改善。只不過，父母站在自己的角度，看到的往往是孩子還做得還不夠好的地方，既關注又敏感；而對孩子做得不錯的地方，卻多半認為是理所應當的。

　　殊不知，父母對孩子行為變化的非直接的和問題導向的回應，恰恰是孩子問題持續存在的家庭情境因素。

　　了解完葉曉蘭近況之後，我將她請進了診間。她進診間後，將剛才閱讀的書放到一側，外套褪去放好，便主動示意我可以開始了。

　　我並未立即開始交談。

　　我打量著她，今天的她，似乎和以往有些不同。

　　我仔細回想著初次諮商時，葉曉蘭給我帶來的感覺，當時的她猶如一枝臘月寒梅，孤傲之中透著些許冷意，眼中憂鬱的神情，滿滿的防備之意，一副拒人於千里之外的樣子，加上她一出言就丟擲了對「人性的三大拷問」，令我印象極為深刻。現在想來，仍記憶猶新。

　　較之當初，同樣身著白色毛衣，同樣紮著馬尾，但今天的葉曉蘭，讓我感覺多了一分恬靜淡然，少了一分冷傲漠然。直覺告訴我，葉曉蘭變了。

　　身為治療師，我對每個人的改變都懷有天生的好奇心，這時我想要一探究竟，看看是怎樣的想法促使她產生了這樣的改變？

　　我打定了主意，把手裡閱覽的諮商紀錄放到桌子上，開始了今天的談話。

　　「你最近的自我狀態，如何呢？」

　　葉曉蘭今天給我的第一感覺，就是她處於情緒穩定的狀態，所以我用了一個開放式提問，將主導權拋給她，讓她選擇一個話題作為這次諮商的起點。

「最近過得還蠻規律的，上午幫忙做一些家事，下午看書，晚上看一會電視、上上網。每天都這麼重複著，感覺自己像個家庭主婦一樣。雖然沒什麼壓力了，但老這樣的話也會煩。就跟念書一樣，一直念書也會很煩。」

葉曉蘭像彙報工作一樣，把自己現在的日常生活如流水帳一樣過了一遍，語氣十分平淡。

葉曉蘭的回答，令我陷入了短暫的思索。

在我看來，葉曉蘭的回答雖然簡短，但卻有很多地方值得深入探究，比如她開始幫忙做家事，似乎連結了她與父母之間的關係；她開始閱讀書籍，似乎連結著她求知的想法欲望；至於看電視和上網，則是當下人們主要的放鬆休息方式。

做治療師久了，尤其是面對青少年時，也能從他們不經意的言語中聽出「契機」或「端倪」。

現在，儘管葉曉蘭講述時的語氣平淡，但我已然能感覺到，她已經對當下的生活狀態，內心生出了一種隱隱的寂寥感，還有對學校生活的絲絲惦念。

我意識到，這次諮商談話，或許能成為促使她內心新苗生長的暖陽。

於是，我今天就從一個比較宏觀，又帶有指向的話題作為切入點，說道：「我想打個比方，假如一種生活是讓人有希望的，它像燈塔一樣，能夠在前方召喚著你。而另一種生活，我們是看不清楚燈塔的，它只是作為一種模糊的存在而存在著。」

一般來說，諮商中與來訪者交流的話題應該是越具體越好，應盡量避免談論概念性的話題，以免陷入空談。然而，凡事終歸不能一概而論，諮商有效性的關鍵是個體化，因人而異是有效性的核心。

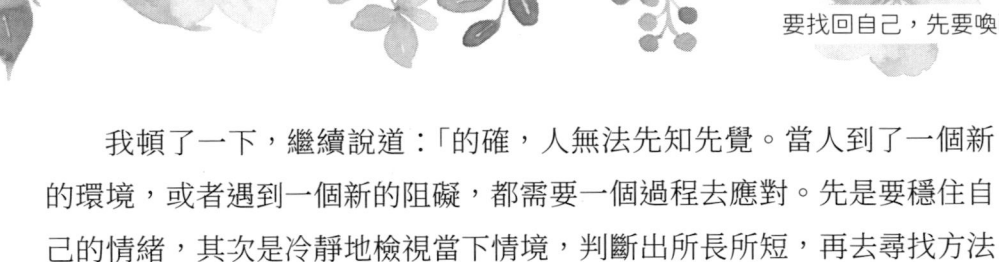

我頓了一下，繼續說道：「的確，人無法先知先覺。當人到了一個新的環境，或者遇到一個新的阻礙，都需要一個過程去應對。先是要穩住自己的情緒，其次是冷靜地檢視當下情境，判斷出所長所短，再去尋找方法補短；最後，在調整中向著燈塔繼續走。」

葉曉蘭眼睛直直地望著我，直接問道：「哦？我不解的地方是，我為什麼要去補這個『短』，而不是別人？」

葉曉蘭的提問看似有點抬槓的成分，但實際上是她自我獨立意識的外在表達，她在質疑這其中的意義何在。在我看來，一個人要真正成為獨立的個體，始於她獨立的思想，而獨立的思想，則是對於事物擁有自主的判斷，不盲從於他人。

因此，聽到葉曉蘭提出這樣的質疑，我沒有不悅，反而頗為讚許。

「你的提問很有意思！好啊，我們可以不論所謂的『長短』，也不論誰該去『補短』，只看它的存在能否讓你的生命汲取營養，促其蓬勃生長。如果你能獲得養分，就值得肯定，反之亦然。」我緊跟著回道。

「如果我就是願意如此隨波逐流呢？」執拗的葉曉蘭追問道。

「你若願意，當然無人強求。因為你的心願，唯有你能知曉，並由你做出選擇來決定。」我回道。心理諮商不能強行要求一個人違背心願去改變。

一個人最終成為什麼樣子，都是由他自己透過選擇決定的，而不是用陽光的炙烤去催生。猶如，一株樹苗是否能夠長成參天大樹，百年不倒，不是取決於四季有無風雨，而是取決於它的根鬚能否深深地扎進大地之中。

宇宙是廣袤的，大自然是包容的！

我決定換個角度，進一步啟用她的自我獨立意識。

「你知道小動物過了哺育期之後，會如何嗎？」我問。

對於我的話鋒突轉，葉曉蘭感到有些不解。略微思索過後，她回道：「您的意思是人成年之後要離開父母，是嗎？」

葉曉蘭的思考和領悟能力確實不錯，我心中嘆道。

「離開父母是一方面，關鍵是它要能獨自去獲取食物，能夠讓自己生存下去。在哺乳動物裡，人類從出生到成年的養育期是最長的，要十八年。這期間，衣食住行靠父母，但隨著歲月流逝父母都會老去。那時，憑藉什麼生存呢？」

我一連提出了好幾個問題，葉曉蘭似乎聽進去了，不再是生硬的反問了，而是陷入了一陣沉思。

生命之所以為生命，前提是要能夠安全的生存。對於其他生命而言，也許求生可以依靠本能。然而，對於人類，謀生，則需要個體在社會化的基礎上依靠技能。

思忖過後，葉曉蘭透著不自信的語氣，看著我小聲說道：「醫師，我心裡想要的，是屬於我的自由！」她的眼睛望向了我。

「『自由』，是你想要的生活方式。可是，生活的前提是生存，你打算如何謀生呢？又如何讓『自由』成為你的生活方式呢？」

我將葉曉蘭理想化的回答進一步具體化了，促使她思考問題的細節和過程。

「我想要自己動手，豐衣足食。這樣既能生存，又能自由生活。」葉曉蘭似乎覺得自己找到了一個不錯的回答，說著說著，眼中有了一絲神采。

葉曉蘭開始侃侃而談，告訴我說：她以後想自己種咖啡豆，開咖啡店。她覺得，咖啡原料是廉價的，但咖啡成品卻能賣出不菲的價格。當個咖啡店老闆，既有充足的自由也不用愁生計。

我聽完葉曉蘭對未來的規劃，沒有去評價她的想法是否合理，而是把指向未來的話題拉回到此時此刻。

「現在的你，可以嗎？」我問道。

聽了我的問話，方才沉浸在自己宏偉藍圖中的葉曉蘭，似乎清醒了過來，連連搖頭說道：「不行不行！我還沒有這方面的知識和經驗，更沒有資本，我還在學習呢。」

這是葉曉蘭今天第二次主動提到學習了。我意識到，她已經從剛才的「空中樓閣」回到了現實，而且我與她剛才探討的「如何生存、生活與自由」這個話題，是想去喚醒她的自我獨立意識，並讓這顆種子在大地的浸潤中，破殼與生髮。

在葉曉蘭踏進心理治療室時，我已經注意到她手中拿著的書，雖然未能看清具體書名，但能感覺到她是在閱讀，有閱讀就會有感受，有感受就會觸發思考，而思考本身就是學習。

此時，當葉曉蘭再次主動提到她還在學習時，我便順著她說的話問：「那麼，你最近在家裡有學什麼嗎？」

果然，葉曉蘭對這個話題並未產生任何迴避或者牴觸情緒，很自然地答道：「在跟媽媽學煮飯，現在他們有時中午忙，沒回來，我就自己煮飯，晚上有時也會給他們煮飯吃。」

葉曉蘭所說的「學習」是廣義範疇的，這也是我想要探究的話題之一，我微笑著點點頭，示意她繼續。

「最近我幫父母做家事，發現這些工作也挺累人的。現在有點體諒爸媽了，他們白天在外面忙，回來後還忙前忙後，也是蠻辛苦的。現在我出去玩的時候，都會把家裡能做的事情忙完再出去，在外面花錢的時候也會精打細算，能節儉就節儉。」

　　說到這裡，她略微停頓了一會兒，接著有一些委屈地說道：「唉！我這麼體諒父母，可他們卻都認為是應該的，還感嘆說『你早該這樣做了！』有時看到他們那副理所當然的樣子，忍不住就會生氣！」

　　說著說著，葉曉蘭小嘴微噘，兩腮微鼓，似乎有點氣惱父母對她的態度。

　　聽到葉曉蘭的抱怨，我想到了她的父母。在他們看來，葉曉蘭發脾氣是因為她的任性不懂事。但是，葉曉蘭感受到的，卻是父母對她變化的熟視無睹。

　　她，失望了。

　　父母與女兒，雙方說的是同一種情境事件，但是彼此的想法、說法卻截然不同，這種情況在親子關係中是很常見的。在這其中，並非其中一方在說謊，而是雙方都從自身角度出發，看到的和感受到的自然就截然不同。

　　我能理解葉曉蘭心裡的委屈與氣惱，因為每個人都希望自己的付出被人看到。葉曉蘭一直都很在乎父母，只是從小離家的經歷壓抑、扭曲了她對父母愛的感受。

　　這種球感需求，實質上是在釋放一個需要被父母認同與關注的訊號。

　　只可惜，葉曉蘭的父母只看到她釋放出的訊號，卻並沒有懂得其中內涵，也未曾去探究孩子釋放這種訊息的緣由。然而，訊息未被接受，並不代表沒有意義，它依然展現了葉曉蘭在情感上的正向變化。

　　於是，我告訴葉曉蘭，儘管父母很難體會到她真實的感受，也無法在精神層面上做更深層的交流，但這都不代表父母不愛她。在心理治療室，我見證了她父母的付出，比如在接受諮商時父母無條件的陪伴，對她處境的關切、擔心和難過。其實，這也都是他們內在愛的一種表達。

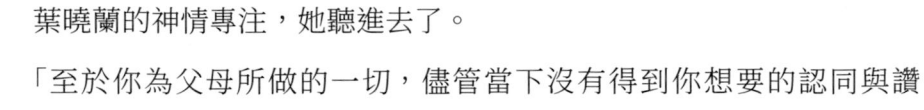

葉曉蘭的神情專注，她聽進去了。

「至於你為父母所做的一切，儘管當下沒有得到你想要的認同與讚賞，但也是很有意義的。因為，這些行為都來自你真實的意願，是你自己主動選擇去做的，是想去表達你對父母的愛意與溫情。」我說。

不等她回應，我又接著說道：「在我看來，愛的本質就是心甘情願的付出。若一定要求付出的回報，那本質就是交換了。」我繼續說。

「愛的本質是心甘情願的付出和不求回報？」葉曉蘭眼中帶著疑惑，重複著我的話語，喃喃道。

桌上的時鐘一秒一秒地走著，她眼中的疑惑也隨之逐漸散去，恢復了早上剛進診間時那種理性淡然的神采。

我用餘光瞄了一眼時鐘，看到還有一些時間，問道：「還有什麼想說的嗎？」

「醫師，我想要找回我自己。」葉曉蘭思索了片刻，然後將目光看向我，眼中湧出一股深深的期盼。

聽到葉曉蘭的回答，我心裡一陣歡喜。不過，我並未立即接話，我知道她還有很多話需要傾訴。

果然，葉曉蘭繼續說道：「我家在一個小鎮上，住在那裡時間長了，會讓我感覺太安靜了，有種歲月悄然流逝，不知老之將至的感覺。有時會不自覺地懷念我原來在學校的生活，雖然那裡的節奏很快，壓力也很大。不過，有時我真的茫然了，不知道哪種生活是我想要的，還是兩者都不是？」

葉曉蘭說完這段話，額上眉頭又開始微微皺起，顯得有些糾結。

「在休學以後這些天，我讀了一些書，想從書上去找到答案。有一本書裡面說每個人的心中都有『天使』和『魔鬼』，還說能夠透過某種特殊途徑與它們進行溝通。醫師，您說這是真的嗎？」

　　她望向了我，眼睛裡都是期待！

　　我想，也許在她心裡，眼前的治療師就是她的「地圖導航」，能夠幫她解惑、釋疑和指引。

　　於是，我很認真地回道：「你所說的『天使』和『魔鬼』，我想對應的是心理學上所說的『理性』和『感性』，只不過你看的這本書是從宗教靈修的角度來詮釋人的一些特點。」

　　關於靈修和宗教，我雖然也看過一些相關書籍。但對我而言，這仍是一個我並不熟悉和擅長的領域，無法給出準確的答案與評論。所以，我沒有直接回答葉曉蘭關於魔鬼和天使的問題，而是將主題拉回我所熟悉的心理專業領域。

　　果不然，聽到我的回答，葉曉蘭眼睛一亮，表現出對我的說法感到很有興趣，擺出一副洗耳恭聽狀。

　　於是，我繼續說：「簡單地說，所謂『理性』，就是透過分析、判斷和思考來處理現實中的問題，而『感性』就是用內在經驗和感覺，比如用情緒感情來處理應對現實中的問題。」

　　為了便於她理解主題，我緊接著舉了一個她生活中的例子，說道：「假如你某次考試成績不好，你感到很難過、傷心，在這種情緒狀態下，你不想寫作業，甚至都不想去上學了，這就是感性的經驗與行為。但如若你想到，如果不寫作業、不上學，那就會留下很多知識的漏洞，下次考試可能還要滑鐵盧。這個心理行為過程，就是理性分析、判斷與思考的結果。」聽完我對理性與感性的解釋，葉曉蘭沒有說話，似乎在默默地體會著內心理性和感性的存在。

　　解釋：是指諮商師基於相關知識和理論對來訪者所提供的資訊予以分析和說明的過程。

166

「那我即使去了學校，還是會比別人差啊！」葉曉蘭突然冒出這麼一句話。

「你現在是用感性在說話，試著用你的理性再說一說。」我臉上帶著笑意，鼓勵道。

葉曉蘭疑惑地看著我，在思考一番之後，說道：「您是想說，讓我不要和別人比吧？」

我沒有直接回應葉曉蘭的提問，而是用溫和、肯定的語氣，說道：「感性的你會看到，你比別人缺了很多，但理性的你除了看到你欠缺的，也還能同時看到你所擁有的。」

「醫師，雖然我的理性到現在還沒能判斷出來，人到底應該是感性多一點好？還是理性多一點好？但是，現在我感性地認為，最好兩樣都要有。我還要再仔細想一想。」

我深知，一個人思考得來的領悟，遠比別人直接相授的要深刻得多！

又到了諮商結束的時間。

望著葉曉蘭離去的背影，回想著她臨別時說的話，我想此刻的她應該是帶著對理性和感性的追問離開診間的。

情感的力量，做出新選擇

一個人最終成為什麼樣子，都是由他自己透過選擇決定的，而不是用陽光的炙烤去催生。

正月十五過完，年味就開始淡了。

再過幾天，就該開學了。

葉曉蘭的媽媽早早地掛了號，辦完了就診手續，然後陪著葉曉蘭在診

間外候診。

葉曉蘭似乎感受到了我注視的目光，順著目光來處抬頭一看，發現是我，臉上便露出了欣喜的表情，看了一眼身旁打盹的母親，然後微笑著向我打招呼。

「您好！醫師。」

我含笑點頭示意，然後轉身走進了心理治療室。換好工作衣，我便將葉曉蘭請了進來。

「新年快樂！我們有兩週沒見了，有什麼想要和我分享的嗎？」我丟擲一個開放性問話，把起始話題的選擇權交給了葉曉蘭。

「這段時間想了很多事，也看了好幾本書，有《傾城之戀》、《羊脂球》和《好笑的愛》，其中印象最深的是《好笑的愛》，講的是男女之間那些好笑的『鬥爭』。」葉曉蘭輕鬆地回道。

短短三言兩語，葉曉蘭已提供給了我不少正向的資訊。

其中，一個很有價值的認知行為是「思考」；一個值得深入探討的話題就是「愛情」；一個值得令人稱許的行為就是「讀書」。

一個人閱讀的內容，不僅連線著對知識的渴望和探求，也連線著對情感的需要與共鳴，這種向內行走的探求欲望，一定是來自個體內在的心理動力。因此，可以預見葉曉蘭目前的精神狀態，都在朝向穩定積極的方向轉變。

葉曉蘭所提到的三本書中，有兩本是關於愛情的，其中一部小說令她印象最深，而且是以男女戀人之間的鬥爭結尾的。

在我看來，印象最深的往往是與自己內心最有共鳴的。所以，我想或許在這段時間她經歷的某些事，讓她對愛情這個話題產生了興趣。

於是，我決定先順著愛情這個話題展開對話。

「你相信愛情嗎？」我探詢地問。

「不信！」聽到我的問話，葉曉蘭不假思索地答道。

她回答得如此迅速和堅決，可見她之前曾對這個問題有過一番思考。不過，我不太相信她的「不信」。

從諮商初始到今日的對話，我一直認為葉曉蘭的內心世界是敏感、細膩而又豐富的，她對自我與人性的拷問探求也從未停止過，只是有時會「卡」住了。所以，對於她的「不信」我充滿了好奇心。

「哦？那你是如何看待男女之間情感關係的？」我追問。

「我認為那就是欲望！也許沒有那麼絕對，也會有真心相愛的。但那畢竟太少了。如果我能相信有真愛的話，也許有一天也能遇見。但我不信，所以我也就不會遇見。」

葉曉蘭沒有掩飾她的看法，直言不諱回道。

我喜歡她這樣的直抒己見，也許她的觀點與大多數同齡人不同。不過，關於「愛情」這個主題的討論，本身就是開放式的，因為原本它就沒有一個確定答案。

在我看來，存在於人心靈精神裡的某些東西，並不是嘴上說「不信」就會沒有，比如愛情。也許有一天，她會遇到一段猝不及防而又刻骨銘心的愛情。只是對 17 歲的葉曉蘭來說，可能為時尚早。

她平靜地看了看我，見我沒有要說話的意思，便繼續道：「我有個堂姐，今年 30 歲了，她過年的時候來我家做客。在和我聊天時，她說家裡催她找對象，但她覺得婚姻就是金錢和欲望。她說很多男生追她，但她感覺他們十分虛偽。因為那些男生若追她不成的話，就會立刻調換目標，並用同一種方式去追其他女生。她覺得一點都不真誠，更說不上用真心。」

我一邊聽著葉曉蘭的敘述，一邊感受著她內心的感受。聽起來，她不

僅認同了她堂姐關於婚姻的論述，還完全接受了關於男人虛偽不真誠的觀念。

我感到了葉曉蘭心裡的矛盾，她既對愛與情感充滿了渴望，但又質疑男女關係中的愛情。

此時，我有了一個直覺推斷，也許在堂姐的影響之外，一定還有其他重要影響因素的存在。

於是，我在第一時間想到了葉曉蘭的原生家庭。

「你父母之間平時交流多嗎？」我沒有直接詢問葉曉蘭父母的關係如何，而是委婉地詢問。

「不交流！他們各做各的，各玩各的，有時看不對眼就會吵架。通常都是我媽抱怨，我爸忍著。」葉曉蘭回答得很乾脆。

「我爸被我媽嘮叨之後，常常努力憋著，然後當我媽不在家的時候，再跟我吐苦水，總說他怎麼辛苦。但是，每次說著說著，最後總能歸結到我是他的希望，我是他的明天，讓我好好學習。」

葉曉蘭說這段話時，一臉無奈。

我理解了她之前說不信愛情的緣由了。在父母的關係裡，她既看不到愛，也感受不到情，更沒有她心裡「愛情」的蹤影。

如果父母能意識到他們自己的幸福，其實就是孩子伸手可及的範本。作為父母與其苦苦祈求給孩子幸福，真不如努力讓自己先活成一個幸福的模樣，讓孩子能夠感覺到、觸碰到，也更能被滋養到。

我也無法預知，有多少父母將自己未達成的夢想轉移到孩子身上，而且轉移得如此直接而理由充分。只是，父母不知孩子是否願意承擔，或者能否承受起這份沉甸甸的「夢想」。

「所以，你心裡覺得父母愛的不是你，而是你的成績。當你成績不好

時，父母臉色難看，你就會很心慌，是嗎？」我問道。

「確實是。我感覺自己像是犯了重錯，心裡很難過。」葉曉蘭頻頻點頭。

「那麼在內心裡，你是如何看待父母？又是如何看自己的？」我追問。

「我覺得他們最喜歡說謊，經常在考試前讓我不要緊張，說考不好都無所謂，但一旦考砸了，就不理不睬我了。還有，考試前說成績好就給獎勵，但考完後卻從不兌現。」

說到這裡，她略微頓了一下，然後繼續說道：「不過這段時間，我也開始反思自己，為什麼要把父母的話當成標準答案？為什麼我對考試那麼敏感？我學習究竟為了幹什麼？難道我也言不由衷？也像父母一樣在說謊嗎？」

她一口氣說完，臉頰有些漲紅了，一連丟擲了好幾個自問的問題。

我臉上帶著笑意問她：「你有沒有發現，你今天和以往有一個最不一樣的地方？」

葉曉蘭迅速地給出了幾個答案，但都一一被我否定。

最後，葉曉蘭氣餒了，用她那水汪汪的眼睛巴巴地望著我。

看著葉曉蘭那求助的眼神，我不禁莞爾一笑，給出了答案，說：「你開始反思自己了，在自己身上查詢緣由了。這是在一個人在獨立意識之上的一種理性思考，常與解決問題的過程連結在一起。」

葉曉蘭聽了我的回答之後，眼睛亮了起來。

「對自己的困惑進行理性反思，不是每個人都能做到的事情，有時連父母也很難做到。但是，今天你做到了。我看到了，我也讀懂了。」我說。

「醫師，謝謝您一直這麼陪著我，看著我。」葉曉蘭說這話時語氣十分誠摯，也十分柔和。

「要謝謝你自己！此時，我只是見證了這一點，並將它回饋給你。但

這一切來自你理性的內省反思，這才是最難得的。」

我認為，一個能發自內心感謝別人的人，一定能夠體會到別人的善意、付出與不易。這個「別人」在今天可以是我，但明天這個別人就有可能是她的父母、同伴或者是其他人。

「感恩」，作為正向心理學中的一個重要特質，對一個人在人際關係層面的成長具有促進作用。

此時此刻，葉曉蘭微微一笑，眼中閃著亮光，很嚴肅地對我說：「醫師，我想告訴您一件事，寒假已過完了，下週我就要復學了。不過，這次我要回『普通班』上課了！」

葉曉蘭決定春節後復學，我並不感到意外。但是，她說要回普通班上課，這不由得讓我產生了一絲好奇。

生病之前，她為了從普通班升到實驗班，吃了很多苦，熬了很多夜，搏擊式地進了實驗班，認為這才能證明自己的優秀。

「哦？為什麼要選擇回普通班呢？」我不禁問道。

「這個問題我想了很久了。最後我發現實驗班並不適合我！我感覺，實驗班那種拚命競爭成績的氛圍，讓我有種壓榨窒息的沉重感。讓我沒辦法維持之前自己從容的學習狀態，也沒辦法穩定情緒。」

她用緩緩的語速，一字一句告知我她思考的過程。我聽得很用心，這裡她說的每一個字，都是她用辛苦澆灌出來的果實，我倍感珍惜！

「我要重回我熟悉的普通班，在那個班裡我才能做真實的自己。」她笑著說。

聽著葉曉蘭充滿理性的述說，讓我心裡在欣喜之餘又生出了許多的感慨。

她已然能獨立對自我問題進行覺察、分析判斷和選擇決定。顯然，這

不是每一個人都能達成的一種心智成長。

是啊！不是所有的孩子，都適合在高壓環境下學習。在實驗班超負荷的學業壓力和同輩競爭之下，不少孩子不堪重負，反而打亂了他們原有的學習節奏，使之進入一個挫敗無助的惡性循環之中。

今天的葉曉蘭，能夠主動選擇放棄實驗班，而決定重回普通班，無疑是一種真實自我的回歸，也是獨立思考後的一種選擇與承擔。

想到這裡，我笑著說：「今天，你能為自己做出這樣的決定，我打心底感到高興。因為，不是所有的人都能有這樣的勇氣和判斷。」

「嗯，我對自己是有了解的。醫師，謝謝你！」

她在道謝完之後，又笑著追加了一句：「有時間，我會來看您的！」

之後，我便與葉曉蘭道別了。半年時間過去了，葉曉蘭又來看過我一次。

她告訴我，在普通班裡，她良好的學習狀態又恢復了。現在，學業對她來講，不再是一個沉重的包袱了，而是一個能讓自己豐盈、充實和成長的夥伴。

對每一個生命來講，知識都是那雙隱形的翅膀，它不僅助我們成長與成熟，更助我們飛向自己人生的詩和遠方。

—— 願她在汲取知識的生命旅途上一路順利。

● **本篇結束語**

有時候一個人轉過身去，並不是真正想要離開。而只是需要停頓一下，回眸思考，重新積聚自我力量，選擇方向再一次出發。一個人最終成為什麼樣子，都是自己選擇決定的，而不是用陽光的炙烤去催生。

輕鬆心理咖啡屋 —— 做自己的心理療癒師

◎ 第一杯咖啡：幫助青春期學生恢復心理平衡

重建青春期學生的自信心，接納真實的自我，是恢復心理平衡的關鍵。

青少年的自我評價大多建立在家長、老師、同學及自身學業的評價之上，倘若外界與自身評價不一致，則容易出現自我同一性混亂，導致過度自卑，繼而出現轉嫁、迴避和自暴自棄等防禦心理。

處在青春期的葉曉蘭，由於小學時受到老師的誤解、同學的疏離，導致她產生了「復仇」這種偏執的學習動力，透過超越他人的學習成績來獲得存在的價值感。然而，當她從普通班升入實驗班之後，葉曉蘭發現無論自己如何努力，都無法再有以前那樣的學習成績了，於是她逐漸被無力感所籠罩，原有的學習動力與自信一步步瓦解，引發心理失衡，出現了憂鬱及對自我的高度懷疑。

重建青春期學生的自信心，是恢復心理平衡的關鍵。治療師透過對葉曉蘭學習動機的面質與以往學習歷程的再詮釋，促其向內審視，讓她意識到知識帶給她的不僅僅是成績的高低，還有思想的豐盈與心靈的愉悅，幫助她看到自己內心對知識的渴望，接納了自己在實驗班暫時落後的現狀，轉化了其扭曲偏激的學習動機，逐步回歸真正獨立的自我世界。

青春期的學生，獨立意識進一步發展，他們能夠認真思考、判斷、處理自己身邊的問題和對社會的關心。最後，葉曉蘭主動做出了「我要復學」的重要選擇，並決定在普通班繼續學業。這與很多家長拚命想要擠進實驗班的想法不同，表明了葉曉蘭在對獨立自我接納之後，能夠遵從心願做出適合自己的選擇，實則是一種為自己負責的，更為理性客觀的行為。

葉曉蘭再次重返學校，已不再是為了他人的評價，而是為了自我對知

識的渴望。這種認知行為的昇華，是個體生命裡一次非常寶貴的成長。

◎ 第二杯咖啡：如何消弭青春期對父母的叛逆

　　孤獨不會消亡，但在與他人的關係中，可以抵禦孤獨。由此，人們需要情感，更渴望得到他人的認同與肯定。

　　存在主義心理學認為，孤獨是生命的終極心理衝突之一。因此，人對愛、情感與歸屬的需要是一種普遍的、根本的、強大的原始心理動機。倘若這些需求長期得不到滿足，個體便會產生強烈的孤獨感，引發內心的焦慮恐懼，甚至陷入憂鬱。

　　葉曉蘭在少年期，被父母送往寄讀學校，在長久的分離和孤獨之中，其對愛與歸屬的需求一直未能得到滿足。在她的內心深處，十分渴望得到父母的愛，但在意識層面卻又不滿父母的行為，反抗父母對她精神和行為的管制與要求，難以接受父母以「愛」的名義進行過度保護，支配和控制。因此，對父母表現出冷漠、拒絕和排斥。

　　治療師透過對人性三問中「原諒」一詞的解構與釋義，讓她感受到正因為生命之間有原諒的存在，才使破損的關係有重新修復的可能。她感受到了「原諒」一詞中含有的溫暖，修通了心理阻抗，為她與父母關係的最終修復提供一個重要的契機。

　　另外，透過對葉曉蘭父母行為的重新詮釋，她體會到了原本感受不到的父母之愛，明白了父母並非不愛自己，只是與父母之間認知的差異性。

　　最後，治療師進一步解讀了愛的內涵，使她理解到愛的本質是發自內心的付出，而不是一味地向外索求或者是對等的補償和回報，促使她再次審視父母與自己之間存在的多重差異性，最終理解和接納了彼此的不同，改善了與父母的關係。

第五篇
我是愛情的「備胎」

人物獨白：從我們相遇的那天起，我就愛上了她，一起共同生活了5年。可是，現在她卻決定回到前男友的身邊。她走了，我的愛將如何安放？難道我只是她愛情的備胎？

愛情是什麼？這始終都是心理學界最難給出標準答案的課題之一。美好的愛情，都有一種促進心靈成長的正向力量，它有生命的溫度，也有情感的黏度，更是精神的滋養。即使，愛到最後是分離，若真心愛過，也是一種對生命的尊重與成全。

我的初愛，竟是「備胎」

愛情關係，是一個人獲得安全感、價值感和歸屬屬的重要途徑，更是緩衝個體內心深層孤獨感的重要途徑。

「我女朋友走了，這次她是真的走了。」這是嚴曉俊見到我時說的第一句話。

他的表情嚴肅，不斷地搓著雙手，腿部也在下意識地抖動著。伴隨著他低沉而快速的言語，我能感覺到他內心的不安，落寞的神情似乎充滿著不捨。

我打量了下他，他是一個健碩的男人，看起來很有精神，清秀的眉宇間透著一種男性獨有的剛毅之美。

但我不知，究竟是什麼樣的經歷讓他如此焦慮？

待他的情緒有所平靜後，嚴曉俊為我講述了他的困擾。

六年前的一次聚會上，他遇到了慧外秀中、充滿知性美的肖琳。他一下子被肖琳身上獨有的女性魅力所吸引，主動展開追求。

最後，逐漸發展成為戀人，並開始相伴生活。

剛開始交往時，肖琳曾坦誠地跟嚴曉俊說，自己在大學四年時間裡愛過一個男生，他們的感情很深，後來因為男生出國留學而分手。

在她的心裡，依舊有著對那個男生的愛戀。可以說，在肖琳的心裡，那個男生就是她心目中完美男性的化身。

但是，嚴曉俊實在太喜歡肖琳，他接受了肖琳對前男友的留戀與不捨，相信憑著自己的付出與努力，會讓肖琳逐漸淡忘前男友而真正愛上自己。

就這樣，平靜而溫馨的日子過了六年。

這期間，嚴曉俊對肖琳的照顧無微不至，用情很深。

嚴曉俊回憶說：「她不是當地人，有時候親戚朋友來找她，都是我幫忙安排吃住，生病了幫他們去找床位住院，她舅舅也在家庭聚會上常常說，有我這樣的男朋友是肖琳的福氣。」

他略微停頓後，繼續說：「肖琳是鋼琴老師，她去音樂教室教琴，每天十點多才下班，只要我有時間都會去接她。有時候她接一些家教課，一上課就是三四個小時，我就在樓下的車裡等她。我知道她們彈琴的人手都很珍貴，所以我盡量多做點家事。」

「我希望看到她開心的樣子。只要她看上的化妝品和衣服，我都會從日常的開銷中節省出來，滿足她的心願。」

說到這裡，嚴曉俊的情緒再一次變得激動。

聽著嚴曉俊的敘述，我已經了解到他對於女朋友的情感和依戀，但是，對方的回應如何呢？對方是如何看待這份愛的呢？

依戀：一般被定義為幼兒和他的照顧者（一般為父母親）之間存在的一種特殊的感情關係。在此拓展為個體與重要他人間透過親密互動形成的持久、強烈的情感連結。

我問道：「我能感覺到你對她的感情，六年時間了，但是我很好奇，這樣一個被你照顧愛戀的女人，她對你的愛是如何回應的呢？」

在我看來，愛持久的核心是互愛。

所謂愛情一場，就是兩個人共同演繹的一場雙人舞，他們彼此用心布景、用情譜曲、用肢體表達，展示出情愛世界裡最美好、最神奇、最心曠神怡的婆娑舞姿。

嚴曉俊嘆了一口氣，說道：「其實這六年來，她對我是忽冷忽熱……」

「可以具體說一說嗎？」我回道。

我需要將模糊的概念語言，用具體化過程去澄清。

「有的時候，她會像只小貓似的靠在我懷裡，誇我長得帥，還說我要是敢背著她和別人曖昧，就把我和那個人一起殺了。她也會在出差回來時帶禮物給我，都是很有特色的那種，上面不是刻著一生一世就是寫著白頭偕老之類的話。每當這時我都很感動，經常想著隨著生活再改善一點，就要娶眼前這個女子。可是有的時候……」

嚴曉俊好像不太願意訴說了。

但我知道，接下來他要表達的內容才是問題的重點。

「有的時候她會怎麼樣呢？」我鼓勵道。

嚴曉俊委屈地說：「她在社交網站上和前男友依然保持著好友關係。每當他的前男友釋出一些動態時，她的情緒就會有明顯變化。」

「比如說呢？」我追問道。

嚴曉俊搓了搓手，顯得十分地懊惱，說道：「說到這些事我有些生氣。剛開始我還不太明白她為什麼有時候會突然心情就變得低落。有一次我問她遇到了什麼事，她很坦誠地跟我說她的前男友拿到獎學金了，在社交網站上晒了一些照片，讓她想到大學時他們一起領獎學金的場景，還會問我介不介意。其實我心裡很介意，可是我不願意在她面前顯得小心眼，嘴上總說沒事。」

說到這裡，嚴曉俊低下了頭，聲音也低了下來。這時，需要給他一些時間整理自己的情緒。我沉默著，等待著。

「每當這種事發生時，她對我的態度也會隨之轉為冷漠。這讓我非常難過。她的心裡一直沒有忘記他。」他說。

說到這裡，他的情緒有些激動，能感受到一絲慍色。

在這種情況下，治療師需要透過對複雜情感問題的不斷澄清，就像在生活中剝洋蔥一樣，是一個由外及裡，逐層剝離，靠近核心的過程。

我需要繼續澄清他們感情中的一些模糊問題，於是，繼續問道：「從你的描述中，的確能夠感到肖琳對她前男友仍有留戀。那麼在這種情況下，在你們的親密關係中，彼此之間有過什麼承諾嗎？」

承諾：根據羅伯特・史坦伯格（Robert Sternberg）的愛情三角形理論，承諾指維持關係的決定或擔保，主要指個人內心或口頭對愛的預期，是愛情中最理性的成分。

嚴曉俊搖搖頭，說道：「沒有過明確的承諾。每當說到論及婚嫁時，她總以年齡還小為理由搪塞，因此在這段關係中我是沒有安全感的。可是我太愛她了，我願意等，我相信只要用真心待她，隨著時間的推移她會逐漸釋懷。直到上個月……」

說到這裡，嚴曉俊閉起了眼睛，緊緊皺起了眉頭。

「不著急，慢慢說。」我耐心等待著。

嚴曉俊倒吸了一口氣，說：「上個月的一天晚上，肖琳在我旁邊輾轉反側。我問她有什麼事嗎？一開始她說沒事。可是我看出她是有心事的，於是就一再追問。後來她開啟了燈，說有件事想和我聊聊，讓我有點心理準備。」

他說，肖琳對他是坦誠的。她說前男友打算在中國發展，目前在上海一家外資投行工作。他已經找過了肖琳，並且說當初離開她不是不愛了，而是為了出國學習不得不分開。5 年來他在國外獨自苦學，拿到了經濟學博士學位，期間一個女朋友都沒交往過。

說到這，嚴曉俊停了下來，嘆了一口氣，看得出他心裡的憋屈。

「您瞧，他說的多輕巧呀！真是比我會說話多了。」他自嘲著，繼續說。

「他還對肖琳說，這些年之所以不主動聯繫她，是不想給兩個人太多的壓力。如今他覺得能給肖琳一個幸福的生活，希望兩個人能重新在一起。」

雖然，嚴曉俊盡量用平靜的語氣敘述著，但是我依然能夠感覺到，他內心正在翻滾著驚濤駭浪。

男人是社會性的動物，當另一個男性的能力強於自己，繼而威脅到自己的愛情關係時，男人的自尊會讓他感到備受煎熬。更何況，這個男人還是自己女朋友的初戀。

嚴曉俊低著頭，繼續說：「我當時感覺心臟皺成了一團死肉，胸口像堵了一塊大石頭一樣，非常難受。我強忍住痛苦，問她是怎麼想的。肖琳說她需要時間靜一靜。」

那一週，兩個人幾乎沒有任何交流，從肖琳的冷漠中，嚴曉俊已經隱

約知道了答案，在肖琳的心中，她還是傾向於選擇她的前男友。

「一週後，我主動和肖琳提起了這件事。」他說。

「肖琳依然很坦誠，她說決定去找前男友。她覺得很對不起我，坦言道我在她的生命中是很重要的，但是她內心的歸宿不在我這裡。」嚴曉俊哽咽著說。

「雖然我已經有了心理準備，可聽她這麼說，我還是接受不了，心裡堵得慌。我感覺，和她在一起的這些年，她的心不在我這裡，我只是她愛情的備胎。和那個男人比起來，我什麼都不是。」從嚴曉俊敘述的主線故事中，我們能深切理解他內心的那份挫敗與苦痛。說到這裡，嚴曉俊再一次難過了起來。我安撫了嚴曉俊，來平復他回憶中不斷湧起的痛苦感受。

因為諮商時間的限制，我做了小結並結束了此次諮商。

主線故事：來訪者生命故事中那些非常突顯，不斷地被儲存記憶，成為圍繞著某個主軸的問題故事。這個故事往往是從主流文化價值觀的評判中而建構起來的。

本次談話中，我了解到嚴曉俊的主要心理問題和內心衝突。在接下來的心理諮商中，我需要幫助他接受失戀引發的分離焦慮，嘗試用新的視角去看待自己的愛情故事，重拾嚮往美好生活的動力。

失去愛後，我的心碎了

任何一段親密情感關係的結束，在內心痛苦和不捨之外，也是一個能對情感關係進行反思的過程，更是獲得不同以往的全新感悟的契機。

第二次見到嚴曉俊時，他新剪了頭髮，幹練的髮型更加突顯他的帥氣。

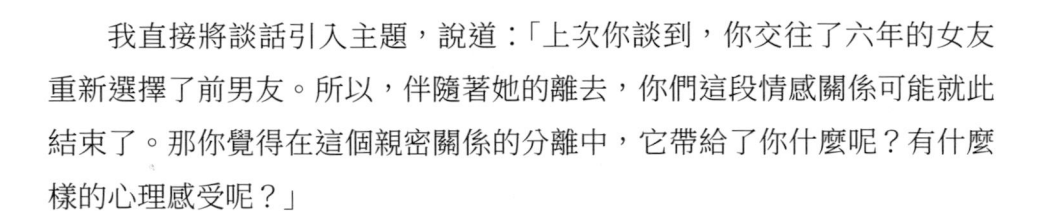

　　我直接將談話引入主題，說道：「上次你談到，你交往了六年的女友重新選擇了前男友。所以，伴隨著她的離去，你們這段情感關係可能就此結束了。那你覺得在這個親密關係的分離中，它帶給了你什麼呢？有什麼樣的心理感受呢？」

　　「心裡很空，也很委屈，還很難受。」嚴曉俊簡短地說。

　　「能具體說說你心理層面的變化與感受嗎？比如腦海中會出現怎樣的畫面？冒出怎樣的語句？」我詢問道。

　　嚴曉俊毫不猶豫地說：「我無法想像她跟另一個人在一起，寧願她病了殘了，我照顧她一輩子，也不願她和別人在一起。」

　　我不會太奇怪嚴曉俊的激烈言辭，這是親密情感在分離的過程中引發的憤怒和敵意。

　　「你心裡的這些感受跟她表達了嗎？」我繼續澄清細節。

　　對此，嚴曉俊堅定地說：「當然沒有。我覺得不能說實話，如果我跟她說了這些，我就不是一個男人了！雖然我很愛她，失去她我也很心痛，甚至恨不得跟那個男人打一架。」

　　說到這裡，他停了下來，似乎內心很糾結。

　　約莫一分鐘後，他才抬起頭來，看著我，說道：「醫師，我是愛她的，這些天都是徹夜失眠。但是，我知道那個男人才能給她更好的生活，我覺得自己應該接受肖琳的選擇，只能放手了。」

　　聽到他這樣說，我覺得眼前這個男人的理性是很強大的。他的內心一定很難受，可是為了讓肖琳過她想要的生活，他甘願放手。

　　愛過的人都會明白，要放開自己的愛人，是一種怎樣的不容易呀！

　　但我聽出來了，他好像已決定這麼做了，他是怎麼做到的呢？

　　於是，我問道：「從一開始你就知道肖琳的心裡還有另一個他，這意

味著你們關係是有不確定因素的。現在他真的重新出現了，你們的關係也要結束了，這會讓人很難過。」

他點一點頭，說：「我人有點不正常了。只要閉上眼睛，腦子裡就是我跟她的過往……」

失戀對於任何人來說都是一杯濃烈的苦酒，都會在心靈深處烙上深深的傷痕。

我回說：「但我看到，你並沒有歇斯底里的情緒化反應，而是選擇了讓自己放手，讓她去追求自己的歸宿。我知道這是很不容易的，不是每一個人都能做到的。」

歇斯底里：指情緒異常激動，舉止失常，通常用於形容對於某件事物的極度情緒。

他頻頻點頭，專注地聽著。

我接著說道：「你一提到她的離開，眼圈就會泛紅。但你還是能控制自己的情緒，不去責問貶斥對方，而是默默接納承受，我看到了你內心的力量。不過我還想知道，你是如何做到的呢？」

我用柔和的語調，探索著他的心路歷程。

聽到我的問話，嚴曉俊沒有猶豫，快速地回道：「我知道，如果我表現出痛苦會加重她的心理負擔，我只能壓抑。因為她說過，她在這段感情裡是有愧於我的，她不希望自己幸福而看到我痛苦。所以，在她面前我只能裝作很好，但其實我很痛苦。」

其實，失戀造成的情感壓抑是十分嚴重的，如果不及時地合理紓解，會出現各種身心不適應症狀。尤其，在愛人離去的怨恨和憂傷之中，一般會採用貶損情感關係、否定戀人的方式來緩解自己的痛苦。如果出現強烈的憤怒和敵意，甚至會採用攻擊他人或傷害自己的方式。

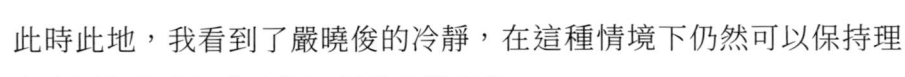

此時此地，我看到了嚴曉俊的冷靜，在這種情境下仍然可以保持理性，在言語行為上如此克制，是非常難得的。

「在我遇到的失戀個案諮商中，你是一個理性而內心堅強的人。因為，如何好好地分手，比如何好好地戀愛要難很多很多。」我肯定地說道。

「您說得很對，我已經糾結了很久，也很想留下她。但是，她的心已經離開了，她想放棄了。如果我再堅持，還有多少甜蜜幸福呢？所以我只能決定放手。」

他緩緩地說著，好像在回憶著什麼，也好像暗自給自己鼓勁。

經過思考之後，我決定將諮商的重心放在嚴曉俊身上，聚焦在親密關係結束之後，他內在自我的重建上。

於是，對他說道：「透過這兩次的諮商，我了解到你的感情歷程。雖然，你在理性上已經做出了決定，尊重女友的選擇，但你心中依然有她離去的悲涼、無助和傷感。現在你可以為自己做的，就是真正向你的內心看，重新審視、發現和梳理這段親密情感對你的意義，也許這個過程會幫助到你。」

「嗯，這些天我確實很難受，有點撐不下去的感覺，也很想要醫師幫助我。」嚴曉俊點頭回應。

我接著問：「在這段情感關係中，你是如何理解你們之間的愛呢？」

嚴曉俊思考了一會兒，回答道：「和她在一起，我會有溫暖、踏實的感覺，我在精神上比較依賴她。」

愛情，也是一個人獲得安全感、價值感和歸屬感的重要途徑，更是緩衝個體深層孤獨感的重要途徑。

聽到他的回答，我覺得需要在「愛和依賴」的關係上，引導他做一些初步的自我覺察。

於是，我說：「你覺得你們之間的關係是愛更多一點，還是依賴更多一點呢？」

嚴曉俊沉默了一下，說：「我覺得是愛更多。但是您這個問題啟發了我，肖琳有時候會抱怨說，我把她圈在了籠子裡。」

「具體說一說，是怎樣的『籠子』。」我追問。

「她不在家時，我總愛問她，你在幹什麼呢？和誰在一起呢？反正就是總想控制她。她原來有機會去參加舞臺表演，但我覺得那樣接觸的人太雜，我就不讓她去了。她原來喜歡去酒吧小酌，我也不讓她去了。她回老家辦事，我也會跟著她去。」他一口氣說了很多。

愛情，是一個十分複雜的人類命題。因為愛的感覺是那樣的神奇、甜蜜和觸及魂靈！

關於愛情的研究，也是心理學界最艱難的課題之一。迄今為止，不曾有人為愛情下過真正令人滿意的定義，這也恰恰證明了愛情的複雜性。如若用最簡單的生活化語言來說，就是相愛容易、相守難。

所以，我有必要在此對愛情的內涵做一個簡單的闡釋，說道：「愛情的確是件很奇妙的事，愛不是被要求來、被乞求來的，而是被吸引來的。美好的愛都有一種促進心靈成長的積極力量，它既有生命牽掛的溫度，也有生命依戀的黏度。但是，如果你們在一起，她一直感到是被束縛的，是被圈在籠子裡的，似乎脖子上還被牽著一根繩索，她的感覺一定不舒服，也許有一天她想要去掙脫。」

他點點頭，認真地聽著。

從他凝重的表情裡，似乎也可以看出他在思考著什麼。

我略微停頓了一下，繼續說道：「愛是柔軟的、是溫暖的、是融入內心的依戀與信賴。如果心裡有愛，不管她在哪裡，依戀的關係會連結你

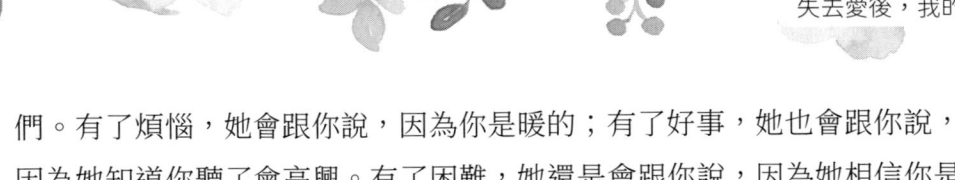

們。有了煩惱，她會跟你說，因為你是暖的；有了好事，她也會跟你說，因為她知道你聽了會高興。有了困難，她還是會跟你說，因為她相信你是會幫助她的。」

最後，我特意強調說：「你們彼此的吸引、信賴和依戀是一段親密關係中重要的特質。」

有時，愛裡面是有控制與占有欲望的，但這恰恰不是愛。

嚴曉俊聽完我的敘述後，急切地回應說：「您說的對！在我們相處中，我好像不太信任她，不由自主地去懷疑。今天聽您講完後，我發現自己在這段愛中，是太有控制欲和占有欲了，感覺她應該是我的。」

控制欲：是指對某一件事情，或者某一個人在一定程度上的絕對支配，控制欲強是內心恐懼的表現，也是極度沒有安全感的表現，透過控制一些人或事物來給自己帶來安全感。

對他的回應，讓我感到一陣欣喜。

在嚴曉俊的內心裡，對愛和感情有了不同以往的體驗和感悟。

在對愛情內涵理解的基礎上，他進入了自我反思，開始對這段親密關系進行覺察和審視，這是嚴曉俊自我成長的重要一部分。

我需要在此停留，透過敘事的時空見證問話方式，幫助他對自我進行深層反思。於是，我問道：「如今，請你回過頭去仔細看一看，和六年前的自己相比，這段情感關係帶給你的變化是什麼？」

嚴曉俊略有沉思後，說道：「嗯，是有變化！原本我很容易滿足現狀，對未來沒有太多的想法。但是跟肖琳在一起之後，我就想去證明自己，也會在工作中更賣力。」

「可以具體說一說嗎？」我繼續追問，豐厚拓展著這一個重要的話題。

「我自己喜歡汽車，所以一直在當汽車銷售。原來就是為完成任務拿

提成，但這幾年我思考很多也看了一些書，還想了很多辦法，不僅業績提升了，而且在管理和行銷上也有突破。」

嚴曉俊提到這些過往的點滴，神情顯得輕鬆了一些。

「可以多說一說你的業績嗎？」我笑了笑，緊接著問。

「在我做行銷專案管理時，最好的成績排前三，還拿了一筆獎金。」說到這裡，他不由得喜上眉梢。

「你工作都這麼多年了，為什麼這兩年變化這麼大呢？」我繼續豐厚著這個主題，這對嚴曉俊重新恢復自信，喚醒內在力量很有幫助。

「對呀！為什麼是這兩年？沒仔細想過，就是感覺心裡覺得美好，比以前有幹勁，在工作上對自己有要求了。」

嚴曉俊一邊唸叨著，一邊回憶著。過了一會兒，他認真地對我說：「醫師，您不問我也不會想這些事。好像跟愛上肖琳有關係，從她進入我的生活以後，我就有了變化。喜歡思索事情，也更願意做事，不像以前那麼懶惰了。」

「你是說，當你愛上她的時候，你更有動力了，工作也更出色了。這是你最真實的體驗，愛情的確是一種讓人成長的巨大情感力量。」我肯定地點頭回應。

「不過，現在她要離開了。那麼，你又怎麼看待你們過往的愛情呢？」我接著丟擲來一個棘手的問題。

關於這個問題的思索與回答，對一個失去愛侶的男性是重要的，這將對他憂鬱焦慮情緒的緩解與心理平衡的重建，有不容忽視的影響。

嚴曉俊沒有馬上次答，他思索了一會兒。然後，用緩慢的語速，一字一句地說道：「與她相愛的過程是很美好的，這六年時間她也是真心的，對我一直很坦誠。」

說到這裡，他略微停頓了一下。然後望向我，接著說道：「我覺得，也是我自己迄今為止最用心、最投入的一段情感。讓我有了激情，有了動力。好像與以前的自己有所不同，變得更踏實了。可以說，與肖琳的這段愛，是其他任何東西都無法替代的。」

他一口氣說了不少內心的感悟，也看到了自己的變化與成長，還看到了在這段愛情關係中肖琳的真心付出，以及兩個人曾經真實相愛的踏實與幸福。

「所以，我還是很嚮往愛情的。」

嚴曉俊用肯定的語氣，又補充了一句。

所有這些，即是他人生的歲月歷程，也是他們相愛過的足印，更是六年來他們每一天的累積與彼此的付出。

此時，這種覺察與審視帶來的真實體會與感悟，不僅對他修復情感傷害有意義，而且也將對他未來的情感生活帶來深刻的影響。

於是，我說道：「只有當你經歷了這些愛戀之後，你也許才會發現，愛裡面也會有傷痛，也會有分離。但是，愛能在生命裡出現，本身就是一件神奇的事情！你想想看，茫茫人海中，兩個沒有任何血緣關係的人，能夠遇到，並愛上對方，成為非常親密的人。因為愛，也讓兩個平凡的生命因此有了獨特的存在。」

嚴曉俊雙眼望著我，點頭認同。

是啊！只要你愛過，你真心的愛過，這種愛的體驗都是相通的。

「所以，當愛來的時候，好好珍惜它；當愛因故離別時，在內心留下那些溫暖和美好，而不去譴責愛的過往和愛過的人。」我回應道。

這時候，嚴曉俊直起身了，臉色微微泛紅，嘴角微微上揚。

他說：「今天跟您這麼說一說，我覺得心裡更踏實，也不那麼慌亂了，

覺得讓我愛的人去過她想要的生活，何嘗不是我對她另一種愛的延續呢？您說對嗎？」

嚴曉俊看起來輕鬆了很多，他一邊說著，一邊把眼光投向我。

「是啊。相遇是愛，放手也是愛。我覺得，這既是對愛的尊重，也是愛的昇華。」我用肯定的語氣說。

真正的愛，一定來自雙方心靈的碰撞與喜悅。愛與被愛的歷程，更是兩個生命從相遇相識，到自我意願、自我選擇和主動投入的過程。如果，雙方因巨大差異而無法踰越，那麼，為愛而放手，也是對愛的一種成全。

只因，愛是生命的禮物！它既不能強求，也無法乞求。

最後，我建議嚴曉俊可以在諮商結束以後，對今天我們之間討論的主題做一些整理，這對他保持理性審視，減少自我的情緒化是有助益的。

跟我的愛，說聲「再見」

愛與感情的世界裡，我們都不偉大，也無法做到拿得起放得下。所以，慢慢接受愛的分離，把曾經情感中美好的留存下來，把痛苦視為愛的一部分。

第三次見到嚴曉俊時，已是兩週後。

簡單地寒暄過後，我開門見山地問道：「這段時間裡，你的感受怎麼樣呢？」

他頓了頓，說：「按照您的建議，回去後仔細梳理了一下自己的感受，整體來說好了不少。但是，只要一想到失去了她的愛，從此她再也不屬於我了，心裡就很難受。現在一點安全感都沒有，好像很難再去愛別人了。」

看得出，他的心裡依舊有個結。

我很理解嚴曉俊為何會這樣想，愛過的人在分離時都會在裡面兜兜轉轉，捨不得離開。沒有人是例外，除非他沒有真正地愛過。

六年的情感歷程中，他是如此投入地去愛，結果肖琳還是離開了。這不免會讓他對未來的愛發生了動搖，也對自己愛的能力產生了懷疑。

從心理治療的角度看，這一問題既是嚴曉俊當前面臨的一個難題，也是一個解決問題的突破口。

我決定以此為契機，結合認知療法和敘事技術，幫助嚴曉俊辨識消極的自動化思考，重寫他的情感故事，用新的視角詮釋這段情感對他人生的意義。

自動化思考：是指無意識的、不帶意圖目的的、自然而然的並且不需要努力的思考。

於是，我有意放慢了語速，一字一句地說：「認知心理學有一個發現，當你遇到一件不如意的事情時，本能的第一反應是我太倒楣了，之後會體會到傷心、無助、壓抑與不安。在這種瀰漫的情緒狀態下，會讓你對其他事件的看法、歸因變得負面消極。在心理學上，這是一種自動加工模式，它是以一種無意識狀態運轉的。比如，你剛才說在情感上沒有安全感了。那麼，是否就一定可以推論，在未來任何情感裡都沒有安全感了？」

嚴曉俊點了點頭，回說：「不能說一定吧。這種推論法的確有些偏激、太絕對了。」

「上次諮商中，你在回望這段情感關係時，你有了一些新的感悟、看見與思考，比你之前有了許多不一樣的變化。」

我需要逐步呈現一些事實，讓他漂浮不定的情緒化念頭，能夠逐漸重回理性歸因的層面。於是，我繼續說：「你還記得嗎？上次諮商中你說，

在情感關係中你有很強的控制欲和占有欲，而現在你意識到它不能滋養愛情，反而會破壞親密關係。也許正是這次情感經歷，會讓你在以後的戀愛關係中變得更加理性成熟。」

「也許我自己越不自信，才越想控制吧！這也是我在跟您交流之後才意識到的。」嚴曉俊認同地點點頭，很有感觸地說。

此時，我也需要與他同理，見證在這段感情關係中他的真誠、勇氣與力量，這有助於緩解他的自卑、壓抑與無助感。

我說：「在這段感情中，你是真實的自己，發自內心地愛著。哪怕你知道，你在她心裡並不是唯一，但也投入地去愛，這些不僅需要勇氣，更需要內在的力量。還有，當肖琳決定離開時，你並沒有責難她，而是選擇了放手，這是難能可貴的，不是每個人都能做到的。」

這時，嚴曉俊露出了一絲笑容，這也是在診間裡我第一次看到他的笑容。

身為治療師，我深深感覺到，當一個人的不容易真正被我們看見的時候，當他內在的勇氣、力量與真誠被肯定讚賞的時候，這個被見證回饋的過程，就具有了心理療癒意義。因為，心理治療從來都不是簡單的語言寬慰與勸導。

他需要被人真正的看見，因為看見本身就是一種對生命存在的安撫。

我說：「我覺得，你是一個可以面對問題而不願意迴避的人。比如，在你感到痛苦，並且難以擺脫的時候，你來到了心理治療室，與治療師一起尋找解決問題的方法。」

我看到，嚴曉俊的神情與之前相比，也已漸漸放鬆了下來。於是，繼續說道：「在我與你交談中，你越來越接近那個真實的自己，一方面接納肖琳的選擇，另一方面也開始理解自己。在戀愛關係解離時，沒有用過激

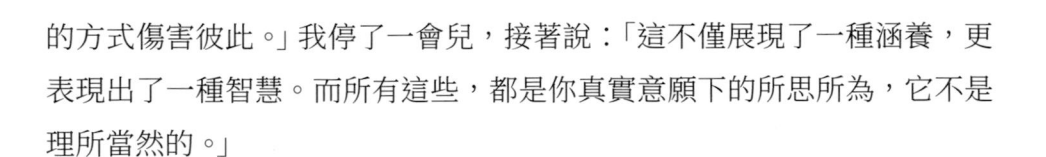

的方式傷害彼此。」我停了一會兒，接著說：「這不僅展現了一種涵養，更表現出了一種智慧。而所有這些，都是你真實意願下的所思所為，它不是理所當然的。」

嚴曉俊聽得很認真，坐正，語氣平和地說：「這段時間的心理諮商，我覺得輕鬆了一些，也沒有一開始那麼掙扎了，只是心裡還是常常感覺不捨和痛苦。您說，我是不是太沒出息了？」

他望著我，不自然地苦笑了一下。

我回說：「我能感覺到那種分離後的悲傷感，會時常闖入你的心裡。因為，真正有愛存在的關係，一旦分離都是痛苦的。就我個人來說，假設有一天，我將與我愛的人分離，如果心裡都不難過，那會是一段怎樣的關係？情感和愛本身就是一種深入融合的關係，彼此分離的那一刻心裡必定是有疼痛的。」

我分享了自己對愛與分離的一些看法，這有助於他理解愛在分離中，內心痛苦、傷感與不捨等情感經驗存在的普遍性。

「您說的我有些懂了，就是有愛就有痛。如果此時我感覺不到痛苦，反而可能是有問題的。」嚴曉俊一邊點著頭，一邊插話道。

「在愛與感情的世界裡，大多數人都沒有那麼偉大，真正能做到拿得起放得下。所以，要幫助自己慢慢地接受這種分離，把曾經情感中美好的部分留存下來，而把痛苦視為愛的一部分。」我說道。

「我也想過了，不管以後我會怎樣生活，但我都不願意忘記她。」嚴曉俊點頭回道。

「愛，也是一種能力。每一對戀人在初始都是有愛的，但是相愛容易相守難。因此發生在你生命中的愛情經驗，才是你最重要的反思與學習。這個經驗是寶貴的，也是具有成長意義的。」我說。

嚴曉俊似乎在沉思著什麼，停頓了片刻，他說：「我原來覺得，失去了她的愛，就失去了我所有為愛付出的一切。現在聽您這樣一說，原來這種情感經歷，也是我人生的一部分，也是難得的。不過，偶爾我一個人的時候還是有想哭的感覺。」最初的「愛」有多深，離別時的「痛」就有多深！

身為治療師，我深知在愛的關係裡面，被分手的一方，常常是在沒有任何心理準備的情況下發生的，一般最常見的感受是「我還在愛中，但愛卻棄我而去」。由此引發心理傷痛、挫敗和無助。

「當愛情離去的時候，你的任何情感反應都是可以被接納的。你不僅可以痛，你也可以哭，這也是與愛情告別的方式。現在，你已經發現，愛情是兩個人思想的共鳴，靈魂的喜悅，對彼此的欣賞與承諾，而不是索求、束縛和依賴。」我分享著對愛情的理解。

看得出來，他聽得很用心。

「更重要的是，你已經發現，這段愛情不僅激發了你在事業上的追求，而且也幫助你喚醒了自我潛在的能力，達成了你自我實現的社會價值，在職場上獲得了優異的成績。」我回應道。

身為治療師，就是要將在心理治療室所見證到的，盡量完整地回饋給他，幫助他看到一個更真實的自己，也看到愛情對普通個體生命帶來的啟用喚醒、覺察學習和思考發展的意義。

嚴曉俊睜大了眼睛，若有所思地說：「我已經談了六年的戀愛，但一直都是懵懂的感覺，只是跟著自己的感覺走，很少去想什麼是愛，怎樣才是更好的愛，對方需要什麼樣的愛。今天和您交流之後，我有了一些新的感受，回去後我還要再好好思索一下。」

嚴曉俊有這樣的感悟，我很為他高興。

尤其讓我欣喜的是，他已經不再讓情緒牽絆著他，而選擇了用自我反思、獲取知識的方式，引領他繼續往前走。

這就是愛的意義！

即使最後是分離，也可以讓人在情感這個神祕的世界裡，去體會、去學習、去省思和成長，而不是用傷害性的語言，去貶斥否定、抱怨輕蔑曾經的愛，最終遺失了愛情中最難得寶貴的那一部分。

為了幫助嚴曉俊與愛人分離，我需要給他一些具體的方法。

我對他說：「我有一個建議，對你愛過的人，你嘗試著在心裡跟她說再見，包括一些道別的話語。比如說：『因為我愛你，所以我要放開你，不再糾纏。我會尊重你，尊重你的選擇和決定，讓你去過你想要的生活。』如果你覺得有幫助，就可以多重複幾遍這樣的告別，也許這會幫助到你。」

「原來在心裡與她的告別，也會幫助到我，我一定去試試。」他點點頭，認真地說。

「失戀很多人都會遇到，因為在情感中，每個人都是在摸索中向前走。」

我繼續說。

這時，嚴曉俊眼神裡掠過一絲好奇，直接問道：「醫師，我想知道別人是怎麼從失戀中走出來的？」

「我有一個大學室友，她大三那年失戀了。當時也是非常難受，根本看不進書。期末考試在即，我就讀課本內容給她聽，拉著她背考試重點，最後幸好還是考過了。她剛失戀的時候，每天晚上我陪她在操場散步，她嘴裡總是哼著一首歌，一邊流淚一邊唱——那是他們共同喜愛的一首歌。後來，她跟我說，失戀最開始是夢魘，是最難受的，隨著時間的逝

去，失戀的苦痛就慢慢淡了。」我說道。

嚴曉俊好像被這個故事吸引了，他追問道：「後來呢？」

「她告訴我，有句話對她很有療癒作用：『時間是一劑良藥，它使甜的不再甜，苦的不再苦。』她還跟自己說，放開他的手，讓他成為自己，而放手就是我愛他的另外一種方式。」我講述道。

嚴曉俊一邊頻頻點頭，一邊快速地回應道：「確實，放手也是一種愛。」從中可以看出他具有十分強大的觀察學習能力，我由衷地感到欣喜。

時間何嘗不是一劑良藥！它猶如小溪裡的流水，在緩緩的流動中淡化了愛的過往，也在持續的流動中帶著愛的希望到它未來的遠方。

曾經的愛，最後留下來的，也只有淡淡的、依稀的和模糊的記憶……在心理治療室裡，我接診過不少失戀的來訪者，每當耳聞目睹他們因愛而苦痛的故事時，我都不斷地去探尋，如何才能讓愛永生呢？但是，往往沒有一個通用的保鮮方法和答案。

世間的愛，神奇而珍貴！

我想，也許能讓愛保鮮的祕訣是，相愛的兩個人依然能互相激勵、學習分享和思考成長。這樣一來，愛情裡才能不斷湧出新的感受，帶來新的心靈體驗，以及伴隨而來的相互欣賞和見證支持。如此一來，愛情這朵嬌美之花，也會因這充足的養分，而獲得持續的活力。

此時，他略微頓了頓，然後望著我，說道：「醫師，您做了這麼多年的治療師，您覺得我經歷了這些事情後，還會遇到我愛她，她也愛我的人嗎？就是那種兩情相悅的情感？」

我肯定地點點頭，微笑著說：「如果說愛是一種能力，我想，也許愛會隨著你的成長慢慢到來。我期待當你跟愛情再次相遇的時候，你今天經

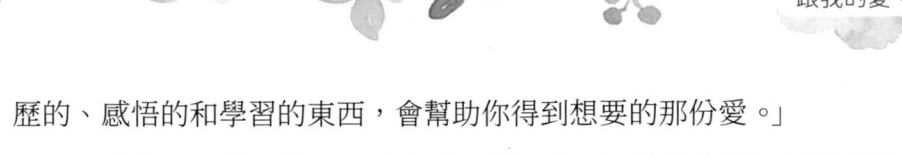

歷的、感悟的和學習的東西，會幫助你得到想要的那份愛。」

嚴曉俊用手摸了摸頭，緊接著問道：「那您覺得我還需要做哪些調整嗎？」

每當來訪者提出這樣的問題，說明他的內心是有主動學習動力的，也是治療師給予建議的合適時機。

存在主義心理學看來，孤獨是人類的終極心理衝突，失戀後的孤獨感帶來的壓力與喚醒經驗，正是自我成長的深層心理動力。

終極心理衝突：在個體面對存在的既定事實（死亡、自由、孤獨和無意義感）時引發出來的深層衝突，同時是心理成長的動力。

我讚許地看著他，說：「現在你正處於自我的恢復調整階段，其實這也是一個自我成長的好機會。你有機會向內審視自己，問問自己真正想要的是什麼？自己當下不足的是什麼？什麼是需要再次學習的？當你把生命中成長的力量激發出來，就有可能讓自己心智更成熟，也更懂得愛的本質。那時，也許就會與真正的愛相遇吧。」

嚴曉俊點點頭，很有感觸地說：「您說得對，這次失戀對我影響很大，原來我覺得自己做得很好了。但是，現在我不這麼認為了。我希望讓自己更成熟一些，也需要把感情再沉澱一段時間。」

望著眼前的嚴曉俊，我心裡生出幾多感慨。是啊！看似乎凡的一天，卻在日復一日的累積中成為了我們真實的人生。生活中不經意的一個遇見，一個選擇決定，卻在多年之後改變了我們原有生命的軌跡。

偶爾，我們駐足回眸，卻意外而驚喜地發現，在時間的隧道裡你已經成就了你自己 —— 一個更美好、更有力量的自己。

於嚴曉俊而言，這是愛情帶給他的！是生命的禮物，本無好壞！

想到這裡，我把思緒收了回來，微笑著說：「遵循你的心願往前走吧！

如果你的靈魂是喜悅充實的，那麼所有你走的路、吃的苦也就無憾了！」

「您說的對，我也還是嚮往愛情的。」嚴曉俊連連點頭，篤定地說。

時光歲月，不會因為我們停留而改變，它更像是一列永遠停不下來的列車，載著我們走過人生。

所以，唯有珍惜！

半年後的一天，我接到一封寄到我診間裡的信，署名正是嚴曉俊。

在信中，他說這段時間最大的收穫，就是自我的回望與反思。他說，原來自己匆匆向前但卻常有迷茫，而現在則多了思考和檢視。此時，他不再認為自己是愛情的備胎了，他是自己人生的主角，那段與肖琳在一起的日子是真心投入的一段深愛情感，也是生命歷程中一段神奇美好的旅程。

謹記，一定不要恨你愛過的人，因為愛已經銘刻於心中；如果你恨他，就如植入一根尖刺在自己的心上，時時隱隱作痛。

祝福嚴曉俊！

也祝福每一個在愛情旅途上的人！

● 本篇結束語

　　真正的愛，一定是來自雙方心靈的真實意願，更是一個自我選擇、自我決定和投入真摯情感的過程。如果，兩個人之間因為巨大的差異而無法踰越，那麼為愛而放手，也是對愛的一種成全。

輕鬆心理咖啡屋 —— 做自己的心理療癒師

◎ 第一杯咖啡：如何能盡快從失戀中走出來

　　人都是獨立的個體，彼此各有不同的身心特徵，也有欠缺與不足，因此對待愛情，也不能求全責備。

　　愛是世界上最複雜的情感之一，因此無論選擇愛或者堅守愛，都是一個極其複雜的過程。失戀，就其實質而言，它是愛的心理平衡被打破，是兩人之間的情感共同體的解組。

　　如何盡快走出失戀？如何能在釋放痛苦之後，達成自我心靈的成長昇華呢？以下幾種認知調整方法，也許可以幫助人們走出失戀，重建內心的平衡：

　　第一，對失戀這件事情定位，既不誇大也不蔑視。失戀發生在尋找與選擇親密伴侶的過程之中，因此失戀只是彼此的「不合適」，但失戀絕不等於人生的「失敗」。

　　第二，失戀並非一無是處，愛是一種經驗，失戀的痛也是一種經驗。苦痛之時，也許會讓人更深刻、更冷靜地看到真實的自我，幫助我們理解愛與情感的複雜性。這些愛與痛的經驗可以助人成長，是生命裡不可多得的經驗性知識。

　　第三，人都有選擇愛的自由。愛和被愛是每一個人的基本權利，不愛和不接受別人的愛也同樣是人的基本權利。因此，接納失戀的現實，既是尊重自己，也是尊重他人。

　　第四，理解愛的多不同面向。愛情既是偉大的，也是自私的。只有雙方都全身心投入的愛，才是真正純粹美好的愛。如果戀人已做出了分手的決定與選擇，那麼另一半的放手就是對生命之愛的成全。

第五，不怨恨、不汙名化對方。有愛才有恨，由愛生恨也是常見的一個心理現象，但怨恨是一柄雙刃劍，一端指向對方，但另一端卻直刺自己的內心。因此怨恨與汙名化對方，不僅無助降低失戀的痛苦，反而會增加更多的痛苦與傷害。

第六，愛的本質是吸引。如若能把失戀的危機轉化為生機，在深刻內省之中，將心中的失落轉化為自我提升的機會，那麼豈不是一種更接近愛本質的存在？

愛是情感世界的核心命題，是情感的靈魂。在一切的情感之中，最讓我們珍惜和感動的，就是其中愛與被愛的感覺。所以，當我們與一段曾經的愛情分離時，內心的痛與傷才如此真實，因此，這種心痛才是促進我們內在成長的一個重要契機。

◎ 第二杯咖啡：如何讓愛情在分手後依然有溫暖

一般來說，失戀後男性往往比女性要承擔更多的來自自我及社會的壓力。因此，對不少的男性來說被迫失去女方的愛，在精神上是不可接受的，這會使他的心理產生一系列「連鎖反應」。

尤其是在被動分手的情況下，在極度的失望與痛苦的情境下，人們可能會透過貶低對方以換取內心的平衡。甚至由愛生恨，用言語或行為傷害曾經相愛的另一方。這樣的方法，也許在短時間裡有轉移痛苦的作用，但此時，人們也親手把曾經的過往徹底撕碎了，再用冰塊封閉在內心，反而導致更長時間的痛苦，或者是終生無法釋懷的怨恨與蒼涼。

本案例中，嚴曉俊雖然理性地選擇了和平分手，但內心不可避免存在掙扎與苦痛。因此，如何把愛人離開時的痛苦，變成促進來訪者的反思與成長，是心理諮商過程中一個具有建設性的著力點。此時，治療師聚焦在嚴曉俊的自我認知評價上，並用邏輯問話的方式讓他看到自己在愛情中的

變化與收穫。

諮商中透過特殊語境的遞進式問話，幫助嚴曉俊覺察自己在這段感情中對於愛情的理解，讓他看到自己對女友的控制欲和佔有欲，這是他在情感關係中需要學習成長的地方。

此外，幫助他看到愛情帶給自己完整人生的正向力量，重新發現自己在戀人陪伴下的成長與獲益。

最後，透過對愛與被愛價值的發現以及理解愛對生命的意義，讓曾經擁有過的愛能夠溫暖地留存在內心深處，成為生命中一段美麗的故事。

莎士比亞說：「當愛情的波濤被推翻後，我們應當友好地說一聲再見。」你們若是曾真正愛過，就在分手的時候，友善地告別，這何嘗不是一種更深沉的生命之愛呢！

第六篇
焦慮失眠的始作俑者

人物獨白：再過一個月我就要參加英文考試了，可我不知道為什麼卻越來越焦慮，晚上睡不著覺，心裡一陣陣地慌亂、緊張害怕。我很想讓自己好起來，可是無論怎樣努力也控制不了自己，這讓我有一種失控感！

情感，深埋於我們的潛意識之中，它不僅是人類意識難以控制的一種內心活動，而且是以混沌原始狀態存在著的，擁有強大驅力功能的一種心理動力組織。

考試前夕，失眠越來越重

生命誕生之初，天賦了兩種基本功能 —— 攝食與睡眠。若一個人突然輾轉反側無法入睡了，就是身體用它的語言告知我們，它需要我們的幫助了。

初秋的一個清晨。一個嬌小的女生，走進我的診間。

她顯然是個容易害羞的女人，怯怯地坐在沙發上，用將信將疑的眼神瞄了瞄我。看得出，第一次來做心理諮商讓她有些緊張。

我眼睛裡帶著笑意，用輕鬆的語氣跟她打招呼，幫助她放鬆下來：「你好！是第一次來做治療吧？」

她一邊回以微笑，一邊點點頭。

「你有些什麼困擾呢？是心情不好嗎？」我一如往常地詢問，一邊嘗

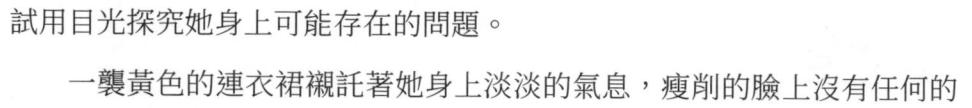

試用目光探究她身上可能存在的問題。

一襲黃色的連衣裙襯託著她身上淡淡的氣息，瘦削的臉上沒有任何的修飾，落寞的眼神中透著幾分僵硬。

她小聲地說道：「是這樣的，我最近 3 個月一直失眠，去了幾個醫院，也看了幾個醫師，吃了不少藥。但我還是睡不著覺，心裡很著急。」語畢，臉上流露出不悅的神情。

「可以和我講講你失眠的具體表現是什麼嗎？」我回應道。

「我就是睡不著覺，想了很多辦法也沒用。之前醫師建議我用聽音樂和深呼吸的方法，但好像都沒什麼用。有時候就算睡著了，也睡不安穩，做很多夢，早上起不來床。」她這樣告訴我。

在精神科門診，失眠有很多種類別，我需要對此做一些甄別。一般來說，最常見的是以早醒為主的憂鬱性失眠，其次是以入睡困難為主的焦慮性失眠，另外，還有以睡眠淺、睡眠品質不高的混合性失眠等。

從治療師角度看，我認為失眠往往是情緒紊亂的外在表達，它好像是一個忠實的信使，傳遞著情緒的語言。

因此，我需要把宋秋怡失眠的問題盡量具體化。

於是，我探索性地問道：「睡眠紊亂只是一個結果，在生活中，會有很多影響睡眠的因素，你想一想，看看有什原因可能會影響睡眠？」

「下月我有個 GRE 考試。為了考試，我之前參加了 GRE 考前培訓班，花掉家裡很多錢。可是，從前兩天的模擬測試成績來看，我的分數離目標還差得很遠。現在，我心理壓力特別大。」

說到這裡，宋秋怡無奈地嘆了口氣。

據她的描述，前期的備考已經花去了家裡數萬元，這對一個普通家庭來說，著實是一筆不小的開支，這個女生所承受的心理壓力可想而知。

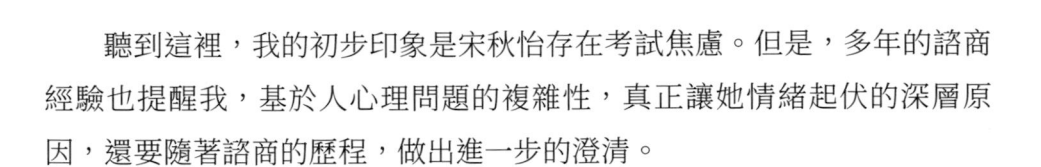

聽到這裡，我的初步印象是宋秋怡存在考試焦慮。但是，多年的諮商經驗也提醒我，基於人心理問題的複雜性，真正讓她情緒起伏的深層原因，還要隨著諮商的歷程，做出進一步的澄清。

考試焦慮：人由於面臨考試而產生的心理反應，它是在應試情境的壓力下，受個人的認知、評價、個性、特點等影響而產生的，以對考試成敗的擔憂和情緒緊張為主要特徵的心理反應狀態。

我試圖尋找問題的起點：「你是什麼時候決定報考 GRE 的啊？」

「下決心要考是在半年以前。之前沒想那麼多，就是想出國讀研。但在複習後，發現問題越來越多，現在臨近考試了，就越來越害怕。」

宋秋怡不停搓動的雙手，透露出她內心的不安。

「是你自己想去考 GRE 的嗎？」我再次發問。

看到她這般反應，我認為需要去更深一步了解她的考試動機。

動機：是指由特定目標或對象所引導、激發和維持的個體活動的內在心理過程或內部動力，是人類大部分行為的基礎。

「對，前幾年考大學的時候沒考好，後來發現不好找工作，在這邊考研競爭太大，於是就想出國試試。另外，我還想⋯⋯」

說到這裡，她欲言又止，眼神裡閃過一絲憂傷，這是她之前未出現過的細微表情。

我迅速捕捉到這一細節，感覺到她的問題背後一定還有更深層的原因。我知道這個時候需要給她一些時間。

我沒有催促，也沒有追問，只是耐心等待著。

沉默良久，宋秋怡再次開口：「我還喜歡過一個人。但是，後來他出國了，我們就再也沒見過面了。」說到這裡，她的眼睛有些泛紅。

「那麼，你是因為喜歡的人才有了要出國的想法？」我探究道。

「也許吧！」略有躊躇之後，她點點頭說。

我意識到，這個問題或許是她內心糾結的另一個重要原因。

從表面上看她的失眠可能是考試焦慮引發，但是，至此已經能夠預見一個更深層的心理原因 —— 情感困擾。

這是因為，情感情緒深埋於我們的潛意識之中，它不僅是人類意識思維難以控制的一種內心活動，而且是以混沌、原始狀態存在的一種有強大驅力的心理動力組織。

於是我決定，先著重探索她的情感困擾。

「秋怡，你願意跟我說一說這個你喜歡的人嗎？」待宋秋怡的情緒略有緩和後，我開始詢問。

直到我說到這個話題，她的眼睛才抬起來，在交流中第一次和我直視。

她一邊回憶，一邊緩緩地說道：「他是我的國中同學，比我大一屆。儘管他一直都說我們不是戀人關係，但我心裡一直都很喜歡他。後來他去了美國，我們聯繫越來越少，現在已經不聯繫了。自那以後我的睡眠就不太好了，還經常做噩夢。」

在心理學中，夢是有臨床意義的。為了更好地探索她的內心，了解她的夢並分析其中的隱喻是有價值的。

夢：精神分析學派認為，夢是潛意識欲望的滿足，人在清醒的狀態中可以有效地壓抑潛意識，使那些違背道德習俗的欲望不能為所欲為。但當人進入睡眠狀態或放鬆狀態時，有些欲望就會避開道德習俗的檢查批判，偷偷地浮現各式各樣的意象表現自己，這就是夢的形成。夢是人的欲望的替代物，它是釋放壓抑的主要途徑。

「可不可以先跟我說說你的夢境？」我再次鼓勵道。

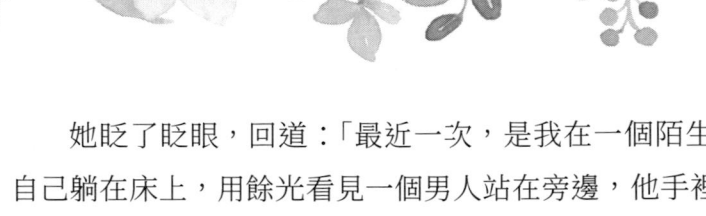

　　她眨了眨眼，回道：「最近一次，是我在一個陌生的旅館裡，我夢見自己躺在床上，用餘光看見一個男人站在旁邊，他手裡拿著一束花，在我面前搖晃。我清晰地聽見他說：『你馬上就要死了。』當時，我尖叫一聲就嚇醒了……」

　　「還有哪些夢呢？」我追問著。

　　「嗯，還有我夢見，自己喜歡的那個人走了，我在後面追他。他開著一輛車，越開越快，我怎麼也追不上……一週前，我還夢見自己被一個男人扔到一條乾涸的溝裡，然後他往裡邊灌水，最後我被淹死了。有時候，我也會夢見和一些小女孩捉迷藏，每當一個女孩被找到，她就會死掉，最後就只剩下我了。」

　　她一口氣，又接連說了三個記憶深刻的夢境。

　　聽著她的訴說，我在頭腦中展開了快速且概略性的分析。

　　顯然，宋秋怡的夢境中充滿了兩性關係的意象。睡床本該是帶給人歸屬感、放鬆和溫暖的場景，也是兩性生命和情感交融的地方，但在她的夢裡卻充斥著死亡的威脅。其次，她拚命地追趕那個喜歡的人，但卻無論如何也追不上，恰恰是情感分離的寫照；還有，在她的夢境故事裡，男人似乎總是一種不安威脅的存在，就連自我與其他人的關係，也成了危險恐懼的象徵。

　　結合她在諮商室裡不安的、無助的表現，我想也許在她既往的人際關係裡，尤其是親密關係裡，她曾經歷過的情感分離或有過的情感創傷經驗，讓她在不知不覺中陷入挫敗、迷茫、無助和焦慮之中。

　　看著眼前這個瘦弱的女生，想像著她焦慮恐懼的夢境，我能想像出她在那段情感關係中一定經歷了很多。

　　但是，究竟真實情景如何影響她，是否還有其他原因，都還需要做出

進一步的探索、澄清與分析。

於是，我對她說：「謝謝你和我分享了你的夢。在醫學上，夢是大腦意識的一種特殊活動狀態；而在心理學上，夢是深層潛意識的一種表達形式，夢境在意識下的加工中會出現變形、偽裝和重組，所以它並不是真實的生活。」

她聽得很專注，於是，我放慢了語速，繼續說道：「然而，夢境可以幫我們更多地了解一個人的心理感受和情緒狀態。看得出，你在夢裡是無助、焦慮和不安的，甚至還有一些恐懼。」

「嗯，每次做這些夢時，我心裡都很害怕，常常從夢中驚醒。有時白天我在教室聽課，這些夢裡的場面像過電影一樣再冒出來。」她點頭，回應道。

我意識到，對於宋秋怡來說，這段在青春期萌生的愛的情感，在她內心不僅有很深的印記，而且還帶來一些創傷性的感受。

因此，接下來的諮商需要在此處停留。

我望向她，再一次對她說道：「我感覺你喜歡的那個男同學，讓你留下了很深刻的印記。你願意說一說這段感情歷程嗎？」

我用探尋式問話的方式，來邀請她。

暗戀五年，甜蜜又苦澀

愛是一種強烈而深刻的情感，也是人類重要的心理需求。很多心理學家和思想家認為，愛在生命的存在中有著根本性的奠基作用。

原來，那是她深藏在記憶中的，一段愛與被愛的過往。

男孩叫李剛，比她高一年級，她有時會叫他李剛哥哥。巧的是，他們

208

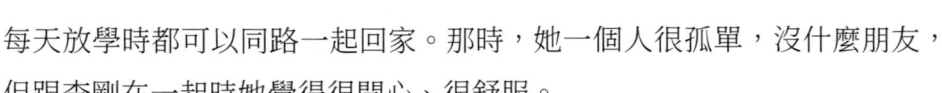

每天放學時都可以同路一起回家。那時，她一個人很孤單，沒什麼朋友，但跟李剛在一起時她覺得很開心、很舒服。

在別的同學眼裡，李剛一點也不帥氣，只是一個矮矮的普通男生。但在宋秋怡眼裡，她的李剛哥哥不僅聰明學習好，而且腰板挺直，氣質還酷酷的。

每天放學後，她會到李剛教室不遠的地方等他，一起回家的路上，她喜歡跟他說很多的話，他都會耐心地聽。有時，宋秋怡被同學欺負了心情不好，男孩還會安慰她。

從宋秋怡的敘述中，我能感受到這段故事的溫暖，也能感受到那個名叫李剛的男生在她心裡的位置。

在她的印象裡，那三年是幸福的，是一段讓她難以忘懷的時光。每一天放學回家路上的相伴，每一次跟他說過的心理話，都成為了她最珍貴的記憶，回憶中有甜蜜，也有美好。

但是，身為治療師，我更想要知道這段感情對她的今天意味著什麼？對她現在的考試帶來的影響是什麼？與她每天晚上的失眠有沒有關係？

對這些混沌問題的澄清過程，不僅是梳理一段纏繞與模糊的情感記憶，更是解開她心結的必要心路歷程。

於是，我再次將眼光投向她，問道：「那麼，你覺得李剛同學身上最吸引你的是什麼呢？」

她頓了頓，說：「他成熟，不會像別的男同學那樣，只會在教室裡打鬧，他顯得穩重沉靜，話語不多但卻很柔和，連表情和眼神都跟同齡的人不一樣。」

我微笑著回應她：「好像我能想像出他那種穩穩的、酷酷的樣子。」

「對的，他就是個心理年齡比較成熟的人，這讓我覺得心裡踏實。」她

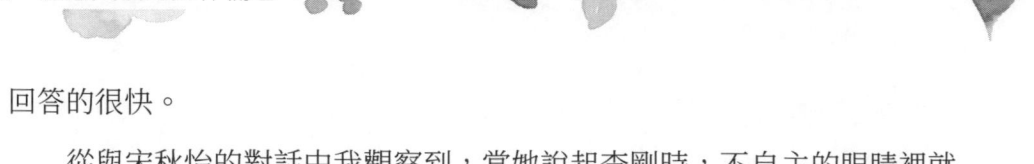

回答的很快。

從與宋秋怡的對話中我觀察到，當她說起李剛時，不自主的眼睛裡就有了光亮，神情也柔和了不少。我感覺到那似乎是一個情竇初開的青春少女，對一個異性男生愛慕的纏綿柔情。

性意識覺醒：青春期性心理發展，從關注自身與相貌外，逐漸發展出對異性的好奇與關注，並繼續發展為好感、吸引與欣賞，行為上表現為彼此主動靠近、積極交往與愛慕。

是啊！青春時期的愛，有點羞澀，有點痴迷，但卻很純粹。這種愛由心而生，它很甜蜜，也很執著。

同時，這種初生的愛也很青澀，它既脆弱，也極易受傷。

果然，他們之間的關係，出現了意想不到的變化。

高二那年，李剛的父母要送他去美國留學，所以，他轉學了。從此，回家的路上只有孤單的自己了。

此後，她與李剛之間的連繫也越來越少了，實在很想念他時會打個電話。

半年時間過去了。最後，是李剛打來一個電話，他說不想再互相聯絡了，他還說，這些年雖然喜歡宋秋怡，但一直都是把她當妹妹看待，並直言表明兩個人不可能發展成為男女朋友。

「聽了他的話，我當時感覺腦袋『嗡』了一下，之前也想過有一天我和他會分開。但是，沒想到當他真說出這話時，自己卻接受不了，非常難過。」她說。

看得出，宋秋怡在提及分手的那個瞬間時，依然感傷不已。

每一段親密感情的結束，都有一種如靈魂被撕裂的痛。

雖然，時至今日，那個分手的時刻，已經過去 7 年了。

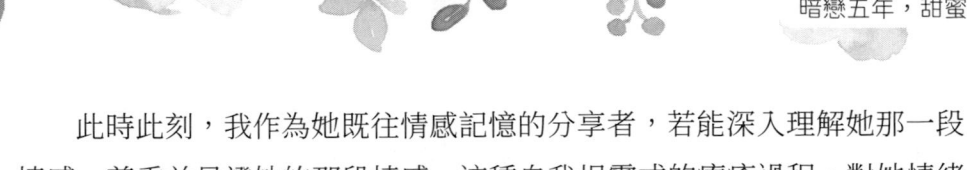

此時此刻，我作為她既往情感記憶的分享者，若能深入理解她那一段情感，尊重並見證她的那段情感，這種自我坦露式的療癒過程，對她情緒穩定有著正向作用。

於是，我將焦點重新轉回到她自身，並與她同理，說道：「我能感受到他離開後，你的那種失落和迷茫。曾經那個有些體貼、願意傾聽你的男同學，突然提出要結束這段關係，雖然你也曾經預想過有這個結果，但是在情感層面上依然難以接受。因為，在潛意識中，你甚至幻想過和這個男同學相愛相伴一生。」

宋秋怡的眼圈有些泛紅，小聲回應道：「是啊！就是這種感覺。」

身為治療師，無法決定一段初生愛情的開始與終止，我所能做的就是幫助她用新的視角，來重新審視這段曾經的愛，並獲得與以往不同的自我覺察、省思與成長。

於是，我繼續向她提問，說道：「他離開了，你們愛的感情也結束了。但是時至今日，你依然有機會回頭審視這段情感經歷。我想知道你們在一起時，你心裡的感覺是什麼？」

宋秋怡沉思之後，若有所悟地說：「他帶給我一種很溫暖、很踏實的感覺。我覺得他是我心理上的一個依靠，想到他我就覺得自己很安全。還有，我覺得在這個世界上，再也不會有一個男生對我這麼好了。」

「你說的這種感覺我能體會到，兩個人從喜歡到相知，再到信任與愛慕，的確是難得的。」我回應說。

「在他離開後，我感覺做什麼都沒意義了。」她的眼眶再次紅了，眼裡有淚水。

我給宋秋怡遞了一張衛生紙，等待她從傷感的回憶中恢復過來。

非言語回應：在心理諮商中，面對來訪者的情緒波動不一定都要做及

時的言語回應，非言語行為（微笑、點頭、將身體前傾、遞一杯水、遞一張衛生紙等）同樣可以讓來訪者感受到治療師的善意和支持，同時避免了產生言語過多帶來的壓迫感。

　　片刻過後，宋秋怡抬起眼睛，很委屈地說：「當時，我還覺得自己很丟臉。我們國中、高中是同一所學校。大家都知道我喜歡他，但是最後就這樣結束了，很多人都嘲笑我。還有讓我更難受的，就像我剛才說的，他在別人眼裡是又矮又胖的。人家都問我，你是不是喜歡他家有錢啊？我說，我沒考慮過這些。」

　　我回應道：「嗯，也許你說不清楚為什麼，但你是發自內心地喜歡他。」

　　「是的，我很喜歡他！他總是那麼沉穩，不像我似的，遇到事情就容易驚慌失措。」

　　她這樣篤定自己的情感，讓我感到她是個有獨立判斷力的女生。因為她對自己喜歡的人自始至終都很肯定，而無患得患失的搖擺。

　　這時，我需要把這些真實的感受回饋給她，促進她更多的自我了解。

　　「這一點恰恰說明你不是一個人云亦云的人，你是個聽從自己內心的女生。」我回說。

　　聽我這麼說，她微微地笑了，這是今天她第一次露出笑容。

　　我聯想到，這樣一個痴情的女生遭遇了情感挫折，她的學業會不會受到影響呢？這對於判斷她當前的學習狀態和考試都會帶來幫助。

　　「我還想了解的是，你當時的學習成績如何呢？」我問。

　　她不假思索地回答：「我國中的時候成績很好，基本是班裡的前 5 名。但是他走了以後，我整天都很煩悶，就基本上放棄學習了。記得他以前跟我說過，我除了會讀書，剩下什麼長處都沒有，他的離開把我這一點優勢

都帶走了。」

她無奈地嘆了口氣。

情緒的組織功能：包括對活動的瓦解或促進兩方面，一般來說，正面情緒發揮協調、組織作用；負面情緒發揮破壞、瓦解或阻斷作用。

她說，失去了那個男同學，她便失去了學習的動力。

他離開的那段時間，她感覺生活很壓抑，心裡空蕩蕩的，每天如同行屍走肉般聽課、記筆記、寫作業，失去了以往的熱情，也沒有了未來的希望。

人為什麼要學習呢？是為了某個人嗎？還是為了愛情？她好像從沒有意識到這個問題，更沒有認真思考過這個問題。

一個國中女生，對異性情感有如此強烈的渴望和依戀，並成為她認同自己和學習的唯一動力，這就提醒治療師要進一步去探索她的社會關係，包括她的成長經歷、原生家庭以及同伴關係。

一般來說，大部分的心理問題背後，常常有著更為深刻的個人歷史、家庭文化和社會原因。對這些深層原因的澄清、具體化和分析，將會對後續的心理治療造成關鍵的作用。

我心冰冷，看不清自己

只有靠近和接納真實的自己，才能產生真正的自我認同，而真正的自我認同才是個體心理動力的深層泉源。

一週後，宋秋怡如約來到了我的心理治療室。

在簡要地回顧了上次談話的內容之後，我直接進入今天的主題，開始了解她的原生家庭，以及其成長經歷。

　　成長經歷：成長經歷對人的性格形成、處事方式、人際能力都影響至深，因為成長經歷跟社會環境，家庭教育，學校教育密切相關，精神分析學派創始人佛洛伊德尤其強調早期經歷的重要性。

　　她告訴我，她父母都是普通的勞工階級，父母感情不好，經常吵架，互相指責。父母衝突最嚴重的一件事，是母親要把她送到外婆家去養，而父親則要把她送到奶奶家去養，家庭矛盾始終十分尖銳。

　　不僅父母不和，對她來說，還有另一件令宋秋怡無法釋懷的記憶。

　　她傷感地說：「我母親懷孕時產前檢查發現患有嚴重的腎臟病，家人千方百計勸她打胎。儘管最後我媽生下了我，但家人都不喜歡我，甚至說我就不應該來到這個世界上。」

　　時間久了，連宋秋怡也開始覺得自己在這個家有點多餘，是一個不被期待的生命，更是父母錯誤結合製造的一個錯誤「產品」。

　　聽著宋秋怡的敘述，我默默思考：在這樣家庭長大的孩子，她還能夠擁有健康的幼年、童年和青春期嗎？

　　因此，我問道：「現在我想知道，你小時候的生活是怎樣的？」

　　「不瞞您說，我從小就被人欺負。」她長長地嘆了口氣說。

　　如今已經大學畢業的她，依然清晰地記得小學時被同學嘲笑，大家譏諷她。她曾被男生追打，還有同學拿她尋開心，在她的衣服和書包上抹塗立可白。

　　有一次，全班的女同學兩兩結伴玩遊戲，沒人願意和她在一起。這件事情發生後，宋秋怡不再相信周圍同學，更加的自卑、膽小，為了自保迴避人際交往。

　　她無奈地對我說，最後她還是被送到奶奶家生活，他們不會關心自己在學校過得開不開心，只關注學習好壞，好像成績好就意味著一切都好。

對於宋秋怡來說，這種唯分數的評判方式，不僅偏離對人的價值判斷，也阻礙了自我的認同與成長。

唯分數論：即只注重考試成績，以考試成績為唯一標準評價學生的成敗得失，而忽略學生其他方面的優勢、特質與成長。

至此，我基本了解了宋秋怡不同尋常的童年，以及在學校生活的主要經歷。此時，也更能理解她的那段青澀戀情，對她有多麼珍貴。尤其是這段情感，帶給她的溫暖、踏實與安全，也正是她心靈與精神尋覓歸屬感的需求。

對於宋秋怡來說，無論這段愛怎樣珍貴，但最終，無奈這段青澀的情感，還是成了彼此生命中的過往。

愛在記憶中依然美麗，但它曾經的色彩卻已褪去了。

按照存在主義心理治療，我需要透過對既存事實的重新澄清與詮釋，幫助她回到當下。讓她意識到一段感情的結束，會帶來分離的痛苦。但是，這不等於她沒有了愛的權利，也不等於她不值得被愛，只是人生途中兩個人選擇了不同的方向。

是啊！至今，她有自己的目標要去追求，有自己的心願要去達成。畢竟，她才是自己獨立人生的主體，她有權利，也有責任要讓自己過上想要的生活。

於是，我接著說道：「這兩次諮商中，我不僅了解到你那段美好的情感，也能感受到你的家庭並不是非常溫暖，父母關係不太和諧，甚至認為自己是一個錯誤的『產品』。但是，你現在能來做治療，能安靜平和地告知你的過往，說明你是有力量的，對情感也是有期待的。」

她望向我，點點頭，表示很認可。

我需要對她剛才講述的生命故事，做一些必要的分析和整理，然後回饋給她。

「你剛才說，自從那個帶給你溫暖的男生離開後，你的噩夢就開始了。那麼為什麼這段感情對你如此重要呢？這是因為，他願意傾聽你，對你表現出親近和友善，讓你感到溫暖舒心。還有，他言行舉止的成熟穩重，帶給你一種踏實、安心的感覺，這是你生活中一直缺失的。」我說。

宋秋怡的眉毛挑了一下，這時眼睛裡也有了一絲喜悅，連忙回應道：「是的，跟他在一起我真的很開心，不自覺的說話也就多了。」

「你說，每當你被突然出現的問題，嚇得驚慌失措時，他卻可以不慌張，讓你穩定下來，對你來講意味著什麼呢？意味著他是一種安全，一種接納，好像你跟他在一起就不會受傷。」我繼續分析著。

「是的，醫師。可能真的是和我從小的家庭有關吧，我一直心裡都不踏實，也許是缺乏安全感。」她輕聲附和道。

心理諮商進入到這個階段，來訪者的內心也越來越開放，更加接近那個真實的自己。因此，後續的心理治療將採用敘事療法的外化、解構和重寫技術，幫助來訪者改變對自我問題解讀的視角，喚醒內在動力，修正消極的自我評價與束縛，更多自我的積極正向力量將被看到。

重寫技術：敘事療法認為，治療師可以幫助來訪者重新敘述自己的生命故事，從中發現新的亮點，產生新的態度，從而喚起新的內在力量。

正如敘事療法的創始人麥克・懷特 (Michael White) 說：「個人問題的形成，有很大因素與主流文化的壓制有關。」社會文化透過引導社會評價體系來塑造社會成員的行為，很多人對自己的消極結論就是在文化的大背景下形成的。

於是，我接著說道：「記得你說，同學們恥笑你喜歡一個個子矮的男生，而你卻看到了他的成熟穩重，看到了他的善良踏實。所以我看到的是，你在這個事情上有自己獨立的判斷、選擇和堅持。你勇於遵從自我的

內心，這種堅持也挺難得的。」

她的眼睛瞪得大大的，聽得專注。

顯然，聽到我這樣解讀這個過程，她有些出乎意料。於是，我放慢了語速說：「你尊重自己的內心感受，跟隨自己的思考判斷，堅持自己的初衷三年多，這不是每一個像你這個年紀的人能做到的。我感覺，你知道自己需要什麼，並且努力去爭取，這不僅需要內在動力，還需要你有獨立的自我意識。」

宋秋怡笑了，她漲紅著臉問我：「我真的是您說的這樣的人嗎？我自己有時候都搞不清楚了。」

「是真實存在的。在我和你的交流中，我感覺到你特殊的成長經歷，讓你和同齡的女孩不太一樣。」我回應。

聽到這裡，她微笑著說：「這麼多年，從沒有人這樣看待過這件事。大家都認為我是因為他的家庭，甚至認為我就是個『賤女孩』。真的沒有人像您這樣理解過我，謝謝您！」

我用見證與詮釋技術做她那面鏡子，讓她從不同視角看到一個更真實的，更完整的自己。在我看來，只有靠近和接納真實的自己，才能產生真正的自我認同，而真正的自我認同才是心理動力的深層泉源。

隨後，我和宋秋怡約定了下次見面的時間。

隨著考試時間臨近，下一次我們諮商的重點，就是她的學習問題。

找回初心，我有了遠方

人是自己生命的主宰。人的生命歷程，其實就是一連串的自我選擇，就是透過對自我不斷的追問、省思與思考展開的。

第三次見到宋秋怡，是在一個陽光明媚的午後。

今天，她畫了淡淡的妝，嘴角微微泛起了笑意。乳白色的風衣進一步襯托出她那恬淡和安靜的氣質。

簡單問候過後，我直接切入主題，說道：「你之前說過，你是一個成績很好的女生，你覺得那是自己很美麗的一面。但是他離開後，你就不再學習了。」

「嗯，他離開後，我一點念書的心思都沒有了。」她小聲回應道。

「是啊！」我加強了語氣，緊接著說：「你注意到其中的變化嗎？當你無法做自己的時候，你連自己最美麗的那一面也找不到了，好像迷失了。但實際上它們依然存在著，並沒有真正的消失，只是你感覺不到了，所以我願意用『迷失』這個詞。」

宋秋怡認同地點一點頭。我沒有停下來，而是接著去追蹤問題的成因，問道：「然而，究竟誰能對你的人生造成那麼大的作用，讓你做不成真實的自己？是那個坐著飛機去了美國的男生嗎？」我追問著，期待著她的回答。

剛開始她點點頭，之後又搖了搖頭。

我等待著。

她考慮了一會兒，說：「哦，他也只能算是誘因，還是我自己決定不學習的。」

聽到她的回答，我欣喜地意識到，她開始做問題的內歸因了，這對她覺察問題與省思問題有積極作用。

內歸因：是指將事情發生的原因歸結於個體自身所具有的品格和特徵，包括個體的人格、情緒、心境、動機、欲求、能力、努力等。

「你開始從自己身上找問題的原因，這是很難得的。我能感覺到，當

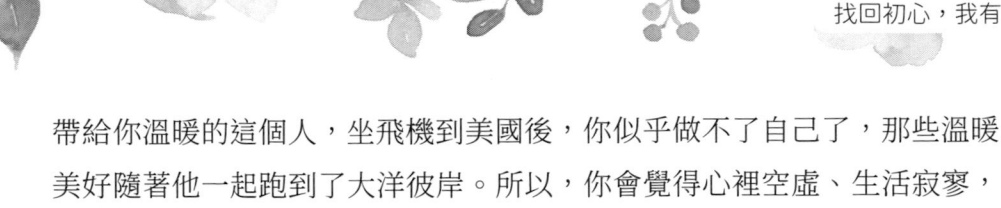

帶給你溫暖的這個人，坐飛機到美國後，你似乎做不了自己了，那些溫暖美好隨著他一起跑到了大洋彼岸。所以，你會覺得心裡空虛、生活寂寥，學習還有什麼用啊。」我說道。

宋秋怡微微低下頭，抿起了嘴，彷彿在沉思著什麼。

此刻，她已經走到了重新審視自我問題的大門前，急待有人給她一個助力，與她一起把心靈上的這扇門開啟。

於是，我放慢了語速，一字一句，用肯定的語氣說道：「其實，一個人最本真的學習動機，往往不是由外界決定的，而是源於自我對知識的嚮往和追求。自從那個男同學離開後，你就沒有去親近自己的內心了。現在你來感受一下，看看自己內心深處真正想要的是什麼？」

「我也很不喜歡這樣的自己，我覺得自己是有問題的。」宋秋怡回答得很快，表情有些凝重。

「你願意來到心理治療室，肯向治療師說出自己的無助、糾結和迷茫，是因為不希望自己再如此下去，這就是你內心改變的動力。你現在不妨再想一想，你的學習奮鬥究竟是為什麼呀？純粹是為了某一個人嗎？」

宋秋怡停頓了一會兒，看著我的眼睛，回答了這個問題，她說：「在跟您的這幾次交流中，我已經開始反思自己了，好像我也不是為了他，因為我們早就沒有關係了，包括我現在選擇考 GRE 出國讀研究所，終歸還是為了我自己的人生。」

的確，她的情感經歷，以及現在面對的考試焦慮，只是她成長歷程中遇到的一些阻礙，治療師要做的就是與她一起，移除那些與她不期而遇的屏障。

「我能感覺到，你正在漸漸找回自我，重新看到自己的力量，但這一過程可能需要時間。其實，學英文也是一種勞動，它是從無到有的過程，

你得先有了播種，還得去澆水施肥，才可能在秋天有果實。」

宋秋怡很認同，用肯定的語氣回道：「學英文這個勞動，對我來講是不容易的，但這次英文考試，我想好了要全力以赴。」

此時，我乘勢而為，加重了語氣，對她說：「這是你今天的一個決定，它是很有意義的。其實無論結果如何，當你帶著自己的目標，走過了春夏秋冬，這個歷程本身就是一種執著、追求與承擔。」她微笑點頭。

我接著說：「從遺傳學上看，男女在大腦語言加工優勢上是有差異的，相比於男生來講，女生學語言可能更擅長一些。之前也有個大學女生，有著跟你類似的經歷。」

語言加工優勢：心理學研究顯示，性別在語言加工上存在差異。女性在閱讀理解、詞語拼寫和詞語流暢性方面存在一定優勢。

我微笑著說，與她分享著一些有關學習的其他資訊。

她聽到這裡，好奇地看著我，急忙插話，問道：「哦？還有跟我一樣經歷的人？您能跟我講一講嗎？」

我告訴她，一開始那個女孩覺得學英文沒什麼用，因此一直不投入、不喜歡，成績當然不好。直到有一天，她有一個去英國交換學習的機會，才感到英文其實是一個工具，對她看世界也是重要的。當她看待現實存在的視角變了，她的感受就變了，不排斥了。所以，她開始主動想辦法去行動，去做事情了。

「我想知道，她具體用了什麼方法呢？」宋秋怡聽著我的敘述，主動開始追問。

「她告訴我，『捷徑』就是把自己投入進去，包括選擇定向培訓，讓英文進入生活，聽英文歌，看英文電影，讀英文小說或報紙等。最後，她發現這種拼讀文字是有規律的，相比中文來說，反而更容易進步。」我

回道。

宋秋怡若有所思，然後點點頭，說道：「哦。原來『捷徑』就是投入，讓英文進入我的生活？我想去試試這種方法，再為自己拚一下。」

看到她如此認真，我回應道：「我覺得，當你想去追求某些重要的東西時，若你發自內心就會有動力，也願意為它投入。只有你真正投入後，才能感到趣味，從而激勵你再投入，形成一個正性自我動力循環。」

「您說得對。我上國中時，就有過這種感受，一種敞亮的感覺。」宋秋怡笑了，眨了眨眼說。

「正向心理學中有一個概念就是『投入』，也就是說，如果人們深入地投入到某件事中，往往會伴隨正向的情感經驗，甚至能夠產生一種被稱作心流的狀態，那是一種專注於做某件事情而忘記時間和空間的內心經驗。」我回應道。

正向心理學：採用科學的原則和方法來研究幸福，倡導心理學的正面取向，以研究人類的正向心理品格、關注人類的健康幸福與和諧發展。

宋秋怡開心地笑了，說道：「原來心理學早就有解釋了，看來我還是投入不夠，但卻急於要成績，所以才胡思亂想，睡不著覺了。」

此時，我需要繼續深化她的自我意識，讓她看到作為一個獨立的生命體，不但擁有選擇人生目標的權利，更要有為自己的選擇而承擔責任的覺醒。

於是，我轉換了話題，再一次將重心聚焦到她的行動力上。

「於你而言，在這個世界上你是一個獨立的生命體，是獨一無二的。換個角度說，就是你是自己的主人，你今生最重要的財富也是你自己。所以無論別人怎樣，如果你沒有方向與行動，都是沒有意義的。」我說。

存在主義心理學中，非常強調一個人的自主意志與行為結果之間的關

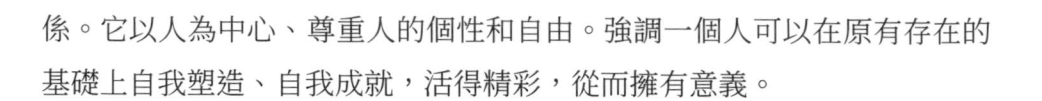

係。它以人為中心、尊重人的個性和自由。強調一個人可以在原有存在的基礎上自我塑造、自我成就，活得精彩，從而擁有意義。

她點點頭，直視著我的眼睛，說道：「我懂了，您是說不管我遇到什麼，都要為自己做些事情，如果我不做，那就會待在原來的地方，還是會難受的。就像我害怕考試，睡不著覺一樣。」

宋秋怡的領悟讓我感到一陣喜悅。是啊！這就是每一個心靈裡的智慧，是珍貴而真實的存在。

當負面情緒瀰漫在心間時，猶如陽光被暫時遮蔽一樣。然而，當情緒的霧霾散去，心靈裡就會是一個明亮的晴天。

面對當下的宋秋怡，我需要對關於自我塑造、自我成就與自我責任，給出一些更具體的解讀與引導。

於是，我放慢了語速，對她說：「在我看來，人的生命歷程就是一連串的選擇，而選擇的基礎是什麼呢？就是透過對自我的追問與審視，發現自己身上最具有成長性的潛質，好好培育、投入和發展。現在，你想想看，什麼是你最具有成長性的潛質呢？」我接著問道。

她想了想，輕聲回應道：「哦？我自己最具成長性的潛質？讓我想一想，運動、藝術我都不行，好像是我的學習能力吧？！」

聽到她的答案，我愉快地回道：「很有道理。透過對你的了解，我覺得學習能力的確是你最具成長性的一個潛質，在國中時你就做到了，你喜歡的那個男生也看到了，不是嗎？」我既遵循著心理諮商的客觀性原則，又從中發現其積極閃光的一面。

心理諮商的客觀性：對來訪者的分析和判斷要基於來訪者的客觀陳述，而不能主觀臆想。

宋秋怡聽到我提到了那個男生，忍不住笑了，肯定地點了點頭，說道：

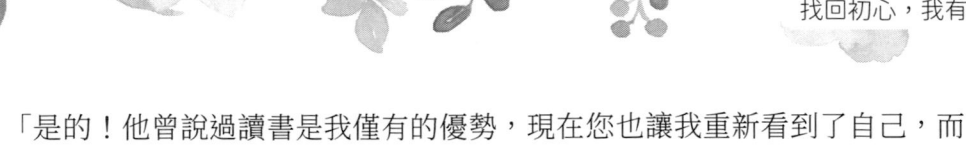

「是的！他曾說過讀書是我僅有的優勢，現在您也讓我重新看到了自己，而且這個自己讓我看問題更客觀了，以前我都會歸結於自己的命運不好。」

我本以為這次諮商就能就此結束，但在短暫地沉默之後，宋秋怡本已上揚的嘴角又微微落下，小聲說道：「可是，父母挺辛苦的，花了那麼多錢……」

看到宋秋怡欲言又止的神情，我意識到出國留學的花費，對她來說是個很大的心理負擔。

我決定跟她分享一個類似的案例，讓她能從更多的角度去理解這件事情。

「秋怡，你認為參加英文培訓帶給家裡很大的經濟負擔。在這個問題上，你的焦慮、擔心和失眠是幫不上忙的。作為父母，我能理解為了女兒可能有好的未來，父母都是傾己所能去支持。記得我有個同事，家裡經濟也很有限，可是最後她還是幫助女兒完成了留學這個心願。」

宋秋怡向前傾了傾自己的身體，顯然，她對這件事很感興趣。

我繼續說：「幾年前她女兒出國讀研時，要花去家裡大部分積蓄。我問她，真要女兒出國讀書嗎？她說在女兒長大的路上，若能鋪一條路，搭一個臺，比把錢存在銀行更有價值。」

她聽得很投入，頻頻點頭，說道：「看來父母都是一樣的，他們都希望孩子好。」

我看著她的眼睛，認真地回道：「我想這就是父母對兒女愛的一種方式吧！之前，你父母已經做出了決定，你若能專心地做好自己的事情，實現了自己的心願，就是對父母愛與付出最好的回應。」

我看得出，宋秋怡聽進去了！

她說：「謝謝您跟我講了這個故事！現在我更理解父母了，我回饋他

們的方式不是為錢不安，而是投入到備考中，做好安排，讓自己更好，這也是為自己的選擇負責任了。」

「很高興你這樣想，如果你父母聽到了，一定會為你高興的。」我微笑著說。

約好了下次見面的時間，我們互相道別。

看著宋秋怡離去的背影，我感覺她的確在慢慢成長了。

想要成功，就要穩住腳步

當面臨太高、太遠的目標時，人會不由自主地感覺到自己的弱小、無助和焦慮。

這一次見到宋秋怡，離她的 GRE 考試只剩下不到一週時間了。

我沒有寒暄，直接詢問她近期的感受。

「考試越來越近了，說說你這段時間的感受吧。」

宋秋怡想了想，說：「前兩天覆習得太用力了，有些疲憊。週末的時候與父母一起去爬山。」

考試前的最後衝刺，我能想像得出來。

「不過，這次去爬山讓我有了一點小感悟。」

對於宋秋怡來說，自己的切身感悟，都是寶貴的。我抓住這一點，要進行一些具體化的探索。

感悟：是指人們對特定事物或經歷所產生的感想與體會，是一種心理上的「妙覺」。這種經驗性感覺的獲得往往是深刻而持久的。

「嗯，可以說一說是什麼樣的感悟呢？」我好奇地問道。

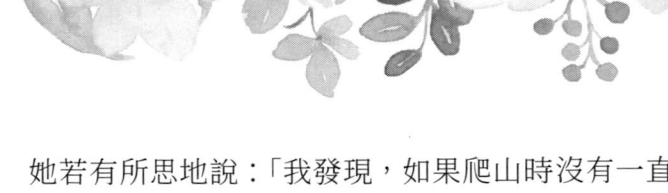

她若有所思地說：「我發現，如果爬山時沒有一直仰頭看著山頂，也不多想何時我才能登頂，只關注腳下一個一個向上的臺階，在感覺上就沒那麼累了。」

聽到她的回答，我十分欣喜。

爬山的隱含象徵，多麼像她正在學業路途上的勞作、辛苦與攀爬。

於是，我要藉助她的感悟，激發她做進一步的思考與拓展。

「能具體說一說它們之間的區別嗎？」我說。

她笑著說：「看山頂時會感覺它很遠，心裡就有顧慮不想爬了；但如果只盯著腳下的臺階會感覺輕鬆，沒有一直望著山頂時那麼多的負擔。」

她當下的這個感悟很有哲理，需要繼續豐厚發展。

於是，我繼續追問，說道：「當你一直盯著山頂，那種很累的感覺為什麼很強烈？但同樣的距離，當用另一種方式去做時，感覺上又會有什麼不同？」

「是不一樣的。當我一階一階向上走時，感覺比較容易，心理上輕鬆。但當我盯著山頂那麼高遠的地方時，心裡就感覺很累、有些厭倦，就不想再向上爬了。」

她不假思索地脫口而出。我知道這是來自她真實的感受，又何止是她的感受？我們每一個爬過山的人都有過這樣的感受。

但我並沒有止於此，而是繼續追問，說道：「哦？那麼盯著山頂時為什麼會感覺到很累呢？」

她面露難色，說：「因為覺得它太高了，也太遠了。」

我意識到，需要在她理性思考的層面上再做一些工作。於是，我對她說：「當你面對太高、太遠的目標時，你就不由自主地感到自己的弱小和無助。」

「您說對了，就是這樣的感覺。」她回應道。

「那麼，我想知道你爬山獲得的這個新感受，對當下你的學習會帶來怎麼樣的幫助呢？」我問道。

宋秋怡似乎沒有料到我的這個問題，她停下來，想了想，開始講述。

她說，記得在高中一次班會上，老師講過一個故事，一名業餘馬拉松選手，兩次都奪得了比賽冠軍。記者第一次問他原因時，他說：「靠智慧。」第二次他再次奪冠時，記者依然追問原因，他還說：「靠智慧。」但是，記者還是不停追問，最後他才笑著說：「其實，我在賽前都會反覆練習，把大目標分割成若干小目標。這樣路徑清晰，合理分配力量，跑起來有底氣。」宋秋怡一口氣把這個記憶中的故事講完了。

目標分解：將整體目標分解成階段性的小目標，可以有效降低焦慮感，安撫情緒，提升工作效率。

這時，我沒有插話，等待著她接下來的話題。果然，她若有所思地說道：「真的是沒有不付出的成功。就算一個人說得輕巧，但背後也都是充滿艱辛的努力。我覺得我自己想要快速地取得成績，反而成了巨大的負擔。」

此時是深化宋秋怡認知行為轉化的時候，我需要對她的感悟做一個連結性的闡釋，於是說道：「是的，如果你把這次考試過程也當成一次馬拉松，先把路線勘察一下，分解成若干小部分，再逐個去達成，心也就淡定了。你也可以將每次考試，視為馬拉松途中的一個小驛站，在那裡修整小憩和修正方向。」

「我覺得『驛站』這個比喻很貼切。」她笑著說。

「這個『驛站』只是你修整後再出發的一個起始點，既不是學習的終極考場，更不是人生勝敗的角鬥場。」我緊接著說。

宋秋怡沉思著，點了點頭說：「嗯，這麼說接下來的考試也只是一個小段落的結點，所以我只要盡心盡力就好了。」

「對，你說得非常好。這次考試，就先把它當作一個臨場經驗，給自己定一個稍微低點的目標，重點放在考試的感覺體驗上，包括熟悉考試題型、模組分類和時間分配等。」我回應道。

聽到我的回應，宋秋怡開心地笑了。

「醫師，您對考試也很熟啊！剛才你說的那些事情，對我來講並不難，我會再好好想一下，做一些相應的考前準備。」

聽到她的語氣中增添了幾分之前不曾有過的自信，我為之欣然。

「好！就把這次考試只當作一個途中小檢測吧！」我強調著重點。

宋秋怡認同地點點頭說：「我以前把每次考試，都當作奔向終點的決賽，所以很焦慮，很緊張。現在我才明白，學習更像是一場馬拉松，也像是一個爬山的過程，要一步一個臺階，不斷地累積。」

掌握目標：卡蘿·德威克（Carol Dweck）等人提出的成就目標理論指出，相比於成績目標，掌握目標取向的個體更重視個人的成長和能力的提升，而不只以成績評價自身的成就。

「當你開始相信自己，情緒就穩定了，焦慮失眠也不再找你了。希望你把自己最好的能力投入到你追求的目標上，那些曾經愛慕你勤奮、努力和智慧的眼光，也許會慢慢聚焦在你身上。因為，這是基於人際吸引的本質。」我說。

「謝謝您！我也感覺這段時間以來，不僅對很多事情釋懷了，而且自己的心情也變好了。在備考上也比以前努力了。我覺得自己正在慢慢變好。」宋秋怡回道。

望著眼前的宋秋怡，感受著她獨有的氣質，我心裡湧出來一種特別的

感受，我想告訴她。於是說：「如果要我用花來比喻人的不一樣，我感覺你更像一朵茉莉花，茉莉花雖不像牡丹那麼鮮豔，但它卻能散發出沁人心脾的芬芳，是那種淡淡的、持久的、瀰散開來的香氣。」

聽到這裡，她笑了，很燦爛的那種笑……

在結束時，我給出了一些可操作的建議方法，對她說道：「你可以嘗試寫一寫心理日記，用來記錄整理自己的所思所想，也可以觀察記錄自己的行為變化，讓自己保持目標感。另外，還可以把理想的自己與真實的自己做比較，也許會帶給你一些幫助。」

心理日記：一種常用的行為療法。來訪者把一天的生活事件、情緒情感和思考感受記錄下來，用自我對話溝通的方式，理清自己的所思所想。

之後，她又來到心理治療室一次，既是她與我的告別，也是與我的分享。

她告訴我，在這段經歷中自己最大的收穫，是她找回了曾經迷失了的自己。尤其是懂得了如何去選擇、如何去決定以及如何為自己負責，並透過行動去努力達成目標。

在我看來，她所做的這一切，於她而言，恰恰就是對自己生命真正的愛。

秋怡，我祝福你擁有如願的人生！

● **本篇結束語**

尼采說，生活是一面鏡子，而我們尋求的第一件事情，就是從中辨認出自己。只有當你接納了真實自我的時候，才能彰顯出你獨有的魅力。這時那些愛慕你的眼光，那個真正欣賞你的人，也會被你獨有的特質深深吸引，這是基於愛的本質。

輕鬆心理咖啡屋 —— 做自己的心理療癒師

◎ 第一杯咖啡：為何要先解決情感問題，而不是焦慮失眠

人是一種情感動物，情感對人的影響至深，情感更與人的心理問題密切相關。

宋秋怡在準備考試時出現了焦慮失眠，但是為什麼要先解決她國中時的初戀及失戀困擾呢？其實，失戀是一種獨特的心理挫折，引發強烈而持久的痛苦，甚至可以有創傷性的情感經驗，如若一直沒有修復這種創傷感，個體會長久地陷入一種自卑、無力與孤獨的境地。

本案例中，宋秋怡在與自己愛戀的男生分手後，不僅出現嚴重的失眠，而且反覆出現與愛恨有關的焦慮、恐懼，甚至有死亡意象的夢境等。顯然，宋秋怡內心是自卑的，充滿著哀傷與無助。因此，在心理諮商的起始階段就要把著力點放在情感療癒上。

神經心理學研究證實，當一個人被痛苦、焦慮、自責和哀怨等負面情緒包裹，找不到出口時，大腦裡與情緒管控有密切關係的特殊腦細胞，會被強烈地、持久地啟用，引發大腦裡負責思考腦區的強烈抑制，認知過程和意志能力受到明顯影響，表現出對外界的興趣減退，情緒低落與自怨自艾，注意力無法集中在學習上，而在行為層面表現為考試焦慮與失眠。

本案例中，宋秋怡前來就診的表面原因，是考試焦慮與失眠問題，但如果不深入到她內在的情感世界裡，潛藏在冰山下的消極情感能量無法釋放，考試焦慮這個現實問題，就很難得到有效的解決。

這就是為什麼在心理諮商中，情感與情緒問題具有優先權的原因，也是後續心理治療取得效果的基礎。

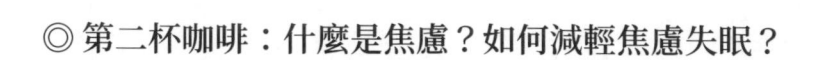

◎ 第二杯咖啡：什麼是焦慮？如何減輕焦慮失眠？

細緻地了解每一個焦慮症狀背後的心理原因，並且透過個體化的心理治療方案，才能有效地緩和心理癥結，緩解考試引發的焦慮狀態。

考試焦慮，是考生面臨考試而產生的一種具有特徵性的心理壓力反應，是一種以擔心、緊張或憂慮為特點的複雜而延續的情緒狀態。

考試，對於應試的考生來說，既是一種評價學業的量尺，也是一種引發心理壓力的外部事件。了解與辨識這些焦慮引發的身心反應，是學生自我干預、父母安撫與老師提供幫助的前提條件。主要焦慮表現有：

一是嚴重影響睡眠。終日處於焦慮中，噩夢頻頻，易驚醒，而且常感到疲乏睏倦。

二是情緒焦慮。感到心慌、喉部梗塞，並伴有緊張、恐懼，或感到控制不了自己。

三是自主神經功能障礙和身體不適感。如心率增快、多汗、肌肉緊張、手腳出汗、動不動就想上廁所等。同時，伴隨有自信心開始動搖，學習動力不足，以及學習成績下降等。

焦慮強度的高低，受個人的認知評價與個性特點的影響。一般來說，輕度的焦慮並不對人有負面的影響，反而對人的認知有促進和喚醒作用，只有高度的焦慮對人有消極影響。具體到考試焦慮，主要影響因素有兩個：

一是個體內在因素，即個體身心因素對焦慮水準的影響。

二是環境外部因素，包括家庭教育、學校教育和社會環境等，對焦慮水準的影響。

在考試焦慮的諮商中，治療師要澄清學生考試焦慮背後的深層心理原因，並且透過個體化的心理方案，才能有效化解心理癥結，緩解焦慮引發

的心身不適。在本案例中,宋秋怡產生考試焦慮的重要原因,一是缺少自信,沒有學習動力;二是將學習看成是回報父母的方式;三是將考試成績與人生成敗畫等號。

治療師在諮商中,除了修復她的情感創傷,喚醒內在動力外,並且及時抓住其講述的登山感悟,以及馬拉松選手獲得冠軍的故事,把獲得知識的過程隱喻為一個持續累積的過程,而把考試視為路途中一個停留修復與檢視的驛站,逐步把宋秋怡潛意識裡對考試成敗的擔心,轉變成理性化的、可操作的行為過程,即學習是一種勞動,一種自我追求,獲得知識的過程,更是一個漸進式累積、耕耘與踏實付出的過程,而考試只是一種用來自我檢視、發現知識漏洞的一種方式。

心理療癒是逐步推進的,針對宋秋怡擔心花費父母太多積蓄,害怕無法回報父母這一問題,治療師透過分享的方法,幫助她理解父母對子女理想追求的支持,感受父母搭建學習平臺背後的愛與情感,從而發現對父母最好的「回報」,就是努力讓自己從知識中獲得力量與成長。

第七篇
控制不住的「手癮」

　　人物獨白：最讓我上癮的事情，就是不斷地買新衣服。但是，那種購物帶來的快樂稍縱即逝！我很不解，為什麼不買衣服我難受，但買了我又後悔，而且這種情景反覆地循環，無法控制！

　　對於情緒管理，一是承接，二是給出口，三是用成人化的方式去表達。首先是對它傳遞的訊息需要接納，其次是與它進行理性的對話溝通。對於生命而言，情緒是個信使，它表達的訊息被你接收到了之後，也就完成了使命。

不斷買新衣的人

　　反覆購買新衣服，這只是一種表層行為，只有深入探究其行為背後的心理動機，才是解決問題的關鍵。

　　新年的第一個工作日，雪花飄飄，大地銀裝素裹，突顯出冬天別樣的氣息。我坐在心理治療室裡，等待著預約好的來訪者。

　　此時，一個身著灰色風衣的男子匆匆走進了我的診間，二話不說坐了下來。

　　他禮貌地衝我微笑著，說：「醫師您好！我是一號患者李曉強。又是新的一年了，我想從解決自己的心理問題開始。」

　　他這樣說，引發了我好奇，不知道他為什麼要把調整心理狀態作為新

年的頭等大事呢？

　　我用手示意他可以讓自己坐得舒服些，回應道：「那你就來詳細說一說你的心理困擾吧。」

　　建立諮商關係：心理諮商是一個過程，是一種關係。良好心理諮商關係的建立是心理諮商的基礎，也是心理諮商的第一步。

　　他皺了皺眉，說：「最近我腦子裡比較亂。」

　　心理治療中很重要的一點是將問題展開，於是我用外化問題的方式追問，說道：「哦？那麼腦子裡冒出來，打擾你的那些念頭是什麼？」

　　他用手指貼住額頭，抿著嘴說：「很長一段時間以來，我有這樣一個毛病，同樣是一件衣服，它在商店裡掛著或者穿在別人身上時我感覺很好看，但是我把它穿在自己身上就感覺不好看了。」

　　「噢，那你的解決方式是什麼呢？」我向他投以好奇的眼光。

　　「所以，我就不停地買新衣服。買回來，穿兩天，不喜歡了，再去買新的。」他無奈地看著我。

　　購物狂，目前在心理治療中是經常遇到的，但我知道這只是一種表象行為。探究其背後的心理動機，才是解決問題的關鍵。其實，衣服還是原來那件衣服，只是使用它的人不同了，對衣服好壞的感覺也就發生了改變。

　　購物狂：指完全不假思索地購買各種生活所需的物品，如衣物、小裝飾品等，該種現象較常出現於女性，男性中也有存在。

　　所以，不斷買新衣服問題的關鍵，還是出在人對自我的認知評價上。

　　我似乎感覺到了什麼，但還不是很肯定，故而用溫和的語氣繼續問道：「聽你這樣說，我有一個問題想問你，你愛你自己嗎？」

　　「啊？」李曉強被我問得一頭霧水。

「你喜歡你自己嗎？」我又重複了一遍問題。

「喜歡呀！為什麼不喜歡？」他小聲嘟囔了一句。

從他細微的語氣、神態中，我已感到他對回答這個問題的不自信。

我繼續追問著：「你最喜歡自己哪一部分？」

他眼睛一轉，快速回說：「生命。」

我感到他的回答過於籠統，繼續問：「除了生命呢？生命裡的內容太多了。」

「我教育程度不高，沒有太多愛好，除了愛買衣服，還有就是喜歡性生活。」他把身上的風衣整了整，坦率地回答了我。

望著坐在我對面的李曉強，在他看似大大咧咧、坦率直白的背後，我隱隱有一種感覺，在他內心深處應該有一些故事。

所以，我需要進一步貼近他，於是我沿著這個話題繼續推進。

「目前你對性生活還滿意嗎？」我問道。

他搖搖頭，直接回答：「不太滿意，我現在都得兩次才能成功，第一次都是失敗的，第二次能撐 10 多分鐘，但第一次連 1 分鐘都撐不到。」

「那麼，你去做過身體方面的相關檢查嗎？」我繼續詢問。

他用手捏了捏眉心，回說：「都檢查過了，身體沒什麼大問題。就是現在血壓有些高，高壓都有 150 了，醫師讓我開始用藥。最近我體力也不好，可能和血壓高有關。而且，晚上我還總做噩夢。」

「都是什麼樣的噩夢？」我好奇地看著他。

「總是做一些警察抓小偷的夢。」他快速回到。

「在夢裡誰是小偷？誰又是警察？你在幹什麼？」我追問。

「我是小偷，在前面跑，警察在後面追我，我很緊張的。」他回到。

　　為什麼會做這樣的夢呢？我心裡默默思考。不等我做出回應，他馬上說道：「不過，最主要的問題還是我心裡很煩，靜不下來。就算是過性生活，腦子裡還是想著買衣服的事，現在感覺自己都有心理問題。」

　　我接著他的話，說道：「看來，買衣服這件事已經嚴重影響到了你的生活，連你最喜歡的性生活都變得不那麼享受了。你現在需要回答我一個問題，你覺得衣服好看就買了，但當你穿上了那件衣服後，你就覺得這衣服不好看了。那我想知道，你究竟是覺得衣服不好看了？還是你這個人不好看了？」

　　他沒有馬上次答，而是沉默著，似乎在考慮如何回答我的這個問題。

　　「在你心裡，你真的喜歡自己嗎？」我再一次追問。

　　面質的作用：使來訪者看到自己的矛盾所在，從而進行深層內在反思。

　　「難道我不喜歡自己嗎？」他歪了歪頭，自言自語地反問著。

　　此時，治療師往往先不給出明確答案，而是讓來訪者去感受自己、回望自己。

　　「你需要自己去感受，我只是一面鏡子，讓你看到發生了什麼。你再來想一想，同樣一件衣服，穿在別人身上好看，但是別人換做你之後，你就覺得衣服不好看。那麼，你覺得發生了什麼？」

　　他從沙發上坐了起來，眼睛望向我。然後，躊躇地、緩緩地說：「那就是我討厭我自己，我懷疑我自己，沒有別的解釋了。」

　　「你是說你在懷疑自己，不太能接納自己，是嗎？」我對他的表述做了進一步澄清。他默默地點頭。

　　話題至此，我需要對他的成長過程做進一步的了解，嘗試探索他強迫性購物的真正原因。

　　封閉式提問：用「有沒有」、「是不是」、「是嗎？」、「對嗎」等提問。

對回答的內容有一定限制，提問時，給對方一個框架，讓對方在可選的答案中進行選擇。

我再次示意他讓自己放鬆地坐著，說：「你還記不記得在你小的時候，有多少人經常誇你？又有多少人經常指責你？包括你周圍的家人、同學和老師。」

「指責的占 70%，誇我的占 30%。」他眼睛望著窗外，低聲回應我。

這時，我有一個強烈的感覺，似乎這個年輕的男人有一種深層的自卑，可是原因何在呢？

我繼續問道：「在指責你的話語中，你印象比較深刻的是？」

「你這人很笨，什麼事都做不到。」李曉強情不自禁地提高音調。

「這話誰說得比較多？或者誰說出來你感覺心裡很難過？」我放慢了語速。

他抬頭看了看我，說：「我爸和老師。」

「嗯，都是在你心裡占有重要位置的人。」我回應道。

他再次低下頭，說：「我小時候是在嬸嬸家長大的，和我父母的關係不是很好。」

「你幾歲回到父母身邊？」我繼續幫他進行自我整理。

「15 歲。」他的頭依然沒有抬起來，好像欲言又止。

這時，他用眼神瞟了我一下，說：「醫師，跟您說實話，我小時候犯過錯，偷過家裡的東西，還偷別人家的東西。」

深藏多年的祕密

傾聽來訪者生命的故事，不是去評判是與非，而是幫助他們能夠真正面對自己內心的真實，一起去感受、省思與領悟。

我意識到，這是深藏於他內心裡的祕密。

新的一年，他想讓自己卸下心裡這個沉重的包袱，希望過上輕鬆健康的生活。

「都偷了什麼呢？」我繼續問道。

他用手搓了下臉，說：「偷錢，把錢偷來，然後再花錢買東西給別人，就是讓別人覺得我好，喜歡我。包括現在我也還是這樣，總想讓別人肯定我，聽到別人誇獎我，但我又做不到啊！」

這時，我的腦中閃過一個念頭，難道他不停買衣服的行為就是為了得到他人的肯定與讚賞？

「你最開始拿錢來換取別人的喜歡，那時你多大？」我問道。

他嘆了口氣，說：「小學快畢業時，我爸媽白天工作都很忙，我總偷偷地拿他們的錢到學校去買東西，然後買東西給同學，或者到別人家去調皮搗亂。」

「在你記憶裡，你偷了多少次東西？」我問。

他用眼睛掃視著房間，說：「我記不清了，有無數次了，也被打了不少次，最嚴重的一次鼻梁都骨折了。」

「爸爸打你？」

「對。」他回答得很乾脆。

我似乎能感覺到一些什麼，於是，進一步追問：「你拿了錢從來不會存起來，而是直接花掉了？」

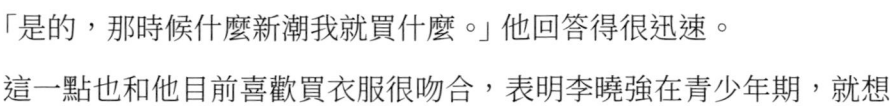

「是的,那時候什麼新潮我就買什麼。」他回答得很迅速。

這一點也和他目前喜歡買衣服很吻合,表明李曉強在青少年期,就想透過物質消費來滿足被他人關注的心理需求。

愛與歸屬的需求:馬斯洛的需求層次理論認為,個體天生就有被團體關注和接納的需求。這是一種缺失需求,具有強大的心理能量。

我繼續跟進細節事實,澄清他的問題:「那麼你從什麼時候開始,就不再去拿別人的東西了?」

聽我這樣說,先前表情很自然的李曉強變得凝重起來,默默低下頭,小聲說道:「也就是近幾年吧。」他抬頭看了我一眼,欲言又止。

我靜靜地坐在他對面,等待著他敞開自己的心扉。

他把頭低得很低,好像要埋進胸口裡一樣,然後,小聲對我說:「醫師,我不想藏心裡了,都跟您說了吧!我對讀書一直沒什麼興趣,就在社會上混,結交了幾個不三不四的人,和他們一起偷東西。」

當下,李曉強能夠坦率地說出這些,是需要很大勇氣的,也從一個側面說明他已經開始信任我。同時,我也基本明白了他不斷做噩夢的心理原因了。

從道德層面來講,李曉強這種偷竊的行為是不被社會所允許的。

但是,在心理治療室中,來訪者講述這些過往,不是為了評判是非,而是在治療師的陪伴下,開始真正面對自己的內心,對過往不良行為進行重新的審視、內省與評判,促進自我的成長,獲得行為的自律。

我沒有流露出任何負面的情緒,用平和的語氣,繼續問道:「那段時間你是以偷錢為謀生方式嗎?」

他的眼神有些躲閃,但依然坦率地說:「是的,但我結婚以後,就一心想和老婆孩子踏踏實實過日子,就再也沒有去偷了。之後,我去南部工

作了兩年，生活挺穩定的。最後，就是氣候不適應，就回這邊了。」

「這樣啊。」我輕輕地回應。

他像個犯了錯誤的小學生一樣，低頭嘟囔道：「說實話，之後又偷過一年，我也存了一些錢。」

之後，他嚴肅地對我說：「醫師，我真的不再做那些事了。現在我做舊建材回收，尤其是回收舊電纜，這個賺錢更快。」

「目前這個工作的收入還好嗎？」我沒有對他的過往做任何評論，而是將關注的焦點對準當下。

他深深地吐了一口氣說：「挺好的，不用擔那麼大的風險。不過也有運氣不好的時候，去年下半年，我就出了一次事。」

「出了什麼事？」我追問道。

「我低價收了一些舊電纜，結果警察還找上門了。」他閉上眼睛，皺起了眉。

「你說的舊電纜，真的是別人賣給你的？還是其他來路？」我要確認。

雖然，我知道這個問題可能會引起李曉強的不快，但我的確在質疑，他是否像過去一樣，仍有偷竊的行為。

果然，李曉強顯得有些不悅，回道：「真是別人賣給我的！我這兩年都不再偷了。因為我有錢了，有了錢誰都願意過體面的生活，我又不傻。」

他停頓了片刻，繼續說：「我的經濟逐漸好了起來，可是不知道是什麼原因，這兩年讓我快樂的事不多，讓我自卑的事很多。以前我沒覺得這是毛病，但近兩年我的血壓都不正常了，心裡很煩，經常頭痛，睡不好覺，精神科醫師說這可能是心理問題引起的，我就來看一看。」

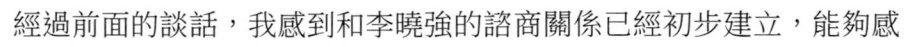

經過前面的談話，我感到和李曉強的諮商關係已經初步建立，能夠感到他是渴望自我改變的。

想過正常的生活

心理治療的過程不是算命，也不是玄學，而是喚醒來訪者獨立的自我意識，激活他們內在的心理動力，為自己的生活負起責任來。

接下來，我要確定具體的諮商目標。

我問道：「如果我們要為治療找一個方向，你最希望在哪些方面做出改變？」

他沉默了一會兒，似乎思考著什麼，然後目光投向我，說道：「我想能過一個正常人的生活！可以不再看見別人穿什麼好看我就去買，買回來自己穿上又不滿意。一旦心靜了，也許我的血壓就正常了。我還想把自卑也去掉，我感覺我所有問題的根源都是自卑。現在，我想把小時候的事再跟您說一說，然後您給我一個治療的方法。」

當來訪者急於向治療師索要方法時，往往代表他渴望有個快速的捷徑。但真正的心理治療是一個人內在的行為、動機和認知發生改變，是一個逐步推進的過程，如果急於給出方案，容易使來訪者產生心理依賴，導致責任轉移，缺少了覺察省思的過程，不利於來訪者的心理成長。

行為改變的責任：存在主義心理治療十分重視責任的概念，強調使來訪者看到，是自己的選擇建構了自己的世界，因此改變的主體在於自己，來訪者自己做出的決定和想到的解決問題的方法更容易轉化為改變的動力。

此時，我需要讓他對心理治療目標有一個清晰的理解。

於是，我放慢語速，一字一句說道：「當下，我還沒有現成的方法。因為你的所思所想和內心感受，完全是在你自己的內部世界完成的。治療師存在的意義是，幫助你嘗試審視自己的內心，發現自己真實的心理需求，並用成年人的方式去滿足這些需求。因為，你才是解決問題的主體。」

「哦？我以前認為，治療師應該能看出我是怎麼想的，然後就告訴我方法就行了。」李曉強訕訕地說。

他的反應展現著不少人對心理學的誤解，即認為治療師可以一眼看穿他人的想法。但治療師並不能憑空掐算，而是需要一定的方法技術來了解問題的來龍去脈。

要想取得好的治療效果，首先要讓來訪者對心理諮商與治療的過程有一定的了解。

我解釋說：「臨床心理治療的過程不是算命，也不是玄學。治療師的工作，是透過對具體問題的覺察、澄清和梳理，幫助來訪者去發現心理問題形成的原因，並採用相應的技術方法解決問題的過程。」

李曉強一邊點著頭，一邊說道：「醫師說得對，可是我很急啊，真的沒有一個現成的方法可以直接給我嗎？」

玄學：季晉時期出現的一種以《老子》為研究核心的哲學思潮。在近代泛指一切研究不可知本體的學說。

我意識到，他把自己改變的希望寄託於治療師。在此，我需要喚醒他獨立的自我意識，啟用他內在的心理動力，讓他為自己想要的生活負起責任來。

於是，我再次強調心理諮商中他的主體地位，說：「就像你在前面告訴我的，你希望過一個正常人的生活，也就是靠自己的能力和力量去讓自

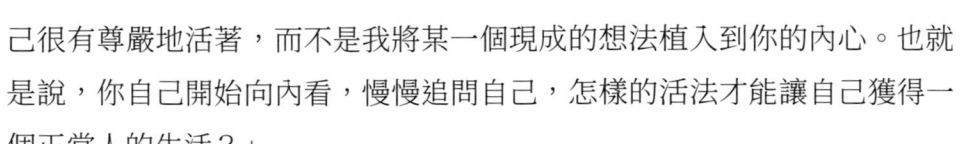

己很有尊嚴地活著，而不是我將某一個現成的想法植入到你的內心。也就是說，你自己開始向內看，慢慢追問自己，怎樣的活法才能讓自己獲得一個正常人的生活？」

「嗯，您說的有道理，也的確是這樣的。」李曉強逐漸接受了我的解釋。

看到他已有所領悟，諮商到了要向前推進的時候了。

於是，我微笑著說：「現在，你需要為自己做出一個決定，如何才能成為你想要的那個自己？另外，你是否願意為此而付出努力？如果你能做出肯定的選擇，我願意陪你走這一程，因為改變自己要從認識和了解自己開始。你想明白了這些，我們才能從中找到一個方向，我再和你一起去找辦法做出改變。但所有的歷程都是由你選擇和決定的。」

選擇的重要性：存在主義心理治療認為，自由必定與責任相生相伴。

自由意味著主動的選擇，是個體選擇的，不是他人強加的，所以個體要為一切結果承擔責任。

李曉強整了整領子，目光堅定地說：「我明白了，要改變的是我。我可以拍著胸脯告訴您，我已經下定決心了，我在這個泥潭裡已經很難受了，我一定要改變！」

我點點頭，說：「你能夠下定決心改變自己，願意為此付出，這是非常難得的。今天，我已經了解了你的主要問題，但只靠診間的時間是遠遠不夠的，回去後需要你做一個功課，對自己的心路歷程再做一次梳理。」

「能告訴我怎麼做嗎？」他端坐起來。

「你可以不斷地問自己，你喜歡的自己是一個怎樣的人？結合你的現在，你怎麼做才能接受現在的生活。如果現在的生活不富裕，甚至是貧窮，是否可以接受物質拮据。比如，是否以後再也不動拿別人東西的念頭

了。就如你前面告訴我的，你現在也會經常夢到自己是小偷，警察在後面抓你。這說明在你內心深處，拿別人東西的欲望會讓你心虛不安。另外，如果你需要梳理的東西比較多，可以拿筆記下來。」我說。

李曉強很配合，點頭回應。

我給出了建議，說道：「為了達成你想改變的目的，你要改變現有的某些行為模式。如，改變花錢的行為模式，從減少支出、增加儲蓄開始。舉個例子來說，這個月少花 300 元，下個月少花 400 元，把錢累積下來，讓自己心安。如果你總是看見別人的衣服好看就買，穿在自己身上又不滿意，再去買新的，你賺的錢永遠都不夠花！現在，你是否可以在我的見證下，和自己定個行為契約，如果有想買兩件衣服的欲望，那你就在其中選一件，把另一件衣服的錢攢起來，給自己一個時間上的緩衝，這在心理學上叫『延宕滿足』。這是你改變的第一步。」

「好的，如果您覺得這是我改變的開始，我想要去試一試。」李曉強一邊答應著，一邊用筆記下來。

看著他在紙上滑動的筆，我感覺到他是認真的。

我需要在此做出進一步的闡釋，這一直是他的一個糾結點。

於是，我繼續說：「錢是每個人都需要的，在你賺錢不多的時候，若你還有積蓄，就有可能真正放棄那些小偷小摸的想法，讓自己有尊嚴地活著。偷偷地把別人的東西據為己有，讓你感到自己是一個不好的人，也許白天會感覺不到，但夜深人靜時，你心裡不踏實，緊張恐懼的感覺就清晰地浮現出來。甚至，警察也會反覆出現在你的夢裡，它是提醒你要做改變了。」

「哦，難怪我總會做這樣的夢，而且在夢裡我總是那個小偷，我從來都沒有當過警察。」李曉強若有所思地回應道。

我沒有停下來，繼續拓展著這個核心的話題，說：「我有這樣的感受，

有些人可能並不富裕，但在生活中我們卻很尊敬他和喜愛他，因為他的精神很富有，行為很自律，恪守人之間的界限。但是，當你想要打破這個界限，把別人的東西占為己有時，你深層意識裡覺得自己是個壞人，自己的行為也很不體面。此時，你想用漂亮的衣服裝扮自己，希望在別人眼裡是個體面的好人，你認為呢？」

補償：指個人因心身某個方面有缺陷不能達到某種目標時，有意識地採取其他能夠獲取成功的活動來代償某種能力缺陷而造成的自卑感。

「有道理，我總是心裡不踏實，也總想把自己打扮得漂亮一些，還控制不住地想買新衣服。」他點著頭，小聲地應了一句。

「所以說，你的內心並不寧靜，你的血壓為什麼高？因為你的內心是衝突的，情緒的紊亂影響到了心血管系統，這就在身體上反應了出來。但是，我對你希望改變自己還是欣賞的，難得的是你把自己帶到了這裡，坐在了我的面前。我要謝謝你，可以把心中的擔心說出來。」

李曉強有些不好意思，笑著回說：「好像我也能感覺到當我緊張的時候，身體就會不舒服，血壓也會升高，原來這和我的心情有關係。」

此時，他需要來自我的心理支持，於是說道：「從你穿著風衣進到診間，我就看到了一個挺拔的男人。如果你能讓自己內在的世界和諧起來，那就是由內而外的美，你也會因這些變化而感到踏實。今天時間到了，你回家後可以把自己的感悟寫下來。」

看著李曉強默默走出診間的身影，我不禁感嘆道：難以解脫的過去，把一個堂堂七尺男兒折磨成了如此模樣，他現在最需要的就是平復內心的衝突，重新建立完整的自我認知，進而達成行為上的改變。

心理諮商是一個循序漸進的過程。今天，他的內心已受到擾動，這是一個不錯的開始。期待著下一次和他見面。

「兩個我」的分離

心理治療不是我拿一把鑰匙開你的鎖，而是在我們共同的探索中，你自己看到內心的真實存在，最後找到那一把適合開啟你心靈之鎖的鑰匙。

一週後，李曉強再一次來到診間。他穿著一件淺灰色的毛呢大衣，配上一條黑色休閒褲，整個人看起來精神了不少。

「回去後，你對自己的問題梳理得怎麼樣？」我追蹤著上次留給他的家庭作業。

他撓了撓頭，說：「我梳理了一下，感到內心深處對自己的確不是很認同。」

我點點頭，繼續問道：「購物方面呢？最近買新衣服了嗎？」

「買了一雙鞋，一件襯衫。」李曉強的臉有些紅。

結合上次的心理諮商，我已意識到反覆購物的行為，並沒有滿足李曉強自我認同的需求。我需要進一步探索他內心更深層的衝突，發現隱藏在冰山下的潛意識內容。

家庭作業：治療師為了鞏固治療效果，促進來訪者對心理諮商技術的掌握，並把這些心理技術自覺應用到現實生活中，促進心理問題的解決和個人的心理成長，要求來訪者在離開心理諮商後，在現實生活中去完成的治療性質的任務。

我問他：「買衣服帶給你的感覺是什麼？」

他說道：「我覺得很開心。」

「這不止是你的感受，很多人也都有這樣的感覺。」我很自然地說道。

「每個人都有對物質的欲望。記得，上次我問什麼讓你感覺快樂？你回答說：是性生活和買東西。這些都是人性裡最原始的欲望，以滿足而快

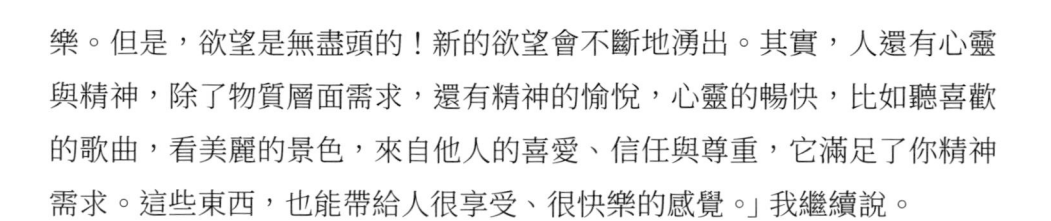

樂。但是，欲望是無盡頭的！新的欲望會不斷地湧出。其實，人還有心靈與精神，除了物質層面需求，還有精神的愉悅，心靈的暢快，比如聽喜歡的歌曲，看美麗的景色，來自他人的喜愛、信任與尊重，它滿足了你精神需求。這些東西，也能帶給人很享受、很快樂的感覺。」我繼續說。

「精神的享受？我好像從來都沒想過這些事情。」

李曉強眨了眨眼睛，又繼續往下說：「我感覺自己有兩個面，平時給人感覺很隨興，但其實內心不是這樣的。比如別人問我口渴嗎？我都會說：不渴。但當我一個人的時候，就會大口喝下去。另外，哪怕我心裡很在乎那個東西，但只要有人在，我嘴上都會說：『沒事，我不在乎！』」

我感覺到了他當下的真誠，也知道改變的不容易，回道：「你今天能把這些心裡想的說出來，就很不簡單呢。」

「我總害怕別人瞧不起我。稍微做出一點成績，我就去炫耀，我急切需要別人的表揚和肯定。」他似乎沉浸在回憶裡，繼續說。

「是的，這說明你需要被人看見。」我繼續說：「你的動機是想讓別人讚美你，想讓別人看見你和肯定你。我好奇的是，這會給你帶來什麼樣的感受？」

他看著我，皺著眉說：「我感覺它帶給我的都是煩惱。」

煩惱，是他的真實感受。

於是，我要讓他繼續向內看，將探索引入內心深處。

「能詳細說一說這種煩惱帶給你的感覺嗎？」我繼續探索李曉強內在的心理活動。

他疑惑地看著我，語速很快地，回問：「有很多方面呢，我不知道具體是指什麼？」

「現在，順著我的思路去思考，你內心希望別人能看到你和肯定你，

這是一個真實的存在。你每天和這樣的自己相處，它會給你的生活帶來怎樣的影響？」

他吐了一大口氣，好似發洩著心中的憤懣，說道：「也就是在炫耀的那一刻挺高興的。但是過後又會想自己是不是太招搖了，覺得自己太孩子氣，這種感覺很痛苦。我都到而立之年了，還總有這種小孩子的想法。但自己又控制不了這種念頭，所以有一種愧疚，也有一種丟人的感覺。」

當來訪者心中產生矛盾想法的時候，採用敘事的外化技術往往能夠幫助來訪者將問題和個體拉開距離，梳理煩亂的思緒。

於是，我決定採用具象化的技術，將衝突的兩部分呈現出來，並且找到方法去整合它們。

具象化：將抽象的概念以生動的形象進行隱喻，使來訪者更易理解其中的內涵。

「也許在你心裡有兩個不同的自己，一個是有點孩子氣的你，我們叫它小李，它希望炫耀自己，被別人看見；另一個是成人的你，是理性的你，我們叫它大李，它認為不該炫耀，這樣做是丟人的。這兩個你都是真實的，它們都是你生命裡的存在。」我對他說道。

「哦？原來還可以這樣理解。」李曉強有些興奮，恍然大悟地說。

看到李曉強似乎有所感悟，我繼續說：「接下來，順著我的思路往下想。那個孩子式的你、情緒化的你，想要被別人看見，有什麼問題嗎？」

「沒有問題！」他搖搖頭，堅定地說。

接下來，我需要幫助他了解來自內心深層的衝突，嘗試讓他感受情緒和理性之間的角力和博弈。

這是心理治療中最為關鍵的一環，即對問題重新釋義，幫助他澄清問題，探索自我衝突的根源，最後達成自我和解。

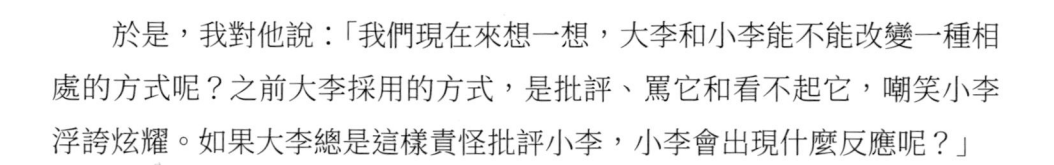

於是，我對他說：「我們現在來想一想，大李和小李能不能改變一種相處的方式呢？之前大李採用的方式，是批評、罵它和看不起它，嘲笑小李浮誇炫耀。如果大李總是這樣責怪批評小李，小李會出現什麼反應呢？」

「它會反抗吧！」他回應得很快，但表情有些凝重。

我點點頭，說：「是的，它一定會反抗。小李會感到不服氣，它會說：『我就是想讓別人看見我的好，我有什麼錯？』它因為覺得自己沒有錯，所以還會重複那樣去做。然後大李再去狠狠地責備它，大李和小李之間衝突的循環就開始了。」

李曉強嘆了口氣，說：「對，就是這樣的！已經好多年了，情緒也時好時壞，有時還睡不著覺。」

我抓住時機，說道：「如果今天的你想要終止這個循環，不想在自己的心裡打仗了，你覺得應該由誰來做出改變？」

他沒有猶豫，很快給出答案，說：「應該是大李。」

此時，他已經接納了改變的主體是自己。接下來我將採用角色扮演技術，讓他進入自己的深層內心，幫助他完成內心衝突的整合與紓解。

角色扮演：是一種綜合性、創造性的互動活動，人們透過進行角色扮演活動，可以分享和感知經驗與心得。

「好，現在假設你是大李，當小李的訴求出來了，你要怎麼和它說話，它就順從不反抗了？」我繼續說。

他沉默了一會兒，我靜靜地等待著，看著他緊鎖的眉頭。

「小李，這不是你的錯。」他用緩慢地語速，一字一句地說。

「它怎麼沒有錯？請你具體說一說，你覺得它哪個地方沒有錯？」

為了將「大李」和「小李」之間的對話具體化，加深內涵的理解，我有意進一步問。

他急切地回應，道：「小李，你的要求是真實的。」

我需要扮演「小李」的角色，讓對話進行下去。

我說：「小李這時會說：『我就是希望我的好被別人看到，我的辛苦也被別人看到。大李，那你怎麼看我啊？你會覺得我不順眼嗎？』」

「小李，你有些時候很不理性。」他回應。

我意識到，李小強進入了「大李」的角色，眉頭依然皺得很緊。

聽到李曉強這樣說，我意識到他還無法與「情緒我」和諧相處，我需要在此處停留，幫助他在舊有的行為模式中，建構出一種新的、更恰當的方法，這才是心理學助人自助的核心所在。

為了引發他的另一角度思考，我刻意加重了語氣，說：「其實，今天的你已經做了一個決定──大李不再去一次次重複它原來的做法，它希望找到一個新的解決問題的模式。之前，它對小李貶損和批評的模式已經駕輕就熟，現在它需要開闢另外一條路，這條路可能從未走過，但卻是一條與自我衝突和解的路。」

我能感覺到坐在我對面的李曉強，眼神裡似乎流露出一些不解。

於是，我放慢了語速，對他內心的「兩個我」做進一步的闡釋和解讀，說道：「那個大李就是理性的你，它是內化了的父母權威，象徵你在道德層面的要求，在心理學上稱為『超我』。小李是本能的你，它表達的是欲望情緒層面的需求，在心理學上稱為『本我』。具體到你的身上，大李扮演著你曾經父母的角色，對待小李的方法是貶損和懲罰。但是小李不順從、不服氣，所以『兩個你』就在心裡擺開了戰場。」

「哦，從前我只感到心煩，原來這裡面還有這麼多道理啊。」他若有所思地點點頭。

「你需要先接納小李，它是你真實存在的一部分。小李希望被看見，

也不想成為所有人都討厭的人，它不是一個壞傢伙，它只是敏感頑皮。但是，一旦它被大李視為一個劣等的……」我說。

不等我說完，李曉強迫不及待地插話，說道：「您這麼一分析，我有些明白了，應該是我一直在排斥自己內心的某個地方，但它又是真實存在的，是我心裡的一部分，所以就打架了。」

聽到他這樣回饋，我感到他已經體察到了內在情緒衝突的來源，不再以批判的眼光將內心簡單地分為黑白兩個世界，也意識到採用「戰爭」的方式不能解決問題。

我要將他的這種感覺抓住並且進行深化。

於是，我微笑著點點頭，說：「你的領悟非常難得。上次你跟我要治療方案，我說我這裡沒有現成的方案，是因為心理治療不是我拿一把鑰匙開你的鎖，而是在我們共同的探索中，你自己看到內心的真實存在，最後找到那把適合開啟你心靈之鎖的鑰匙。」

「解鈴還須繫鈴人。」他笑著插話道，並示意我繼續。

「在你小的時候，父母曾嚴厲對待你，現在父母老去，而你長大了。小時候的你沒有辦法主宰自己的人生，現在你已經是一個獨立的男人了，只有你能為自己做出決定，終止『父母』和『孩子』之間的戰爭。因為你知道，這樣打下去，你的內心將很難安穩。小李想要被別人關注，所以它不鬧騰的話就感到會被你遺忘，所以幾乎天天都會跑出來，提一些訴求。」我說。

「原來，總是想買衣服是小李想被關注的一種方式。」他自言自語，若有所思。

他這樣回應，顯然他已經意識到了內在自我的存在，也意識到自我的某一部分需要被關注、被接納、被肯定的深層渴望。

　　我需要在這個地方做個解釋，幫助他理解內在渴望與外在行為之間的關係。

　　「是的。如果你能看到這個孩子，關注到它，而不再用打壓貶損的方式，也許這個孩子就不需要這個『儀式行為』，比如反覆買新衣服去證明它的存在了。」我說。

　　李曉強的眼睛忽然一亮，恍然大悟地說：「那就是我需要完全接受我自己，包括小李和大李。」

　　為了強化他的自我覺察和理性認知，我繼續幫助他做角色扮演的練習，讓他和自己的內心溝通對話。

　　「如果現在小李有想被關注的訴求，你試著對它說幾句話。」我說道。

　　他靜靜地想了想，說：「小李，我接受你的存在，你也是我本性的一部分，別人愛怎麼看就怎麼看吧，我接受你就行了。」

　　我肯定地說：「你這樣的話語一出來，小李感覺被你看見了。你可以對小李說：『你想證明自己的存在，這個資訊我接收到了，這種要求不是一個錯誤。』」

　　他一邊點點頭，一邊似乎在心裡默默地背誦著什麼。

　　這種情況在我的診間裡並不奇怪，當來訪者開始接受這些治療性語言的時候，他們就會主動地投入到體會和學習中。

　　接下來，我要在他自我覺察的基礎上給予一些自我改變的探索性嘗試。

　　我繼續說：「覺察了小李的訴求後，你可以對小李說：『你的需求我都了解了，但我要用成人的方式去表達。』」

　　「成人式的表達？您具體地說一說，我想把它記下來。」

　　李曉強認真地看著我，急切地說。

　　我笑了笑，說：「這個問題正是我接下來要說的。成人往往是有計畫

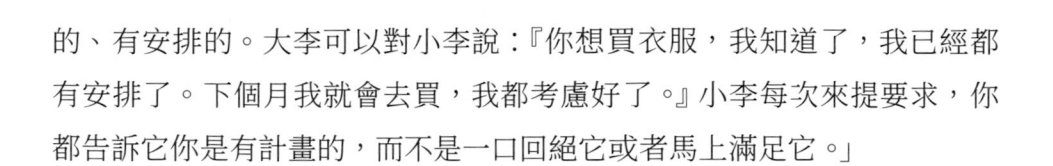

的、有安排的。大李可以對小李說：『你想買衣服，我知道了，我已經都有安排了。下個月我就會去買，我都考慮好了。』小李每次來提要求，你都告訴它你是有計畫的，而不是一口回絕它或者馬上滿足它。」

李曉強不好意思地笑了笑：「原來可以這樣做。」

「其實，情緒只是一個信使，當它想表達的訊息被你接收後，它就完成了使命，會走掉。情緒有時也像個孩子，當孩子說：『媽媽，我想買新衣服。』媽媽說：『過年買給你。』孩子高高興興地就走了。但如果孩子想要新衣服，媽媽說：『走開！沒有新衣服！』這樣一來，那孩子就會反覆不斷地索要。」我說。

李曉強衝我微笑著說：「您比喻得真具體。」

「你給情緒一個安撫，它就停止了。但你別騙這個孩子，當小李反覆要求你買新衣服時，你說：『我已經有安排了，過兩個月就買一件新的。』小李聽了以後就安心了。這樣，就可以把短時間、頻繁性的購衣行為，逐步改變為在季節變換時買。」我接著說。

「對於處理情緒，第一是承接，第二是給出口，第三是用成人化的方式去表達。情緒傳遞出的訊息你要先接納，然後在心理面與它對話溝通，然後，用理性思考去行動。」我說。

李曉強的面部表情徹底放鬆下來，嘴角溢位一絲微笑，說道：「我明白了。一旦這個念頭冒出來以後，我要先接納下來，然後再與這個念頭對話，告知它我的安排，當然這是我思考後的安排。我回去一定試試。」

「你已理解我講的方法了，回去後試著把它轉移到你的現實生活中。」

「好的，我會按照您說的去做。」他點著頭回應了我。

我知道，心理諮商和來訪者的心理成長需要一個過程。接下來，我要從多方面激發他改變的動力，這是心理諮商過程中最關鍵的一環。

平衡心海的欲望

如果只過度地滿足欲望而忽略了生命本身，那似乎也是一種更深的生存遺憾。

兩週後，李曉強第三次來到診間。

他是今天走進心理治療室的第一個來訪者，如此積極主動的行為，可以看出他想透過心理諮商改變自我的願望。

落座後，他主動向我致謝，說：「這兩週以來，我已經控制住自己買衣服的行為了。很感謝您！」

我回應道：「這很難得，我想知道你是如何控制自己不買新衣服的？」

他微笑著說：「回去後整理了一下和您交流的內容，做了一個行動計畫，按照您說的方法和我的內心進行對話，感覺理性了很多，買衣服的願望沒有那麼強烈了。不過我感到自己還是有自卑，我怎麼做才能不自卑呢？」

我沒有直接回答這個問題，而是反問道：「你自己覺得呢？你應該是最了解自己的人啊。」

「透過幾次諮商，我大概了解自己是一個怎樣的人。但是我如何才能擺脫這種自卑，我希望您能給我一個快速見效的方法。」

依賴：指在心理諮商中來訪者把成長和改變的責任轉移給治療師。

他再次直接索要治療方案的請求，讓我意識到他依然急於求成。看來，此時我需要推他一把，幫助他再一次回歸治療的主體，向內審視自己，尋找問題解決的途徑。

我回應說：「就像我第一次所說的，我這裡沒有現成的方案可以給你。你才是生命的主人，我無權做安排和決定。對於你自己內心出現的衝突，比如自卑，你試著去感受它，體會這個感覺是怎麼來的，它怎麼影響你，

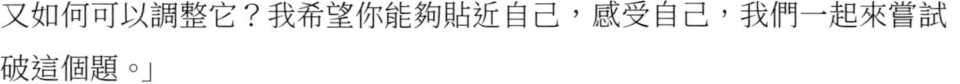
又如何可以調整它？我希望你能夠貼近自己，感受自己，我們一起來嘗試破這個題。」

李曉強面露難色，皺了皺眉，說：「說實話，現在每天我都有一種很慌的感覺。」

看到他如此痛苦，我把語氣緩和下來，試著去解讀，說道：「在此之前，你反覆去買新衣服，這往往是因為內心有一種不踏實的感覺。如果每天你做的都是讓自己心安而有意義的事情，你的心裡就會踏實。你試著繼續向內心審視，看看能讓自己不慌、靜下來的東西是什麼？」

他將身體向前傾了傾，認真地思考著。

也許他並沒有意識到，現在的他已經在改變的過程中了。我要將這些回饋給他，增加他療癒自我的信心。

於是，我繼續說道：「相比之前的你現在你已經有了改變。比如，用理性的方法改變了自己反覆買衣服的行為，這是很不容易的，不是每一個人都能夠做到的。」

「是嗎？我在改變嗎？第一次有人這樣肯定我，看到我的不容易，我……」李曉強說到這裡，有些語塞。

內心自卑的他，聽到治療師的讚許一定百感交集，但我知道這種觸動是寶貴的，將會帶給他更多發現自己和豐盈自己的力量。

我需要趁熱打鐵，於是接著說：「除此之外，現在你每天做點什麼，怎樣生活才能讓你自己內心安寧，這是你要去感受的，因為它對你的身體健康是非常重要的。記得上次你說，生命對你來說是最寶貴的，那你就要好好疼惜它啊。」

正向回饋：對於來訪者出現的適應性行為改變給予正向的回饋，可以增加和保持這樣的行為，並提升療癒的信心。

說到這裡，李曉強滿臉愁容，說：「唉，血壓一直下不來。」

我點點頭說：「其實，你的身心是一個整體，如果你能把心靜下來，情緒穩定下來，身體功能也就能漸漸恢復了，這是一個因果效應。」

李曉強用手托腮，微微低下頭思索著。

他內心的不靜一定還有現實原因，我要等待他做出自我整理。

此時，我默默地翻看著他的心理諮商紀錄，等著他先開口。

突然，他用手拍了一下腿，說：「我想起來了，是不是還是和我做的工作有關？我現在細細想來，我的工作還是有風險的，有時候也會出事。就拿去年來說，本來我賺了不少錢，後來，又把辛苦賺來的錢搭進去了不少。」

這正是當前困擾他的核心問題。他的精神焦慮、身體症狀都可能與此有關。所以，從事一項穩定的工作，將是接下來改善他身心問題的重點。

職業影響：職業對個體人生有著一定的影響，尤其是對家人和朋友也都有著一定的影響。而一個人從事的職業不同，也會對一個人的情緒、行為及思想產生一定的影響。

我嘗試地問道：「如果現在的工作讓你焦慮，那你能不能做一份比較穩定的工作？比如，收入比較穩定，你又力所能及，又在法律允許的範圍之內。這樣對你的情緒和身體都有好處。」

他擺了擺手，說：「我自己能力不強，不敢走出自己熟悉的地方。有時候也有去嘗試的想法，但又始終不敢邁步。而且，說實話，我還是有點捨不得現在的這個行業。雖然有風險，但是報酬真的很高。」

看到他迷茫的眼神中略帶一絲無助，顯然我需要幫助他做進一步的澄清。

「儘管你說捨不得這個行業，但我還是能發現，在冒著觸犯法律的風

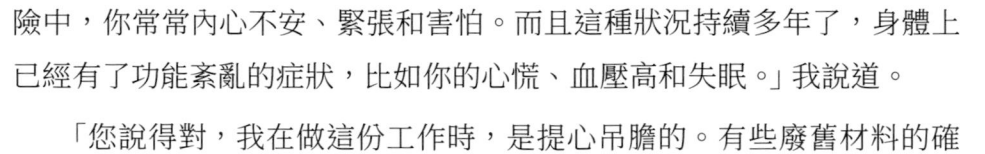

險中，你常常內心不安、緊張和害怕。而且這種狀況持續多年了，身體上已經有了功能紊亂的症狀，比如你的心慌、血壓高和失眠。」我說道。

「您說得對，我在做這份工作時，是提心吊膽的。有些廢舊材料的確來歷不明，但利潤很大。」他用手搓了搓臉，心情沉重地說。

他回答的很真實，也越來越貼近自己的內心，這為下面的心理治療提供了契機。

下面需要我跟進，挖掘他深層的心理動力，促進在認知行為層面的改變。

我加重了語氣，緩緩地說道：「你還很年輕，你的職業人生還很長。你雖然沒有詳細告知我你所從事的職業，但是我能感覺出你的行業可能存在法律風險，有時還要被警察追究和查證，甚至可能因為越過法律的界限而受審。」

說到這裡，我有意識地停頓了一下，給他時間思考我的話。

「我想要問你一個問題，你認為以這樣的職業來謀生是安心的嗎？是穩定的嗎？是能養家的嗎？」我繼續說。

李曉強似乎依然沉浸在思考之中，輕聲回應道：「從來沒有人問過我這些問題，我是要好好想一想。」

聽到他的回應，我感覺到他的內心已經有所觸動，自我探索的動力有所增加。

「你現在正處於一個選擇的十字路口，也許決定你未來十年、二十年的人生。當然，從存在主義心理學的角度來說，如果此時你不做選擇，它本身也是一種選擇。所以，這個時候你需要審慎地傾聽來自你內心的聲音，找到自我行動的方向。」為了鼓勵他面對問題，我繼續說道。

李曉強忍不住說道：「嗯，您說得對，就是因為我現在處於十字路口，

所以才會特別地糾結和煩惱。」

我認同地點點頭，說：「這是一個很困難但又很重要的問題，需要你用一點時間來思考，做出決定和選擇，甚至需要和家人商量。另外，你還可以上網搜尋資料，了解什麼樣的職業適合自己，這對所有求職的人來說都是一件不容易的事情。」

李曉強也點點頭，認真地回應道：「好的，我要好好想一想，也聽聽別人的意見。」

我說：「另外，你還需要考慮的是，工作能夠給我們帶來收入是一方面，另一方面，你所從事的工作也是提供給孩子的榜樣。你說過有個孩子，對吧？」

動機面詢的理論假設：此處運用動機面詢的原理，即人們自己找出理由說服自己去改變，效果往往好於別人給予他的理由。子女作為重要他人，往往是來訪者改變的強大動力。

「對，有一個兒子。他很聰明，也很可愛。」提到兒子時，李曉強露出了難掩的笑容。

我順著話題說道：「你想過沒有，如果從現在開始，你做一份比較穩定的工作，對你兒子又意味著什麼？」

他低下了頭，長嘆了一口氣，說：「我也想過這個問題，如果我兒子長大了，知道了我以前和現在的有些境況，他也會瞧不起我的，這也是我想改變的一個原因。」

身為治療師，我感到了情感的力量，一個父親在談到孩子時變得如此的柔軟，也許這將成為他改變自己的精神支撐。

我還要讓他看到工作狀態的改變，不僅僅是為了家人，更是他自身生存和健康的迫切需求。

「從你身心紊亂的表現中能看到，近兩年提心吊膽的工作狀態，已經嚴重影響了你的身體健康，從頭暈失眠、心慌不安，逐步發展到血壓升高。所以，現在就需要你做一個長期的考慮，來協調你的生活狀態。」我接著說。

他一邊點頭，一邊回應道：「是的，這幾年我也感覺身體越來越不好，特別是血壓一直高於正常值，這些都是促使我來接受心理治療的重要原因。我也想過要調換一個穩定的工作，只是其他行業賺錢都太少太慢。」

身心疾病：是一組發生發展與心理社會因素密切相關，但以身體症狀表現為主的疾病，主要特點包括：心理社會因素在疾病的發生與發展過程中發揮重要作用；表現為身體症狀，有器質性病理改變或已知的病理生理過程；不屬於身體形式障礙。

我意識到多賺快錢依然是他的一個問題結點，因此需要在這裡做一個闡釋。

「我們每個人都有多賺錢的欲望，這很正常。但現在身體出了問題，你需要在賺錢和踏實之間做出一個選擇。如果只過度地滿足欲望而忽略了生命本身，那似乎也是一種遺憾。」我一字一句地說道。

「試想一下，假如你從事一個穩定的工作，心裡不慌了，晚上睡覺踏實了，也就不會有警察抓小偷的噩夢了。也許，你的心慌、緊張和失眠，正是用身體語言在提醒你，似乎應該去做一些能夠讓自己心安的事情。」

我頓了頓，繼續說。

李曉強沉默了許久，然後抬起頭，看著我說：「是啊，我應該讓我和家人過上踏實的生活了，不能再做一些提心吊膽的工作了。」

由此看來，那份讓他糾結的工作，的確影響到他的心身健康和生活穩定，我有必要在他內省領悟的基礎上，促使他做出有利於自身生存與發展

的決定。

我接著說：「在心理諮商的過程中，我一直在感受你，你是個勤奮的男人，你願意付出。但也有內心弱小的時候，那時你就不相信自己了，一份踏實的工作對你是重要的，規律而穩定的生活也會很好地滋養你的身體。」

「你說我是一個勤奮的人，我很高興，我也這麼認為。」李曉強忍不住笑了。

我繼續說：「當你的勤奮可以帶來穩定的報酬的時候，你的心裡就不再那樣煩亂了；當你開始認同自己是一個好人，不再觸碰到法律的邊緣，你的內心就開始變得更加平靜了。慢慢地你會與自己和解，喜歡那上個勤奮、踏實和有力量的你。」

「跟您交流到這裡，我覺得好像是到了要換一份工作的時候了，我真的需要給自己一個機會，讓自己有所改變。」李曉強鄭重其事地說道。

看到他終於下定決心，希望給自己一個踏實的生活，我感到欣慰。

我放慢了語速，繼續說：「你內心所有的不安都在提醒你，你要去幫助自己。當你擁有了一份踏實的工作，你作為父親和男人的角色才能被你真正認同，自己會有被尊重的感覺。而這些，別人都無法給你，因為它是從心裡中生長出來的。」

李曉強露出釋懷的微笑，說：「以前我從來沒這樣分析過自己，現在我想要去找一份踏實的工作，做一個讓我自己心裡認可的人。」

我故意用反問的語氣說道：「這是在告訴我你的決定嗎？」

「是的，這是我的決定。」他認真地回應道。

我知道來訪者的每一個改變都是很困難的，在認知上的接納只是第一步，但行為的改變才剛開始。

又到了要說再見的時候，我用堅定的語氣對他說：「我相信你會為自己和家人去改變，儘管它不容易，但我相信你。」

「好的，謝謝您。」他笑著說。

「你更應該感謝你自己，你一直都在為自己的改變做著努力。」

身為治療師，我一直秉持的理念是，我們只是陪伴者、見證者與反饋者，來訪者才是自己生命的主人。

為此，我相信他的選擇，更要感謝他的付出。

再一次得到李曉強的消息已是半年之後。

他已經和家人搬回老家居住，和妻子在當地開了一家小商店。

● 本篇結束語

心理諮商與治療，不是我拿一把鑰匙開你心裡的這把鎖，而是我們在不斷的追問與探索之中，讓你看到了內心真實的存在，自己找到了那把開啟你心靈之鎖的鑰匙。

輕鬆心理咖啡屋 —— 做自己的心理療癒師

◎ 第一杯咖啡：如何透過防衛機制發現內在自我

治療師要成為一面鏡子，幫助個體看到防禦機制背後的真實自我。

掩飾是潛意識層面的一種心理防衛機制，它可以掩蓋、遮蔽自己的缺點和弱小，不讓他人發現，行為背後的動機是獲得他人的肯定與認同評價。但是，因為防衛機制是在意識下完成的，個體在意識層面無法覺知，說不清自己這種行為的原因，甚至也意識不到這是一種掩飾行為。

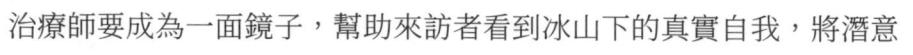

　　治療師要成為一面鏡子，幫助來訪者看到冰山下的真實自我，將潛意識的內容意識化，促使來訪者獲得更深層領悟和成長。

　　本案例中，李曉強的主訴是不停地買衣服。原本覺得好看的衣服，一買回來穿到自己身上就覺得不好看了，於是不斷重複購買的行為。從表面上看，這是一個強迫性購物的行為問題，可以從行為矯治的層面入手。但是治療師並未止於此，而是繼續向李曉強的內心深層挖掘，探索問題的成因。在李曉強買衣服的強烈欲望背後，似乎隱藏了內心對自我的否定與低評價，治療師用「你愛你自己嗎？」這種直接切入的問話，引導其對內在深層衝突進行覺察、澄清和省思。

　　另外，治療師發現李曉強頻繁購買衣服背後還隱藏著深層的自卑。在進一步探索心理根源後發現，他在少年時期曾有過偷竊行為。所以，在潛意識的作用下，他透過不斷購買新衣服的方式裝扮自己，但讓他困惑的是，這樣做了卻依然無法滿足自己的內心，更無法緩解他內心的壓抑與惶恐。當找到這一重要的心理問題節點後，接下來的心理諮商就圍繞著重建李曉強的自我認同、情緒管理與潛意識的意識化逐步展開。

◎ 第二杯咖啡：如何採用擬人技術外化問題

　　人際交流中，生動的語言和具象化的隱喻，更容易被來訪者所理解和接受。

　　外化和具象化是敘事療法中的重要技術。它擺脫了傳統上將人看作為問題的治療觀念，透過「故事敘說」、「問題外化」、「由薄到厚」等方法，使人變得更自主、更有動力。另外，外化可以把人和問題拉開一定距離，具象化可以將抽象的概念形象化。如果將兩種技術聯合使用，有助於把內心不易捕捉的混沌感覺，轉變為具體的、生動的和可操作的問題理解，促使來訪者將診間中的領悟延伸到現實生活。

透過澄清與探索，治療師發現來訪者李曉強的內心充滿衝突，其核心是理性化的想法與情緒化的需求之間。相比單純進行理論性的解釋，採用生動的語言和具象化的隱喻，更容易被李曉強感悟、內化和轉化。

本案例中，李曉強對自我的心理衝突十分苦惱，卻無法解決：一方面不斷買新衣服，讓別人羨慕自己，靠滿足欲望提升自尊；另一方面，感到這樣做很幼稚，不是成年人解決問題的方式。治療師將這兩種想法比喻為感性的「小李」和理性的「大李」。此前，每當「小李」和「大李」衝突打架的時候，他都出現焦慮失眠，而現在他能分辨出，這是理性與感性在不同層面表達各自訴求，並沒有絕對的對與錯，於是內心掙扎得到了緩和。

在日常生活中，對於情緒衝突的管理，可以先從覺察情緒入手，其次到審視自我心理感受，再到適度承接與平衡需求，最後是理性的介入引導。

猶如在本案例中，來訪者解決自我內在情緒衝突時，在理解的前提下，對情緒給予了適度承接，最後的結果是，矛盾衝突後的焦慮情緒緩解了，購買新衣服的念頭和行為也隨之顯著減少。

第七章　控制欲作祟的「手續」

第八篇
懷疑恐懼，我究竟得了什麼病

人物獨白：我一直處於焦慮之中，總懷疑自己得了什麼病。我看了很多醫師，也做了很多檢查，但什麼病也沒有發現。可我還是感覺心慌、焦躁不安，夜晚睡不踏實。直到有一天，我終於明白自己發生了什麼……

恐懼情緒，像是一個「黑洞」，很容易讓人一直深陷其中找不到出口，令人無助而迷失。然而，人若想要從這個「黑洞」裡跳出來，也不是那麼簡單的，而是要用審視、探尋和智慧找到它的出口。

我的身體，生了什麼病

人內心過度的不安恐懼，常常發生在對某個事件過分主觀化的認知評價後，這是一種主觀臆斷與災難化的認知過程。

四月，柳絮紛飛。心理治療室的門被推開了，一位年輕的女大學生走了進來。

她主動向我打了一聲招呼，把諮商簽到表遞給了我，安靜地坐了下來。我迅速打量著這個名叫王詩慧的女孩。

戴著琥珀塑框眼鏡的她，看起來頗為文靜，披肩的長髮雖是隨意一搭，卻顯得恰到好處，十分自然，很容易給人留下很好的印象。

只不過，我仍透過她的鏡片，從她眼眸深處捕捉到了一絲難以掩飾的焦慮和擔憂。

「想跟我說一說你有什麼困擾嗎？」我問道。

「我總是感到心慌、焦躁不安、睡不著覺。還有，我已經看過很多醫師，做過很多檢查了，都找不出問題來。醫師，我今天好不容易掛上您的門診，請您幫幫我吧！」

跟著我的提問，王詩慧頓時如開啟了機關槍一般，吐字飛快。

「逛醫師」？聽到王詩慧對自己的症狀如數家珍，再看看她臉上焦急的表情，我腦海中突然跳出了這三個字。

逛醫師：是指病患為了同一疾病，在醫治過程中，未經任何醫務人員的轉介，就向第二個或更多個醫師尋求醫療服務的行為表現。

「你別著急，慢慢地說。」我安撫了一下王詩慧。隨即問道，「你的心慌有多久了？」

「從開始到現在斷斷續續快半年了，之前沒覺得自己有焦慮，心慌只是偶爾的，一會就好了。但懷疑自己可能是焦慮症之後，心慌就多了起來。」王詩慧急忙應道。

「在覺察到自己有焦慮之後，心慌的感覺反而更頻繁了，是嗎？」身為治療師，我需要確認來訪者的重要資訊。

「對！還會經常胡思亂想，懷疑自己有病。」王詩慧快速回道。

我繼續了解著她的情況：「在這之前，有沒有什麼事情發生？比如說家裡重要的人或者其他人生病了？或者你的生活中發生了什麼事情？」

「好像沒有。不過之前有個朋友讓我感覺到很不舒服，讓我感覺到了威脅。」王詩慧一邊回憶，一邊回道。

威脅，刺耳的兩個字。出於職業的敏感，我立即想到她之前提到那個「朋友」應該是個男性。

「是男朋友？」我需要探究。

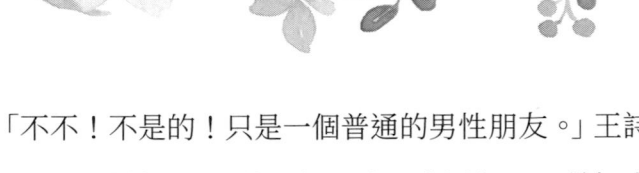

「不不！不是的！只是一個普通的男性朋友。」王詩慧立即矯正道。

看到王詩慧眼中有些閃躲，我心中泛起了一絲好奇。

「他對你有好感，是嗎？」我好奇地問。

「嗯，我想應該算是吧。」王詩慧有點支支吾吾地說道。

我還想繼續從這個話題中，獲得一些讓她感到困擾的訊息以及相關診斷資訊，但是，顯然王詩慧一直在有意迴避這個話題。

我隱隱地感到，她現在的焦慮狀態很可能與這個「男性朋友」有關。但是，倘若她一直迴避這個話題，那麼在這個重要節點上的心理諮商就很難深入下去了。

我斟酌了一下，決定做一些關於身心關係的解釋說明，目的是讓王詩慧放下內心的防禦和阻抗。

想到這裡，我望著她的眼睛，放慢了語速，鄭重其事地說：「你知道嗎？人的身心其實是一個整體。你剛才說自己心裡不舒服，感覺到了威脅，然後身體就有了不適反應。顯然，是心裡累積了很多不舒服，身體才出現了難受，這是身體語言在提醒你。所以你來做治療。」

王詩慧坐得直直的，聽得很認真。

我沒有停下來，接著說道：「對治療師來說，重要的是了解不適症狀的成因。在得知了症狀源頭之後，醫師才有方案讓症狀消退。倘若根本不知情，只能用通用流程做評估診斷。這麼一來，治療方案與你的匹配度就會差，效果也就不盡如人意。也許，你就需要不斷地換新醫師。」

我的話似乎引起了王詩慧的共鳴，她若有所思地點了點頭。

我順勢將話題一轉，說道：「如果我們能夠追著不適症狀出現的軌跡去探尋，就可能緊貼著它的特點，制定出更具針對性、匹配性的方案。所以，重要的是我要去了解你經歷了什麼？心裡有了怎樣的感受？如何引發

了身體不適的反應？所以，能不能讓我了解一下這個過程呢？」

聽了我的話，她點點頭，然後猶豫地望向我，問道：「我從哪裡說起好呢？」。

「就從你和那個男性朋友的關係說起，也就是你剛說的『威脅』說起吧。」憑著我的臨床經驗，明確地回道。

王詩慧點點頭，略微考慮片刻。

然後，開始述說她和那名男性朋友相識的經歷⋯⋯

他叫肖笑軍，是比她高一年級的高中同學，兩人相識於一次迎新晚會。那時，她參加年級女生合唱隊的演出，肖笑軍則是擔任老師的幫手，做一些現場事務的協調。之後，兩人常常相遇於校園、餐廳或者教室走廊上，彼此會微笑地點頭招呼。畢業後，也就沒有繼續聯絡。

原本，兩人可能一輩子都不會再有交集了。

不過，人生如同一場劇，總會有些巧合發生。

一次春節同學聚會，王詩慧和肖笑軍偶遇了。聚會結束後，兩人互留了聯絡方式。照理說，兩人只是擦肩而過，一個向左，一個向右，之後不會再有交集。

只不過，其中一人回頭了。

在王詩慧述說時，我一直仔細觀察著她的神情。在她敘述之前的經歷時，她的表情一直是平和的，但當說到下面這段時，她的眼神裡透露出一絲恐懼。

「聚會幾天後，他就主動加我 Line。不久，他跟我表白了。我明確地告訴他沒有可能，但他還是不斷傳訊息給我。後來，我都不敢再理他了，很害怕再這麼下去，他可能會做出傷害我的極端行為。」

留意到她提到的「極端行為」，我覺得有必要在這裡做一個澄清，看

看究竟在她的生活裡發生了什麼。

於是，我問道：「他傳什麼訊息給你，讓你覺得他可能會做出極端的事情？比如他說沒了你就活不下去了？或者其他什麼？可以舉一個例子給我嗎？」

「他就是說『不放棄』。」王詩慧很快回道。

「之前他有明確的表白嗎？你怎麼回應的？」我接著追問。

「有！不過他怎麼說的我記不清了，我就記得我說要他別回頭，向前看，前面還有很多好女孩等著他。」王詩慧回想了一下補充道。

「你們相識後的相處是怎樣的，是平和的嗎？」我繼續探索著可能讓王詩慧產生恐懼的連結點。

「認識後，一直都以普通朋友來相處的。但半年後，他就說喜歡我，我那時也是拒絕了，過後他沒有糾纏，也沒有再聯絡我。真沒想到，事情過去四、五年了，他竟然還沒忘了我，而且又向我表白了，這讓我感覺很害怕！」

說到後來，王詩慧的聲音逐漸開始有點發顫。

他的愛慕，讓我很害怕

人類對未知的恐懼是與生俱來的。當知道了自己害怕恐懼的對象是什麼時，這種感覺就會有所緩解。

原來，王詩慧害怕的原因，在於那個曾經向她表白過的學長，時隔多年之後還沒有忘記她。這本是一件正常的單身男女間的愛慕故事，頂多是那個男生的痴情。

為什麼一個痴情的男同學，會令她感到如此恐懼呢？

　　是她自身的原因？還是由於那個男生的原因呢？還是兩人之間的關係發生了什麼突然的變化呢？

　　一個接一個的疑問從我的腦海中冒了出來。於是，我整理了一下繁複的思緒，想透過還原那個男生的心路歷程，嘗試將兩人的關係做一個過程梳理。

　　「一個高中開始喜歡你的學長，上大學後依然還記得你，這其中有愛慕的成分，但這種情感不是病理性的。那時你們未滿 18 歲，上大學後的某一天，你們又相遇了，當年那個讓他怦然心動的小學妹又出現在眼前了，他想嘗試聯絡一下，向已經成年的她表達自己的愛慕之情。如果是這樣一個過程，我尚未從他這個行為上看到不恰當。」

　　我按照時間歷程，做著事件過程的訊息梳理。

　　「其實，我一直就當他是個普通朋友，對他保持一般正常的交流狀態。」

　　王詩慧在「普通」和「正常」兩個字上面加了重音，特意強調道。

　　說完後，不等我回應，她又急忙加了一句，說道：「只是我不明白，我對他並沒有動心過，也從來沒給過他哪怕一點點曖昧的暗示，他為什麼還要再次向我表白。而且我每次都拒絕了，他還說喜歡我、追求我是他的權利！」

　　說到後來，王詩慧語調越來越高、聲音越來越大，莫名火了起來。

　　看著王詩慧氣呼呼的樣子，我沒有立即接話。而是起身開啟窗戶，讓清新的空氣流動起來。

　　王詩慧沉默了一會兒，臉上的怒氣也開始漸漸地消退了。

　　我接著剛才的話題，繼續做著探索性澄清，說：「如果你們曾視彼此為朋友，那應該是互相有好感的。四五年時間過去了，你們都上了大學，也還是單身。假如我是那個男同學，當又再次遇見心裡喜歡的那個學妹

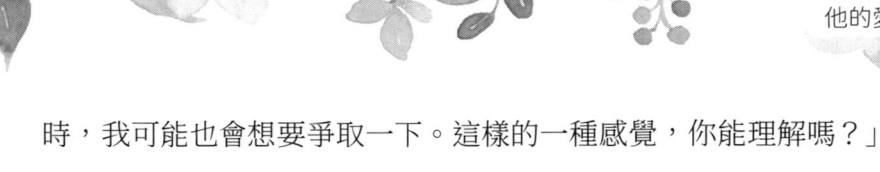

時，我可能也會想要爭取一下。這樣的一種感覺，你能理解嗎？」

王詩慧回想了一下，然後沒有點頭回應，但也沒有否認。

於是，我不急於深入下去，而是決定繼續了解細節。

我問道：「你剛才說你們再次遇見後，彼此關係持續了半年多，這期間你們是怎麼交流的？」

「他每週都會聯絡我一到兩次，這樣的狀態大概持續了半年，之後他就跟我表白了，然後我就開始緊張害怕了。」王詩慧回道。

「他跟你交流的時候，你的感覺是什麼？」我接著問道。

「起初只是有點煩，現在就是很厭惡吧！」王詩慧的臉上也出現了嫌惡的表情。

「很厭惡？可以說說具體原因嗎？」我追問道。

「他這種死纏爛打的行為，讓我越想越害怕，感覺連朋友也沒辦法再當了。」

王詩慧看似有些氣憤，卻也顯露出無助、焦灼的神情。

我需要做一些澄清，說道：「現在，先把『死纏爛打』這個詞放到一邊。因為無論是你們在高中時的交流，還是你們最近這半年裡的交往。到目前為止，從你提供的資訊來看，你們的聯繫並不頻繁，他的言行也沒有越界，從這些角度看似乎還談不上死纏爛打。」

「但他的目的就是想跟我做男女朋友啊！」王詩慧爭辯道。

我察覺到，王詩慧對問題的歸因有些絕對化了，加之她「越想越害怕」這個主觀臆想的資訊加工，看來我要在這裡做些工作了。

基本歸因謬誤（Fundamental Attribution Error）：來訪者由於自身存在的局限性，在認知過程中忽略或曲解了某些行為或訊息，致使其未能客觀全面地對這些行為或訊息進行評價與歸因。

於是，我說道：「如果我們能基於這段關係的事實做分析判斷，就容易理解彼此言行的真實內涵。若你先在主觀上視為威脅，其實是在資訊中摻入了自己的主觀化或者災難化的推斷，這就足以讓人產生不安和恐懼。」

為了幫助她更好的理解我想要表達的意圖，我進一步解釋說：「你這樣想像，我是你眼前的一面大鏡子，透過你給我的原始事實與數據，並把這些資訊盡可能地還原到這面鏡子上，讓你看得更完整、更清晰一些。心理學上把這個過程叫作問題的澄清和具體化。」

「看到鏡子？澄清問題？」王詩慧喃喃道。

「我發現，有時候你的不安和恐懼來自於對某種訊息的過度加工，當我把這些事實重新還原之後，你會發現自己沒那麼緊張害怕了，這是因為認知歸因與情緒有關聯性。在這個過程中，我不是在勸導你，而是回歸到事實的原點，再從那個原點一步步走過來，讓你看到一個更完整、更接近真實的情境。」

「哦？還有我自己的過度想像在裡面，我怎麼沒有意識到。」王詩慧解釋說。

「很多時候，人是按照自己的本能進行防禦性反應的，是情緒性的，但卻不是事實本身。所以，我會幫助你還原一些基本狀況，你就會發現有些擔心是本能無意識的反應。當你重回事實本身時，這種擔心就會減少，自然也就不再那麼害怕了。」

人類對未知的恐懼是與生俱來的。當知道了自己害怕恐懼的對象是什麼時，這種感覺就會有所緩解。

在這裡，我把恐懼的心理過程解釋給王詩慧聽，是想透過一種回歸客觀推理的方法，來還原事實本來的樣子，以此緩解她內心莫名的恐懼感。

　　果然，王詩慧聽了之後，不由自主地舒了一口氣，能感覺到她比先前放鬆了一些。

　　我開始重新探索之前她一直迴避的一些話題：「能不能把你們當時交流的過程，盡可能不加任何主觀評論地告訴我？」我問道。

　　「他就是說喜歡我很久了，問我可否做他的女朋友？我直接拒絕了。他說能理解，做什麼事都要遵從自己的內心，但他說還會接著喜歡我。我就說，如果他再繼續喜歡我，就不再跟他往來了。」王詩慧道。

　　「之後呢？」我接著問。

　　「我們之間就沒有聯繫了。是他不再主動聯繫我了。當時，我想要刪除他的帳號，但害怕刪了帳號會刺激他，更擔心他做出什麼出格的事，就沒有刪。」

　　王詩慧回道。接著，她又補充道：「從他不聯繫我後，我就開始經常感到害怕，而且也開始懷疑身體得病。我發現身上出現小紅點或者發燙，就會懷疑自己得了什麼怪病。然後心慌、失眠和恐懼……什麼症狀就都出來了。這時我就更擔心了，感覺自己身體越來越糟糕了。」

　　聽了她對自身體徵與心理過程的描述，我有了一些新的思考和預判，即對男同學的害怕可能只是浮在表層的原因，其核心癥結並不是這段關係，而是源於她自身的歸因模式。

　　於是，我沒有再繼續探究她與肖笑軍的關係，轉而說道：「從你剛才所說的來分析，我發現了你在資訊加工和解釋歸因上有些特點，比如一個喜歡你的男生，他只是口頭說還想爭取，但其實也沒任何行動。而在你這裡，卻會強烈感受出一種真實的威脅。我想知道，你是否聽過類似的故事？還是看過有關影視作品？」

　　王詩慧說：「有啊！我在新聞報導上看到過。」

這是一個重要的訊息，也就是她的心理症狀與她看到的新聞事件的內容相關聯，也許這就是她無端恐懼以及身心生理性功能紊亂的一個原因。

於是，我緊緊追著這個問題，說道：「我很好奇，這是什麼樣的新聞故事，會給你留下了這麼深刻的印象？」我追問。

「有個電視新聞說，某女大學生和男友分手了，之後這個男生就開始報復，對她潑了硫酸；還有一篇新聞說，一個女生與戀愛三年的男友分手後，被拳打腳踢，受了重傷……」

我能從王詩慧的眼裡，看到她的不安，以及越來越多地流露出來的恐懼感。

我明白了，她是被自己對意外事件的過度推論以及災難化給嚇住了，把發生在別人身上的事情，用想像性假設連結到自己身上。

這是一種不真實的、不合邏輯的、帶有主觀臆想的信念。

非理性信念：通常指個體內心不現實的、不合邏輯的、帶有主觀臆想的信念，主要包括絕對化要求、糟糕至極和過度概括化三種類型。

看來這是王詩慧出現心理症狀的核心衝突，需要我在此停留進行深入澄清的工作。於是，我回應道：「那個女演員被傷害的新聞我也看了。不過，我還是先回應一下你剛才說的第一個新聞報導。好像在新聞報導裡面，沒有描述過他們如何相愛，如何衝突，又如何轉化為仇恨，因此，這個故事的具體過程我們都不了解。但是，那個喜歡你的男生是你的學長，你們相識於校園，並以普通朋友交往。那麼，你對他應該是有一定了解的。如果拋開你現在對他的看法，回到最初你們相識的時候，告訴我他是怎樣的一個男生？」

「嗯，他個子挺高的，身高一百八幾公分，特別愛踢足球，外表看起來還挺帥氣的。在學校餐廳遇到時，遇到排長隊，他還會幫我買飯。其他

的就印象不深了。」

王詩慧一邊回憶著，嘴角一邊不自覺地露出了笑容。

「他的人際關係如何？會爆粗口嗎？會和別人打架嗎？」我接著問道。

「沒有。感覺他人緣還好吧！挺開朗的，和同學開玩笑式地調侃打趣。好像沒聽說過他和別人打過架。」王詩慧回說。

「最初你願意作為朋友來往，那又是因為什麼呢？」我進一步問道。

「呃，我沒有太多印象了。」

王詩慧在聽到我問題的一剎那定格了一下，然後猛地搖了搖頭，似乎想要甩掉什麼。

我能感受到王詩慧那份糾結的心情。她可能在某個時段對那個男生也有過好感，只不過因各種原因，後來沒能再繼續下去。

我沒有再繼續探索她對那名男生的看法，而是沿著分析心理問題的路徑繼續。

「好，我們來試著分析一下這個男生的行為。在學校時，他應該對你有好感，會透過替你做一些事情表達出來。高中時，他表白時被你拒絕了，之後他也沒有再打擾你或糾纏你。大學時，同學聚會上再一次偶遇你，他發現依舊沒有忘掉你，甚至喜歡你，於是他嘗試每週聯絡你一兩次。從這個過程中，並沒有如你所說的糾纏不休和威脅。」我說。

我把王詩慧的片段回憶，用具體化的情景語言還原出來，這就是心理諮商中的問題澄清。我注意到她一直很關注我的表達，聽得很用心。

我繼續說：「可以看出，他是一個懂得節制的男生。你們再次遇見後，他跟你先慢慢地從普通朋友開始，在維持了一段時間後，再找一個時間點表白他的情感。在被你拒絕之後，他也只是再一次表達了自己的想法。之後，他就再也沒有聯繫你了。所以，到目前為止，這個男生的行為其實都

是沒有越界的，也看不到任何對你有攻擊報復的意圖。」

王詩慧一邊聽著我的述說，一邊沉思著，似乎在感受著我所表達的內容。

「還有，你當時有沒有好奇，他為什麼時隔三年後又跟你表白呢？」我補充問。

「我問他了。他說覺得我人挺好，跟我挺聊得來的，就想說看看我們有沒有可能。」王詩慧回道。

「嗯，當你再次拒絕他之後，他也會想說，算了，她真的對我沒有感覺。從此，他決定再也不打擾你了。」

「確實，從那以後他就再也沒有聯繫我了。」她確認了我的分析。

「但是奇怪的是，他不再聯繫你了，你反而越來越害怕了。似乎你的焦慮恐懼都是在他不再與你聯繫後出現的。是這樣嗎？」我需要她的確認。

王詩慧連連點頭，回說：「是的！就是這樣的！」

「好！現在再回到事實本源上看看，那個你害怕的男同學 —— 他是個愛好足球的男生，人緣不錯，當你第二次拒絕他後，就再也沒有聯繫你了。顯然，他喜歡你，但也具有較強的自制能力。更何況你們之間一直理性交談，看不出有什麼地方激怒他。」

王詩慧點了點頭，然後笑了一下，回應道：「嗯，您把事情的過程還原了，我有點明白了。確實，他再也沒有聯繫我了。」

聽了王詩慧的回應後，我開始轉向處置王詩慧本身存在的心理困擾，說：「現在你和那個男同學的關係脈絡清楚了。再來看看你發生了什麼，當他不再聯繫你時，你的擔心、害怕和恐懼等一系列負面情緒就都出來了。你在無事實依據的情況下，害怕他有極端行為，其實這來自於你自身

『糟糕至極』的思考模式。」

糟糕至極：美國心理學家韋斯特總結的不合理信念的三個特徵之一。是指個體存在的一種認為如果一件不好的事發生了，將是非常可怕、非常糟糕的，甚至是一場災難的想法。

王詩慧瞪大了眼，一臉訝然：「哦？難道原來這一切都是我自己在瞎編？是我自己在胡思亂想？」

看到王詩慧有點曲解了我的意思，我搖了搖頭，進一步解釋道：「不是說瞎編，可能是你比較敏感，在這段時間裡比較頻繁地看到有關戀人傷害的新聞，在大腦中留下了深刻的印記。於是你就下意識地將這些片段加工成與自身經歷相似的事件，並對號入座了。」

說到這裡，我略微停頓了一小會，目的是讓王詩慧對問題的理解有一個內化過程。果然，王詩慧喃喃自語道：「嗯，我經常上網去檢視了解這些戀人之間報復傷害的新聞，越看我越害怕！」

看到王詩慧已經開始覺察自己，我繼續做著分析，說道：「你對這個男同學的害怕也是這個道理。之前我已經分析過了，首先你們並不是情侶關係，也沒有任何親密接觸及財物糾紛；然而，新聞報導的都是情侶關係，彼此有很深的情感捲入，在一方提出分手時，另一方會有被拋棄感，可能會出現衝動行為。你們都不是戀愛關係，只是普通同學，他為何要攻擊傷害你呢？」

王詩慧沉默著沒有言語。

也許，我在這裡給予她的訊息、釋義與因果分析，的確與她先前在網路上看到的差異很大，我需要繼續做一些分析性的闡釋。

於是，我接著說道：「世界上有很多人，但每個人又如此不同。有的人比較衝動，有的人性格溫和，有的人比較知性，有的人比較情緒化。依

你所描述的這個男同學，看不出他是容易衝動的人。在你說『不』以後，他一直沒有聯繫你。這本來符合你的願望，但你臆想中的猜疑念頭不斷浮現，比如他會潑硫酸嗎？他會報復嗎？我怎麼辦呀？最後你發現，這些念頭你控制不住了。」

「的確，剛開始還能掌控一些自己的想法，後來就快失控了，反覆想萬一他傷害我怎麼辦？白天、夜裡都會想這個問題，有時夢裡也有。」

王詩慧已經向內省思自己了，這是一個不小的進步。於是我趁熱打鐵，接著說：「是的，頭腦中的念頭和想法，可以在沒有事實依據的情況下，透過主觀臆想和嫁接形成某種信念，這恰恰是災難化思考的主要特徵。所以，現在你需要以客觀事實為起點，重新梳理你所思所想的內容，甄別哪些是你想像的，哪些是真實的。這樣會幫助你發現自己哪裡出了問題。」

聽了我的分析，王詩慧使勁地點了點頭。

之後，我結束了諮商，約好了下次心理諮商的時間。離開診間時，王詩慧一邊說著再見，一邊露出了笑容。我暗想，希望下次見到她的時候，她依舊能保持這樣的微笑。

我的敏感，是個錯誤嗎

「情緒腦」是依靠神經反射去完成的，所以它的反應非常迅捷。「理性腦」則在執行中速度較慢，因為它需要提取資料、分析與判斷。

一週過後，王詩慧如約前來。

進入心理治療室後，王詩慧一如先前般主動問好，然後安靜入座。

今天的王詩慧，臉上帶著淡淡的微笑。

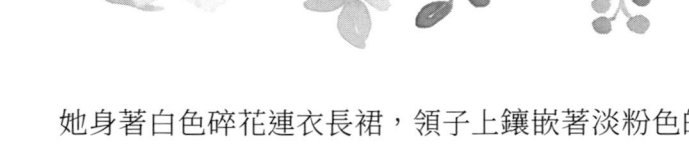

　　她身著白色碎花連衣長裙，領子上鑲嵌著淡粉色的蕾絲邊，加上微卷的長髮和恬靜的氣質，很容易讓人一下聯想到安徒生童話中的公主形象。

　　我能感覺得到，今天的她和初見時有所不同。

　　於是，我直接問道：「這一週來，你的感覺如何？」

　　「好多了呢！那天和您交流完了之後，我在回學校途中，一直都在想著您說的話，回到宿舍後，開啟 Line 時突然發現自己好像不那麼害怕了。之前，每當我開啟 Line 時心裡都是忐忑的，既害怕收到他的訊息，也害怕沒有他的訊息，猜測他可能正在籌備報復我什麼的。剛開始我還以為只是偶然的心情好轉，現在我發現，害怕他報復我的念頭幾乎沒了。真的很不可思議！」

　　一聽我問她的近況，王詩慧猶如小鳥一般露出雀躍的欣喜，一口氣說了很多的話。

　　王詩慧的回饋在我意料之中，非理性信念修通之後，來訪者常常都會有這種輕鬆釋懷的感覺，這是一個正向的訊號。

　　修通：是指諮商師運用多種技術，使來訪者修正或放棄原有的非理性信念，並代之以合理信念，從而使情緒症狀得以減輕或消除。

　　「怎麼做到的？還是同樣的那個你，為什麼現在感覺就不一樣了呢？」我拓展著話題。

　　「嗯，具體我也說不太清，這幾天一直在反覆想著您說的話，還有您對事件本身的還原和分析，越思索越就覺得您說得有道理，然後就突然發現那種害怕的感覺消失了。」王詩慧想了一下，欣喜地說道。

　　我一邊看著沉浸在喜悅裡的王詩慧，一邊思考著。從表面上看，王詩慧因害怕而來，現在害怕的症狀消失了，不過依據我的經驗，來訪者透過一次心理諮商就能完全好轉的個案少之又少，我不會樂觀地認為她的心理

困擾已經完全解決了。

所以，我還需要再做些一些澄清的工作。

我問道：「除了害怕的感覺沒了，其他身體上不舒服的症狀呢？有什麼變化嗎？」

「早上起床時，還是會有一些心慌的感覺。」王詩慧臉上又浮現出了一絲擔憂。

「那也是正常的，因為你的症狀已經持續有幾個月了，所以恢復起來也同樣需要一些時間。」我回應道。

王詩慧點了點頭，不過我看到她的眼中仍有一絲疑惑。於是，我緊接著做了一些有關情緒的理論解釋，說道：「你的心慌與情緒有關。簡單來說，人有三個腦，爬行腦、情緒腦和理性腦。其中，理性腦是反應最慢的，因為它需要蒐集、分析和判斷內容，而情緒腦在進化發展的過程中是依靠神經反射去完成的，所以它的反應特別快，此時理性和思考是無法干預的。」

三腦理論（Triune Brain Theory）：神經學專家保羅・麥克萊恩（Paul MacLean）提出假設，他將這三個腦分別稱作新皮質，邊緣系統以及爬行動物腦。每個腦透過神經與其他兩個相連，但各自作為獨立的系統分別執行，各司其職。

我略微停頓了一下，緊接著繼續說：「比如說你身體出現了一個反應，你即刻就會有擔心的感覺，緊接著做出一個『我可能身體出問題』的假設。此時隨著你投入更多的關注與警覺，身體會出現更多的反應，如心慌、胸悶和出汗等，然後你會更加緊張害怕。如此，便進入了一個身心不良的循環之中。」

聽了我的解釋，王詩慧似乎若有所思。

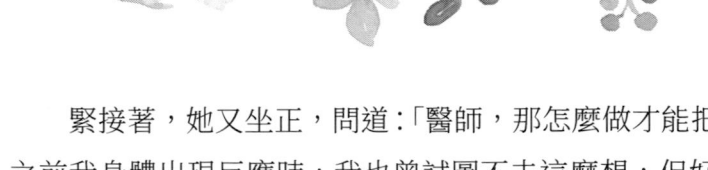

緊接著，她又坐正，問道：「醫師，那怎麼做才能把這個循環打破呢？之前我身體出現反應時，我也曾試圖不去這麼想，但好像控制不住自己的情緒啊。」

王詩慧眼中流露出迫切的神情。

聽到王詩慧的提問，我心中不由對王詩慧生出幾分讚許。

她能主動提出問題，說明她對問題的原有歸因發生了改變。現在，她主動開始對自我問題的覺察與改變。這對後續心理問題的解決和自我成長很有助益。

於是，我給予了她正向的回應，說道：「你問的這點很重要。以後，當你的身體再次出現這種類似的感覺時，可以告訴自己這不是什麼病症，之前你已做過體檢，當下身體這種反應是情緒的一種表達。另外，你還可以透過調整呼吸放鬆下來。用這種方式來幫助自己，而不是透過主觀臆想和揣測，那樣只會讓自己更緊張。」

王詩慧點了點頭，又想了想，然後向我丟擲了一個問題：「不過，為什麼我會有這種反應呢？我周圍的同學們好像都不是這樣的。」

「這只是你觀察感覺的一部分，其實同學的真正情況你並不了解。記得上次我們討論過這個問題，人與人之間是有差異的，尤其在感覺和情緒層面上。你只能覺察到自己是易感的、細膩的，比別人更容易有這種感受，身體反應也就來得快一些。其實，人類對於未知的恐懼反應，是一種本能的防衛機制，是無意識層面的。」

針對王詩慧的疑問，我用她能理解的方式，做了初步的解釋。

解釋技術，是心理諮商中一個具有重要影響力的技能。對王詩慧心理問題成因和過程的解釋，是緩和她心理困擾的重要一環，也是對她既有問題建立新認知的關鍵所在。

「嗯嗯，是的！我從小就比別人敏感，我媽一直這麼說我。」王詩慧連連點頭，回應道。

我向前略微移動了椅子，繼續解釋道：「現在，請你感受並體驗一下這個過程：比如，當你察覺到身體有一些異樣感覺時，你慌張害怕的情緒就跑出來了，本能上你就會立即逃跑求援。這時，可以把情緒看成孩子，當你慌張不安時孩子就會害怕，變得很無助。你的理性可以看成是成年人，有能力分析判斷，你知道情緒不是那麼可怕的事，就會去安撫那個恐懼無助的孩子。你若能這樣去想去做，那個惡性的循環就被打破了。」

我感覺王詩慧聽進去了，一動不動的。

於是，我沒有立刻去探尋她的反應，繼續說道：「以後，若你再出現心慌的感覺，可以先安撫情緒小孩，告訴它沒有傷害發生。然後，再透過深呼吸放鬆身體，學習用新方式和自己相處，而不是像之前一樣，重複性地害怕和逃跑。」

聽到這裡，我看到王詩慧舒了一口氣，露出了好看的微笑。

如果解釋技術運用得當，它猶如藝術般的神奇，可以消融固化在來訪者內心裡塵封的冰山。

王詩慧用肯定的語氣對我說：「醫師，我現在是真的想明白了，其實身體、情緒和感受是個挺複雜的東西，它們不是我以前想像的那個樣子，所以我也不會再那麼自以為是了。」

之後，我結束了這次心理諮商。望著王詩慧離開診間時輕盈的步伐，我似乎感受她在自我成長路上的堅持與篤定。

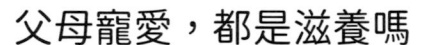

父母寵愛，都是滋養嗎

讓來訪者成為一個人格獨立而成熟的個體，是心理諮商的終極目標。

王詩慧每隔一週都前來複診，及時回饋她身心上的感受、情緒狀態和行為狀況。

直到第六週時，我感到她的整體狀況已基本恢復穩定，便決定進一步減少我們在診間裡見面的頻率，為結束諮商治療做必要的準備。

不料，當我告知她我計劃結束諮商的安排後，在接下來的見面中，王詩慧的心理狀態似乎又有了明顯的退步。開始述說自己的心慌症狀，還有控制不住地胡思亂想。

難道有新的壓力事件出現？或者又疊加了新的問題？我開始仔細尋找引發她病程波動的各種原因。但是，卻依然沒能找到相應問題的答案。

為此，諮商陷入了困頓之中。

然而，就在本次諮商即將結束時，王詩慧突然對我說：「醫師，我想改回每週都能見您一次，不知道可不可以？」

隨著她的這個請求，我腦中突然閃過一個念頭，難道是她不願意結束諮商關係嗎？難道對治療師產生了依賴？這個念頭一閃即逝，一時之間還來不及細想。

當王詩慧離開診間之後，我開始仔細回想腦海中閃過的念頭，聯想到王詩慧見我時眼中的期盼渴望，我腦海中很快浮現出了一種可能性。在臨床心理諮商治療中，來訪者原有的症狀會在諮商結束前短暫地重現或加重，究其心理根源，是來訪者不願意結束諮商，原因是對治療師產生了移情。這不是意識中的產物，而是其潛意識下的應答。

想到這裡，下次諮商的重點逐漸在我心中形成了一個脈絡。

移情：是指來訪者將自己過去對生活中某些重要人物的情感轉移到諮商師身上的一種情感。

再一次見面的時候，王詩慧晚到了十多分鐘。

一進心理治療室，她連連道歉：「不好意思醫師！今天路上出了一起交通追尾事故，堵了半個多小時。」

「沒關係，可以理解。你平常都是坐公車嗎？」我隨口問道。

「沒有，每次都是我爸爸開車送我過來的。」王詩慧說話的聲音有些喘，臉上還滲出細密的汗水。

我點點頭，如往常一樣，用微笑作為回應。

但是，此時王詩慧有些突兀地、急切地又補充了一句：「都怪我父母，我不讓他們開車送我，但是他們每次都非要送我。」

這句突兀、急切表白的話語，反倒引起了我的關注，我頭腦中一直回味著王詩慧剛才說的那一句話。

這句話裡的資訊不少，首先隱含著王詩慧父母對自己孩子的過度保護，已經上大二的孩子每次見治療師需要父母開車接送；其次，也隱含著王詩慧對父母的依賴，似乎缺少一些成年人的獨立人格。

獨立人格：是指人的獨立性、自主性、創造性。具有獨立判斷能力和獨立自主的精神。

那麼，如何喚醒她內心的自我獨立意識，讓她成為能夠面對自己問題的人，就成為下一步心理諮商治療的主要方向。

在接下來的諮商中，我也會及時調整之前與她的關係模式，把她在心理成長之路上的責任與承擔，更多地交給她本人去思考、去選擇、去決定。

讓來訪者成為一個人格獨立而成熟的個體，是心理諮商的終極目標。

想到這裡，我梳理了一下諮商的方向，決定從她的成長經歷深入下去。

於是，我對她說：「能不能和我說說你是在怎樣的環境中長大的？」

王詩慧點點頭，一邊回憶一邊敘述著她成長的過程。

她是家中的獨生女，早年間父母忙於事業，很晚才有了她。在她出生之後，基本上也是集萬千寵愛於一身，在眾多長輩的呵護中成長。從小到大，都是家人接送她上下學，基本沒有單獨出行過。

「上大學後，父母還接送嗎？」我追問著細節。

王詩慧的臉唰地一下紅了，訕訕地說道：「我不讓父母送，但是他們每次都堅持要送我去學校。」

「所以在你長大的過程中，你是希望爸媽陪在你身邊的？甚至還是幫你開車的那個人，是嗎？」我繼續追問。

王詩慧先是一怔，然後肯定地回道：「我會希望他們一直在我身邊。」

她的話語中，依舊未涉及「我已成年，父母代駕」的這個主題。

於是，我直接切入主題，說道：「我想讓你考慮的是，看看你什麼時候能夠成為自己駕車的那個人。父母在你的生命中的確很重要，對於年幼的你來說，他們是依靠。但父母會逐漸老去，而你終將成長，需要獨立面對這個世界，也終將成為掌控自己方向盤的那個人。所以，你需要去調整與父母之間的關係，可以試著讓自己獨立做一些事情。」

「嗯，我會好好想一想的。」王詩慧一邊應答著，一邊默默地點點頭。

為了給王詩慧一個思考的時間，我沒有沿著這個主題繼續追問，而是開始詢問她的一些近況，說道：「最近你的情緒狀態如何呢？」

王詩慧說：「現在還是不太穩定，早上起床的時候還是會感覺腦子比較亂。」

聽到王詩慧的回饋和兩週前如出一轍，又聯想到先前王詩慧要求增加見面頻率原因的猜測，我一邊想著如何切入問題，一邊澄清道：

「腦子很亂？是每天都有？還是偶然有？」

「以前是兩三天一次，現在每天早上醒來的第一件事就是開始胡思亂想。現在我擔心自己到底能不能好得了。」王詩慧苦笑道。

我意識到，如果她獨立的自我意識無法被喚醒，她的心理症狀是無法得到根本改善的。

自我意識：自我意識形成原理包括：正確的自我認知、客觀的自我評價、積極的自我提升和關注自我成長。人生不同的發展階段，其自我意識的形成各有特點。

於是我用緩慢而有力量的語調，一字一句地說道：「如果你只是嘆息和抱怨，而沒有作為，那麼它就會固化為一種習慣化的反應模式，一直循環下去。」

「啊？醫師，那我怎麼辦呢？」王詩慧一聽，有些發懵。

但是，她依然還是習慣性的依賴，本能地開始呼喚求助，想要從醫師這裡獲取保護和不經自我思考的現成藥方。

這時，我沒有在情緒上呼應她，也沒有給她現成的方法。而是，用平靜且堅定的語調說道：「在我看來，你問題的最終解決，在於你的選擇和決定。要知道，每個人的內心世界，都是由她自己主動建構的，而不是被動地參與。你現在這個狀態，是與你自己選擇性關注分不開的。」

「哦？是我選擇的？」王詩慧喃喃自語著，好像有些不解。

我決定了，要改變自己

當一個人真正意識到自己所面臨的危機時，自我內在的心理動力也是最強的。

我舉了個例子。

兩年前，我與一名同事參加學術會議，合住一個房間。次日，當我懵懂地睜開眼睛時，就聽見她說：「生活多美好呀！」當時我有些不解地問：「這是你真實的感受，還是今天有讓你高興的事？」她很認真地說：「每當我睜開眼睛看到陽光時，都會跟自己說：『生活真美好！』」

我的同事說這些話時很真誠，讓我留下了很深的印記。

我發現，在我眼裡極為普通的一天，在她的感受裡卻是如此真實而美麗。但是，身為她的同事，我知道，她的父親不久前因心臟病去世了。

說到這裡，我放慢了語速，望著王詩慧的眼睛，說道：「也許，苦難、死亡與離別，也是讓我們活著的人，更懂得珍惜當下每一天的時光。」

她聽得很專注，似乎在思考著什麼。

不過，她的眼睛裡還是流露出了些許的迷惘，抬起頭來探究地問我，說：「您的意思是說，她睜開眼睛看到的是陽光，而我睜開眼睛想到的是煩惱，所以我與她的關注點是不同的，所以感受就不同。我的理解對嗎？」

我肯定地點頭回應。

王詩慧在我的啟發下，已經開始向內檢視自我狀態了。顯然，她已經不再用迴避問題的方式了。這種獨立意識的逐漸覺醒，是她生命裡最寶貴的內在成長力量。

我內心是欣喜的。

我直視著王詩慧的眼睛，柔和地說道：「我們生活在當下，擁有著每一天的自由，我們可以自由地呼吸，自由地看著這個世界，自由地選擇我們想要關注的事情。比如像我同事那樣，以美好的心情陪伴自己過一天，是她的一種選擇；如果像你那樣，每天睜開眼就想自己哪裡不好，然後在惶惶中度過一天，那也是一種選擇。」

王詩慧睜大了眼睛，若有所思地看著我，我知道她也在思忖：我究竟是哪裡出問題了？

我順著話題，繼續說道：「人的選擇不同，關注點就不同，感受也就會不同。比如想到自己怎麼這麼倒楣，就會引發哀怨，哀怨會讓人無助，變得更加不安，繼而出現投射性攻擊，攻擊的對象可以是自我或他人。不僅幫不到自己，還可能越陷越深。」

「醫師，我才剛從泥沼中出來的，實在不想再陷進去了！所以我願意面對自己的問題，也想要改變自己。」

也許，當一個人真正意識到自己所面臨的危機時，自我內在的心理動力也是最強的。

「身為治療師，我願意與你一起面對問題，但不能代替你思考，你是自己世界的建構者和主宰者，只能自己做出選擇、做出決定，並且去執行。」

我依然堅持著心理諮商中主體責任的原則。

「醫師，我真的不願意這樣過日子了！可是每天一睜開眼，念頭就自己跑出來了，我控制不了，唉！」

我深知，如果這個時候治療師不去堅定地推她一把，激發她改變的內在動力，也許王詩慧的心理問題就會原樣不停地「複製」下去。

此時，我沒有去撫慰王詩慧的情緒，而是緊緊抓住這個心理治療的有利時機。

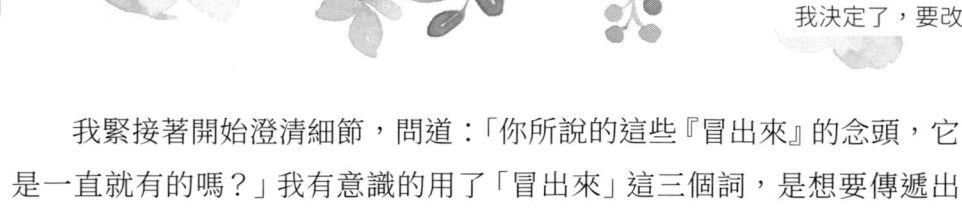

　　我緊接著開始澄清細節，問道：「你所說的這些『冒出來』的念頭，它是一直就有的嗎？」我有意識的用了「冒出來」這三個詞，是想要傳遞出大腦裡念頭的流動性、瞬間性與變化性。

　　「時間不長，就是前一段時間，我心裡感覺害怕時才出現的。」王詩慧快速回道。

　　我接過王詩慧的話，用平靜的語氣說道：「這種『念頭』既然可以來，同樣它也可以走開，因為冒出來的念頭本身就是流動的、變化的。就像身體上不舒服的感覺，是隨著情緒而變化的一樣。當下，你需要改變的是，不再『黏貼』著這些冒出來的念頭，而是允許身心的感受是流動變化的。」

　　我在這裡用了「黏貼」一詞，目的是讓王詩慧看到，正是她自己讓這些念頭停留在自己的頭腦裡。

　　「我覺得有道理。您說的也挺像我的，我總是習慣性的關注身體症狀，尤其是不舒服的感覺，好像是黏著它們，讓它們纏上我了。」

　　王詩慧點頭認同，我感覺她有了自我覺察和檢視。

　　我知道，這時她最需要的是喚醒內在思考、審視與改變的力量。

　　於是，我接著說：「現實生活中，我們每個人都需要成長。其中很重要的一部分，就是學習如何接納一個完整的自我，既能夠欣賞自己的優點，也可以接納自己的不足。具體來說，就是你能夠接受自己的敏感多思，接納它是你生命體的一個特點，但不是一個不好的品格。」

　　在這裡，我有意識地把一個人的理想自我與現實自我做著解讀，幫助王詩慧看到真實的自我，進而坦然地接納這個真實的自己。

　　王詩慧似乎在沉思著我剛剛說過的話，我沒有催促她。

　　約莫過了兩分鐘，她抬起頭望向我，問道：「哦？您是說『敏感多

思』是我的一個特點，讓我理解它，允許它存在，而不是害怕它或者趕走它？」

看來王詩慧對自己的問題有了新的發現與感悟。

我接著前面她對自己身心症狀的描述，做了進一步澄清與確認，問道：「你剛才說，一天大部分時間你的狀態都是不錯的，也就是你對自己大體上是滿意的，可以這麼理解嗎？」

「嗯，可以。」王詩慧點頭道。

「明確這一點非常重要。因為對『自己滿意』本身就是一種能夠轉移的內在力量。當你出現不好的感覺時，你可以對自己說情緒起伏是常態的，只是現在有點心煩，但是大部分時間都是穩定的。內心這樣對話，你的感覺是有力量、有控制的。否則，就會出現無力感和失控感。」我進一步闡釋道。

「嗯，您的意思是說，我不要關注、停留在某一刻不舒服的地方，也不必過度地擔心，而是應該放在自己的整體狀態上，用這個轉變去替代我原來的多思多慮，對嗎？」王詩慧表達了自己的理解。

我讚許地點了點頭，回道：「可以這麼理解。不過準確地說，是需要你更多地關注其中的正向因子。人有智慧的潛質，倘若忽略了這部分的力量，而只聚焦在問題這個部分，那麼就會犧牲掉內心的寧靜。所以，試著去建構一個與內在自我正向相處的認知行為模式，對你以後的生活、學習和成長都是有幫助的。」

聽到這裡，我看到王詩慧欲言又止，她的眼中似乎仍有一絲漂浮的不確定感。

我試著問道：「你覺得這種改變有點難，擔心自己做不到，是嗎？」

王詩慧眨了眨眼睛，點了點頭，說：「我還有些膽小、敏感，依賴性

也挺重的。」

「是的。你性格中是有一些易感的因素，會比較容易擔心。可否接納這樣的自己，接納自己是容易敏感焦慮的人，是個注重細節、注重固定模式的人？也就是說接受自己的小敏感，然後發展出與其相處的方法。因為，你只能是你自己，是與任何他人都不同的獨立個體。」我笑著說。

「我就是我自己？就是與其他人不同的獨立個體？」

王詩慧喃喃道，似乎仍有不解。

我打了個比方作解釋，說：「每個人，也猶如自然界裡不同的植物一樣，有的花十分美豔，但枝幹卻十分纖細；有的花長得一般，但枝幹卻十分粗壯。如果非讓前者變成後者，那它們得多辛苦啊？而且事實是，即使再辛苦也變不過來，因為它們品種就不同啊。所以，試著接納自己本來的樣子，而不是以挑剔、責備、尋找問題的姿態來跟自己相處。」

「我真的可以改變嗎？」王詩慧再一次質疑自己。

這種不斷自我質疑的歷程，也是她不斷積聚內心力量的過程。

這時，我需要給予她一些具體的指導。

於是，我說：「透過我們的交流，我認為你最根本的困頓在於，尚未在內心深層做一些視角的轉換。當你視角轉換以後，你會走出這片沼澤地。所以，試著為自己創設一條有綠蔭的路，並開始行動，而不是糾結於能不能做到。」

「現在我明白了，也搞清楚了，您是說重點是在行為上去改變，去嘗試，而不是總糾結在想法、感受上，我的理解對嗎？」

「是的。你需要用行動去親近真實的自己，去發現自己潛在的智慧和力量。」我用堅定的語氣回應道。

「知道了，我一定會努力嘗試的！」王詩慧半正。

她緊接著還加上了一句話：「醫師，這是我今天的決定！也是我自己的選擇！」

感受著王詩慧渴望的目光和話語，我也被她這份情緒所感染，心生喜悅。

寧靜，讓我能看清自己

如果你把故事裡虛構的內容去掉，你就會發現人的內在世界並沒有那麼嘈雜。

原本約好複診的時間恰巧遇上連假，王詩慧再次見我，已是兩週之後。

王詩慧一進心理治療室的門，我就感受到了一股撲面而來的青春氣息，臉上洋溢著有別於前幾次的笑容，陽光而燦爛。

「最近你的狀態怎麼樣呢？感覺你的氣色不錯。」我主動說道。

王詩慧笑著回道：「我挺好的，感覺現在自己內心平靜了，也沒有以前那麼多的胡思亂想了。」

我內心已有預期她會有積極的轉變，但她的回饋仍讓我有了幾分意料之外的欣喜，不禁驚訝道：「哦，你是怎麼做到的？有什麼地方跟以前不一樣了？

一聽我這問話，王詩慧顯得有些激動，臉上也泛起了些許紅暈，很快回道：「嘿嘿，醫師！這兩週我有好多好多改變呢！」

看著王詩慧有些急促的樣子，我微笑道：「不著急，一樣一樣慢慢地說。」

反思式提問：治療師常用「你是怎麼做到的？」、「你的想法是怎麼來的？」提問方式，將焦點轉向來訪者曾經的努力和內在的能量，從而引導

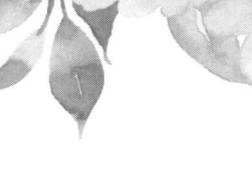

其走出困境。

王詩慧點點頭，喜悅地說：「第一個就是我敢開車了，以前不敢開，都是坐父親的車出門。」

「是你剛拿到駕照，在練車嗎？」我追問。

「不是，其實很早就拿到了。不過以前都是我父親喝多了我才開一下，現在經常自己開車出去，還挺享受自己一人駕車外出的感覺。」王詩慧樂呵呵地說道。

「坐車和開車的感覺確實不一樣，自己駕車可以主動掌握方向盤，會產生一種力量感和掌控感。你一般都開車去哪裡？」我回應道。

「平時大多是去賣場，週末會和同學開去郊區玩。」她說。

「挺好的，這些都是你這個年紀的女孩喜歡做的事情。還有想要與我分享的嗎？」我繼續探尋著。

王詩慧一手托腮，想了一下，然後說道：「我現在敢看恐怖片了，也敢和同學去玩密室逃脫了。這要放在之前，我想都不敢想！小時候曾看過，當時被嚇到了，留下了心理陰影。」

王詩慧說得很輕鬆，但是我深知，這是一個很不容易的內在轉化，是一個內在力量匯聚與成長的過程。

我需要在這個轉化點上做一些強化和意識化的工作。於是回應道：「為什麼原來你自己想都不敢想的事情，而現在就能做了呢？我想要知道，你內心有了怎樣的感受和解讀，然後心裡就變得淡定踏實了？可以和我分享一下嗎？」

「當然可以！」王詩慧不假思索地說道。

她思考了一番，說：「我覺得還是因為懂的多了。上次和您交流過後，我感觸很深，回到學校後做了很多的思考。我發現自己不舒服的感受、

害怕的感受和固著的念頭，都有一個類似的地方，就是我把『感覺』當成『真實』了。」

「可以舉個例子嗎？」我追問著。

「比如，以前看到電視上出現鬼怪什麼的，就會嚇得不敢動，越害怕就越不敢看，越不敢看就越害怕。而且還會想像出更糟糕的情況。現在，那些自己嚇自己的想法就不會出現了，能知道那些都是人工做出來的特效，都不是真實的。」

說完，王詩慧有些自嘲地笑了，似乎在感慨自己以前的稚嫩。

我接過王詩慧的話，說道：「嗯，現在你知道那些鬼怪都是虛構的，都是人們編纂出來的故事。如果你把故事裡虛構的內容去掉，你就會發現內在的世界並沒有那麼嘈雜。」

她一邊點頭，一邊柔和地回應：「嗯，是的。」

我需要見證她的成長，這對於讓她穩定、持續建立新的認知行為模式是極為重要的一環。於是，我接過話題，繼續引申道：「這是你的一個成長，之前的你像個孩子，比較感性和情緒化，會將虛幻的東西當成現實。就像有時母親會用黑夜嚇唬孩子，因為孩子以為黑夜就是妖魔鬼怪居住的地方，是非常恐怖的。但隨著閱歷的豐厚、知識的成長，你就會知道，黑夜並不是鬼怪居住的地方，只是日出日落的自然現象。用邏輯事實的理性去理解，這是一種成人式的思維模式。」

「是這樣，原來我太孩子氣了，跟著感覺跑，結果是自己嚇唬自己。」王詩慧認同地點了點頭，不好意思地說。

接著，王詩慧似乎突然想到了什麼，說道：「醫師，還有一點和您分享。我前一陣想增加見您的次數，感覺心裡很依賴您，恨不得天天來找您，不過現在這種感覺沒了。」

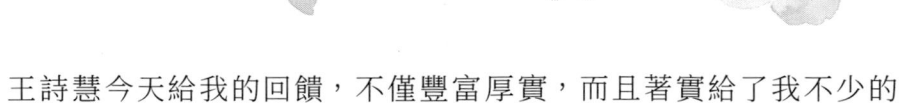
　　王詩慧今天給我的回饋，不僅豐富厚實，而且著實給了我不少的驚喜。

　　我意識到，在王詩慧心理問題的化解過程中，她的頓悟是一個重要的療癒因素。

　　「你是怎麼做到的？你知道嗎，你剛剛是在自我覺察，是在向內看自己，是非常不容易做到的。在你所分享的變化中，最讓我欣喜的就是這點。你學會了自我覺察和獨立思考，這是很寶貴的。」

　　我一邊追問著原委，一邊見證肯定著她的學習與成長。

　　「嗯嗯！」她笑了！笑得很燦爛！

　　「我真的很為你高興。不是每個人都有這個覺察、內省和學習能力。有的人可能一生都學不會，但是你現在有了改變，開始變得有掌控力了。」我由衷地讚嘆道。

　　王詩慧被我誇讚得不好意思地笑了，但我看得出來，她此刻是很享受被我肯定和讚美的。

　　是啊！人性皆如此。

　　若能被他人真實地肯定、認同和誇獎，的確是讓人心生愉悅呀！

　　「我還是想要知道，你究竟是怎麼做到的呢？你是用怎樣的內部語言跟自己對話，怎麼把自我感覺和外界消息分離？你今天能夠這麼篤定，我想知道你內心的變化過程？因為這是你獨立思考、獨立完成的一個重要收穫。」我接著問。

　　王詩慧很有表達的快感，繼續說道：「是的，有段時間覺得自己好像得了憂鬱症了，而且上網查資料，症狀幾乎都對得上，就會想到自己會不會死，會想到自殺和一些不好的東西。透過諮商之後，就開始學習思考和解釋，慢慢發現自己的這些想法和念頭，對自己並沒有帶來什麼好處，然

後就把那些念頭和想法放在一邊，不再反覆思索和糾結了。」

「也就是說，當念頭來了就讓它過去，採用不批判的態度，來了就來了，就允許想一下，就如腦海裡的潮起潮落。也許，當你學會了用多元的眼光看待這個世界，你會發現自己有了更大的張力，內在的空間也變大了。」

說到這裡，我沒有停下來，而是繼續用問話去見證豐厚她的成長，問道：「你這樣的改變是怎麼來的？如何接納自己的這一部分存在，而不是用對與錯的二元解釋來評價？」

王詩慧微笑著，用自信的語氣，回道：「可能之前如您的分析，父母一直把我當孩子照料，我十分依賴他們，很害怕失去他們。上次跟您討論關於自我獨立的問題，我回到學校後想了很多，覺得您說得特別有道理，意識到自己不能一直安於被父母寵愛照顧，後來就嘗試自己獨立做點事，並且很順利就做到了。這對我也是一個很大的激勵，我變得自信了。」

我回想著上次和王詩慧交流的內容，然後回應道：「上次我們探討過獨立這個話題。你回去後經過整理思考，得出了一個重要結論：你要以一個獨立生命的姿態去探索這個世界，而不再是跟在父母身後的孩子。」

說到這裡我略微停頓了一下，看到王詩慧聚精會神的樣子，我接著說道：「此時，你做出了一個重要的決定！就是不再無條件地接受父母的照料保護，不再把自己鎖在一個虛構的安全殼裡，而是要以一個獨立的自我去親近這個世界，因為你想讓自己成為一個獨立的人。」

「是的。記得我在國中時，就很羨慕別人可以到外地讀大學，不過，我父母堅決反對，自己也有擔心，就沒有堅持。現在想來，如果當時更勇敢一點，可能就不是現在這個狀態了。所以，我特別想讓自己變得獨立起來。」王詩慧很篤定地回道。

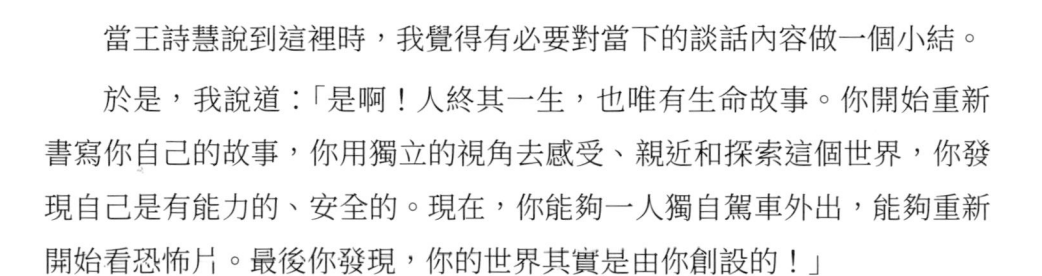

當王詩慧說到這裡時，我覺得有必要對當下的談話內容做一個小結。

於是，我說道：「是啊！人終其一生，也唯有生命故事。你開始重新書寫你自己的故事，你用獨立的視角去感受、親近和探索這個世界，你發現自己是有能力的、安全的。現在，你能夠一人獨自駕車外出，能夠重新開始看恐怖片。最後你發現，你的世界其實是由你創設的！」

王詩慧認同地說道：「是的，當時就是害怕自己得病了，而且是重病，或者是什麼怪病。雖然做了很多檢查都說沒有病，但還是會焦慮恐懼。」

但凡一個人持續焦慮恐懼，都有其深層的心理根源。

於是，我再一次試探性地問道：「你再沿著害怕的感覺去看內心，害怕的最深層冒出的念頭是什麼？」

王詩慧沉默了一會，然後幽幽地說道：「醫師，其實您是知道的。我爸媽年紀很大才有了我，所以我很害怕他們離開我。」

聽到王詩慧這麼一說，我有點感受到她害怕的根源了。

害怕與親密關係的人分開，內在拒絕的是「分離」。再追蹤到深層心理結構，指向的就是孤獨和死亡。

依據存在主義心理治療理論，人對死亡的終極恐懼會以一種喬裝打扮的方式，出現在我們的生活裡，如身體功能紊亂、懷疑疾病、擔心與親人離別等。但是，其問題的心理根源是潛意識裡對死亡的恐懼。

諮商至此，關於死亡，已是一個繞不開的話題了。

「你害怕與父母分離，在深層心理上是一種對死亡的焦慮恐懼。所以，你會用一些轉換的方式去減輕焦慮，比如擔心患重病，不斷地求醫，好像用這樣一種方式，就能保護自己。但是，最後發現這個方式並不能真的保護自己，反而導致變得更加不好。於是，你決定來做治療，之後引發你很多思考，有了現在的這些感悟和成長。」

王詩慧感慨道：「醫師，其實我很想幫助自己康復。自從在您這治療之後，我開始透過運動來增強自己的體力，一直堅持每天跑步，現在已經成一個習慣了。」

聽了王詩慧的敘述，我禁不住地欣喜，快速回應道：「現在，你用成長的方式面對問題，不再是防禦的方式，把恐懼焦慮掩藏到身體症狀之下。另外，你還能夠以理性的方式，接受與父母的分離，把原來那些本能的偽裝都拿掉了，開始學習真正面對自己。此時，你有了新的發現，那就是你並沒有失去什麼，反而激發了自己的力量，發現了潛力，也找到了踏實的感覺。」

聽到我這樣說，王詩慧笑了。

「你有了這樣的變化，你父母有感覺嗎？」我問。

王詩慧眼睛突然一亮，面帶喜色地，說道：「有呢！可能是我最近經常開車去看望外婆，我爸媽覺得我好像長大一點了，能擔起一些事了。」

「都擔起什麼事呢？能具體說說嗎？」我追問。

「我外婆住鄉下，屋子挺大的，還有一個小庭院，平時就兩個老人自己住，有點冷清。前段時間去看外婆，外婆說晚上睡覺時感到害怕。後來，我就去寵物店買了隻貓，然後又去超市買了一堆東西送過去。」王詩慧一口氣講了很多。

「嘿嘿，後來外婆和父母說了這件事，我爸當時看我的眼神，簡直把眼珠子都瞪直啦！連說了好幾句：『我們家女兒長大了！』」接著她又補充了一句。

王詩慧說這件事的時候，臉上洋溢著滿滿的自豪。

「為外婆做了這些事情，給你帶來了什麼樣的感受？」我追問。

王詩慧朗聲笑道：「非常開心！我爸還告訴我說，外公外婆原本經常

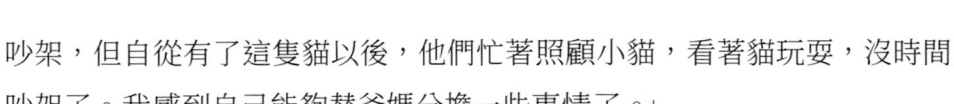

吵架，但自從有了這隻貓以後，他們忙著照顧小貓，看著貓玩耍，沒時間吵架了。我感到自己能夠替爸媽分擔一些事情了。」

這種快樂可以在家人之間產生一種情感連結。以溫暖的方式去關心自己所愛的人，可以讓他們感到快樂，而親人們的快樂，反過來能夠帶給她自己更多的快樂，這才是一種溫暖美好的良性循環。

王詩慧又接著說：「對了！現在，我非常想感謝這段時間，它讓我比同齡人多了一段重要的人生經歷。」

聽到王詩慧說「感謝」這兩個字，我內心也湧起一股暖流。於是，我好奇地問：「怎麼會想到說要感謝這段時間？這是一個很溫暖的詞彙。」

王詩慧莞爾道：「其實在我很難受的時候，還是想趕快擺脫那種狀態。但是，情緒調整好了之後，我發現自己好像可以從那段時間裡學到一些事情。」

我問道：「學到了什麼？能不能具體說說？」

她應道：「我覺得與其恐懼未來的分離，不如現在去珍惜！我感覺自己不只是想法變了，我的生活方式也發生了改變。我每天堅持跑步，感覺身體和心情都變好了。」

王詩慧的成長可以用蛻變來形容。

我想透過見證的方式，讓她能看到自己的巨大變化。

於是，我說道：「如果把你的現在與之前做一個比較，你會怎麼看現在的你？」

「我感覺現在的我，越來越接近我期待中的自己了。」王詩慧笑著回答。

「假如，時間再過五年，你已踏上職場。你再回看今天的自己，你會想要對今天的你說一些什麼？」

我嘗試採用一種時空見證的方式，由薄到厚豐厚她生命的故事。

時空見證：敘事治療中，治療師常常引導來訪者透過不同特殊意義事件的行動去看到不同時空可能擁有的意義，透過不同時空的見證，使來訪者在時間的轉換中，逐漸從問題的自我認同轉向較期待的自我認同。

王詩慧微微地閉上了眼，似乎在腦海裡想像著五年後自己的樣子。

不一會兒，她睜開了眼，說道：「五年後的我，會很感謝現在的自己。因為，這段時間我很努力地讓自己變得更好。」

「是的，你走過來的這段路是很不容易的，包括你要請假從學校到醫院，要走很遠的路、要堅持約定做治療、要做很多思考、要做很多改變等。這不是每一個人都能堅持下來，也不是每一個人都能做到的。」我回應。

王詩慧連忙點頭說道：「我每次都特別渴望來見您，因為每次來這裡都很開心。」

「你說的開心，具體是怎樣的一種感覺？」我好奇道。

她沒有立刻給出答案。之後，思考了一下，語氣誠懇地說：「我每次看到您都有一種安心的感覺，有好多話跟父母都說不出來，在您這都能說出來，感覺自己很安全，也很放鬆。真的感謝能遇到您！」。

「我也同樣要謝謝你！在我看來，生命最寶貴的就是自己獨有的故事，你把你生命最寶貴的東西講給我聽，這對我來說也是最值得珍惜的。而且我看到今天的你是如此的智慧，能說出感謝這段生活，感謝這兩個月的生病，因為它讓你成為了更好的你。這一切都不是理所當然的，這真的很難得！」我說。

王詩慧聽了，臉上流露出了喜悅的神情。

這時，她把眼睛望向我，真誠地說道：「醫師！您知道嗎？我在您這聽到的話，在其他的地方都聽不到。您好像每次都能在我身上看到我最好

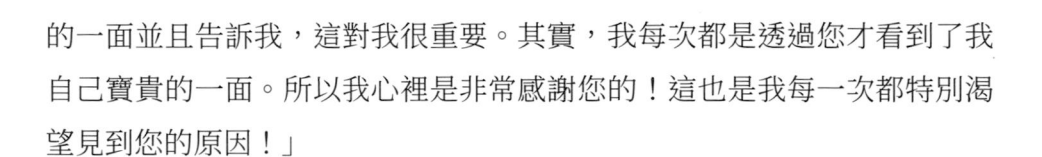

的一面並且告訴我，這對我很重要。其實，我每次都是透過您才看到了我自己寶貴的一面。所以我心裡是非常感謝您的！這也是我每一次都特別渴望見到您的原因！」

看到王詩慧如此純真可愛的一面，我也禁不住地感慨。

是啊！有感恩心的人，總是能夠更多地感受到這個世界的善意、溫暖和美好。

此時，我需要再一次見證她蛻變性的成長。這種成長，是屬於她的精神財富，將陪伴她整個的人生。

「我想說，你看起來外表嬌柔，但我覺得你比很多人都勇敢！當你決定依靠自我面對問題的時候，你就不再用防禦的方式來躲避問題，而是覺察、探索和改變。然後每天想辦法，從鍛鍊身體開始，讓自己一天一天變好！另外，內心敏感的你，還能夠從父親的人生經歷中去體悟，從別人的故事中找到力量，這同樣不易，但是你都做到了！」

聽完我的話，王詩慧的兩頰上，泛起了兩朵紅暈，這讓她顯得特別漂亮。

此時，王詩慧動情的回應我：「醫師，我會記住您的話，也會讓自己變得更好一些。」

又到了諮商結束的時間了！

我們微笑著互相道別，她邁著輕盈的步伐離開了診間。

在感慨王詩慧成長的同時，我腦中冒出了多年前看過的一段話：明天變成了今天，今天又成了昨天。

直視死亡，反而讓我心安

死亡的盡頭，住著希望。死亡雖是終點，但人生的意義卻不會因此湮滅；死亡雖是宿命，但看待死亡的視角卻可以讓人們獲得拯救。

我怎麼也沒有料到，一個月後我和王詩慧又在心理治療室相遇了。

但是，這一次她不是為了解決心理困擾，而是專程來和我分享近期她新的思考、覺察和感悟的。

今天的王詩慧剪了短髮，配上一條緊身的牛仔褲，白色的運動鞋，越來越有精神了。兩隻眼睛裡帶著笑意，展現出活潑生動的神情。

也許這就是精神力量的神奇吧！當一個人心情舒暢的時候，掩藏不住的笑顏裡都溢滿了踏實和幸福感。

我用笑容迎接了她。待她落座後，我好奇地探詢著，問道：「沒想到今天你會來，有什麼想要說的嗎？」

「今天，我就是想要跟您說說我最近的一些感悟。」王詩慧回應道。

「好啊，這是很難得的啊。」我有些欣喜，也有些出乎意料。

對於王詩慧主動來與治療師分享她成長中的感悟，我在喜悅之餘，還有對她的讚賞。

「最近一個月，我開始分析自己生病的整個過程。我記得，一開始是懷疑自己有憂鬱症，因為憂鬱症與自殺有關聯，特別害怕自己死去。另外，就是看到自己臉上有紅點，就懷疑自己可能是白血病，也會想到死亡。」她說道。

通常人們對於「死亡」這個話題都是諱莫如深、避之不談，是怎樣的觸動使她能夠坦然面對這個觸及人內心終極衝突的話題呢？

「你為什麼今天會特意來跟我說這個話題呢？」我探索著。

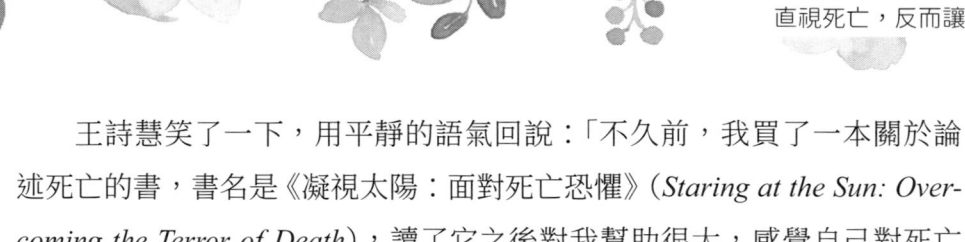

王詩慧笑了一下，用平靜的語氣回說：「不久前，我買了一本關於論述死亡的書，書名是《凝視太陽：面對死亡恐懼》（*Staring at the Sun: Overcoming the Terror of Death*），讀了它之後對我幫助很大，感覺自己對死亡有了新的感悟，可以面對它了。」

王詩慧提到的這本書，我並不陌生，這是一部很有影響力的著作，是美國資深心理治療師歐文・亞隆（Irvin Yalom）先生編撰的。

書中令我印象最深的一句話：死亡雖是終點，但人生的意義卻不會因此湮滅；死亡雖是宿命，但看待死亡的視角卻可以讓人們獲得拯救。

一瞬間，我有些明白她為什麼能夠坦然談論「死亡」這個話題了，因為書中關於人類在陷入死亡恐懼時表現出的各種問題症狀，伴隨而來的無根感焦慮，以及如何應對死亡恐懼的分析，實在是鞭辟入裡，發人深思。

無根感焦慮：存在主義認為，這是人類焦慮的底端，是最根本的焦慮，它要比死亡焦慮切入的更深。許多哲學家將把死亡焦慮看作是無根感焦慮的一個象徵。

但正如一千個人心中有一千個哈姆雷特，同一本書對不同人的影響皆有所差異。

我想要了解這本書究竟如何影響到王詩慧的，於是我問道：「你還記不記得這本書裡，有哪些話語觸碰到了你？」

王詩慧認真地思考了一會兒，很認真地說：「書中舉了很多關於死亡恐懼的案例，我就發現其實每個人對死亡都是有恐懼的，我不是唯一的那一個，心裡就輕鬆了一點。以前我一直深陷在一個恐懼的循環裡無法自拔，現在我不會那樣了。不再為未來擔心，想要先過好現在，豐富我自己的生活。然後好像原來鏈條上的某個環節就斷掉了，我就徹底走出來了。」

王詩慧對自己心路歷程的解讀十分形象，讓我著實想要拍手稱讚。

我說道：「你可不可以舉一個例子，告訴我哪個環節斷掉了？我想知道你走出恐懼循環的路徑方法是什麼，以後也許會遇到同樣需要幫助的人，我就可以把你的心路歷程分享給他們，幫助他們走出迷城。」

王詩慧點點頭，很有感觸地對我說：「以前，只要身體有不舒服的感覺，我就會不斷地去查資料印證，結果越查越害怕，非常需要別人跟我說：你一定沒得這個病！這樣我才會感覺到安全。現在我不需要別人告訴我了，我可以跟自己內心進行理性對話。然後讓我安然地活在當下，做我想做的事，說我想說的話，吃我想吃的美食。」

「是的。最開始你期待有一個全能的拯救者來幫助你，但現在你有力量了，你能夠用理性的方法幫助自己，過上平靜、充實和安穩的生活。」我回應道。

我想，今天王詩慧遠道而來，是為了分享她對死亡與恐懼這個主題的感悟。於是，我繼續問道：「你透過閱讀和反思，我想知道你是如何看待死亡這個問題的？」

「我記得書裡有這麼一句話，『學習如何好好活著，就是學習如何好好去死』我想，每個人最終都會死，所以不管以後怎樣，都要好好享受生活，好好擁有當下。」王詩慧把她的感悟清晰地表達了出來。

看著王詩慧淡然的神態，我問道：「現在想到死亡還會覺得害怕嗎？」

「很少去想它了。」王詩慧搖了搖頭，堅定地說道。

我接過這個話題，說：「其實，我們可以問問自己，當有一天死亡跟我們不期而遇的時候，我們究竟怎樣生活，才能夠坦然面對死亡而沒有遺憾？」

王詩慧喃喃道：「是啊！我也在想，怎樣才能讓自己沒有遺憾呢？」

「每一個人都是不一樣的，所以回答也是不一樣的。在我看來，最重要的是『自我意識』的覺醒。這樣才能去觸控自己真實的心願，並且遵循

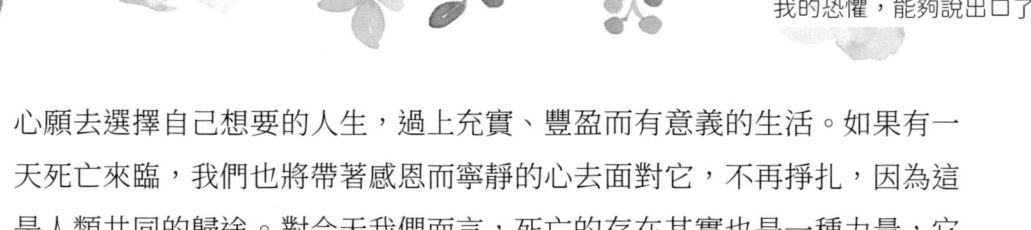

心願去選擇自己想要的人生，過上充實、豐盈而有意義的生活。如果有一天死亡來臨，我們也將帶著感恩而寧靜的心去面對它，不再掙扎，因為這是人類共同的歸途。對今天我們而言，死亡的存在其實也是一種力量，它提醒我們要去珍惜屬於生命的每一天。」我和王詩慧分享著自己對這一問題的理解。

王詩慧的眼睛瞪得很大，似乎被我的話深深吸引了。

看著王詩慧的表情，我微微一笑，繼續說道：「說到當下，今天就顯得特別重要，因為它同時連結著過去和未來。每一個過好的今天，都是為無憾的未來搭建的一個階梯。此時，你會發現似乎死亡喚醒了我們生命中被隱藏的希望、力量和潛能。」

「我也有這樣的感覺，以前我害怕時只會把自己藏起來，但是現在我有辦法了。」王詩慧小聲唸叨著。

「其實，死亡是作為一個深層心理動力存在的。你仔細回想一下，如果沒有恐懼死亡的感覺，怎麼會帶來這麼多的思考、學習和成長呢？怎麼能學會用理性跟情緒對話，讓自己的內心變得寧靜呢？你又怎會發現自己的思維模式要調整的呢？這一切似乎都是從你的害怕開始的，尤其當面對死亡時，你真正開始從獨立的視角出發，認真思考如何好好地活在當下。」我繼續闡釋著。

王詩慧點點頭，說道：「是的，我已經能感受到您說的這些了，它可以幫助我更多地珍惜現在的生活。」

我的恐懼，能夠說出口了

「現在我能清楚看到，自己從出現恐懼到恢復寧靜，內心經歷了三個階段的變化。」

此時，王詩慧停頓一下，面露微笑地對我說：「醫師，我還對自己生病的過程做了一個總結呢！我發現自己從出現害怕到恢復寧靜，經歷了三個階段的變化。」

望著娓娓道來的王詩慧，洋溢在她身上的那種自信和篤定，讓此時的她顯得特別有魅力。

「第一個階段我什麼都不知道，只是在胡思亂想，感覺很迷茫、無助和心慌。第二個階段是時好時壞，好像知道了一點點道理，但還會出現情緒變化。第三個階段就是挖到內心深處害怕的東西了，比如害怕死亡，此時才開始真正開始深思、面對和學習。」她繼續說。

「不簡單啊！你能覺察到深層恐懼的根源是害怕死亡，這是你自我學習與成長的一個重要突破點。」我禁不住插話道。

看到王詩慧如此理性淡然地將自己的康復過程剖析得如此清晰，我內心充滿了欣喜，及時回應道：「能夠挖到問題深層的原因是死亡恐懼，你就能解釋之前在你身上出現的很多症狀，比如害怕男生傷害你、害怕高樓、害怕自殺、害怕血液病等。最後，你透過主動的學習，深層的剖析來幫助自己，這是難得而寶貴的。」

聽到我如此評價她，王詩慧開心地笑了，說道：「我的這些進步和思考，都是在您的引導下進行的，每一步都有您在呢。」

此時，我覺得王詩慧的心理諮商已經達成了既定目標，於是，我對她說：「在你的努力下，在我的陪伴見證下，你原有的心理衝突和恐懼糾結，不僅已經化解了，而且你還激發了自我潛在的智慧，收穫了很多不同以往果實，真是為你高興呢。」我真誠地說。

「另外，我還要特別感謝你今天過來和我分享你的這些新感悟，這些都非常珍貴。」

聽了我的話語，王詩慧顯得有些激動，臉上再次泛上了紅暈說：「謝謝醫師！我也覺得自己可以面對真實的生活了，心情是寧靜的。我下一步的計畫是與同學約好，一起去巴厘島旅行。」

就這樣，王詩慧帶著微笑，離開了我的診間。我們彼此相遇在她困頓之時，離別於她在療癒之時。生命之間的這種陪伴支持、探索思考和分享成長是一個多麼真實美好的存在！

● **本篇結束語**

> 人類對未知的恐懼是與生俱來的。人頭腦中的念頭和想法，是可以在沒有事實依據的情況下，透過主觀臆想和嫁接形成某種信念，這恰恰是災難化思考的主要特徵。當你重回事實本身時候，這種擔心就會減少，自然也就不再那麼害怕了。

輕鬆心理咖啡屋 —— 做自己的心理療癒師

◎ 第一杯咖啡：為何要透過表層問題洞悉深層衝突

發現隱匿於潛意識的深層心理衝突，是個體問題解決與成長的重要部分。

心理學家佛洛伊德提出了冰山理論，將心靈比喻為一座冰山，認為浮出水面的只占整座冰山的小部分，它象徵著人類的意識；而埋藏於水面之下的絕大部分，則是人的潛意識，是人無法感知到的一種存在。在心理諮商中，來訪者能講述的是身心的不適感，是在意識層面上的感知。對此，治療師需要透過一定的過程，協助來訪者進行內在自我的探索，發現隱匿於潛意識中的深層心理衝突，為問題解決提供幫助。

本案例中，王詩慧就診的表面原因是焦慮、心慌、失眠等症狀，並就診於多家醫院，也已看過多名醫師、專家，也嘗試過藥物治療，但效果均不佳。因此，需要去探究發現其症狀背後的深層根源。在心理問題具體化的過程中，治療師捕捉到王詩慧最初的害怕，源自於她拒絕一個男生的求愛之後。

隨著諮商深入，發現王詩慧害怕的對象逐步類化，如害怕從高樓跳下、害怕患憂鬱症自殺、害怕皮膚斑點是血液病徵兆等。至此，透過一系列表層問題的探索，洞悉了王詩慧隱匿於「冰山之下」的深層心理衝突──對分離與死亡的恐懼。

透過對死亡恐懼這個主題的深入覺察和剖析，使來訪者清晰看到自身的症狀表現，其實都源自於對死亡和分離的恐懼。

之後，圍繞死亡恐懼引發的情緒和身體反應進行闡釋，並將生命的有限性作為出發點，啟用此時此地，引申出珍惜當下的每一天，將死亡恐懼轉化為一種心理動力。最終，既消除了她恐懼的根源，又促進了獨立自我的成長。

◎ 第二杯咖啡：接納敏感特質為何具有療癒意義

當一個人真正接納了自己，才能夠發展出最適合自己特質的行為及思維方式，才有可能做「最好的自己」。

心理學研究認為，個體在成長過程中受遺傳和環境的互動影響，使個體之間存在一定的差異性，在身心特徵上會顯示出彼此各不相同的現象，這些差異主要展現在性別、智力、認知方式和個性特徵上。在心理諮商中發現，很多來訪者出現心理問題的根源，就是無法接納自己身上「與眾不同」的特質，即無法接納自己與他人的某些差異性。

殊不知，差異並不等同於差距，只有當一個人真正接納了自己，他

才能夠發展出最適合自己特質的行為及思維方式，才有可能做「最好的自己」。

本案例中，王詩慧無法接納自己在現實生活中存在著諸多不愉快的感受和不舒服的經驗，認為這是一種病理性反應，為之苦惱不已，並提出了「為何自己與他人反應不同」的疑問。對此，治療師用心理學理論解釋了敏感性作為一種特質，在每個人身上的表現可能是有差異的，敏感性的高低並無好壞之分，只是個體要學會如何跟自己的敏感性相處。

當一個人不接受自己的敏感時，就會聚焦於自身的敏感，當覺察到自己的敏感時，就會產生拒絕、反抗、掙扎。這樣不但會讓一個人的痛苦越來越深，而且也會讓人越發變得敏感。由此，便會陷入一個惡性循環。然而，當人一旦接納了自己的敏感，一方面對敏感的關注會減少；另一方面也會發展出跟敏感相處的方法，讓敏感成為幫助自我成長的一種存在。

第九篇
人將死去，活著有何意義

人物獨白：父母相繼逝去，我徹底失眠了！是一宿連著一宿的、徹夜無法入睡的，很難想像的一種痛苦與折磨！無奈之下，我才願意試一試心理治療。結果讓我驚訝地發現，原來是我內心世界發生了海嘯⋯⋯

死亡，一直是一個諱莫如深的話題。它作為人終極的心理衝突，若無法面對，也許有一天它還會喬裝打扮，以另外一種樣子闖入到我們的生活裡來。

徹夜失眠，讓我無望焦躁

如果一種恐懼令人無法理解也無法定位，也因此無法去面對，那麼它就會變得更為可怕。這種如影隨形的經驗，將會引發更多的焦慮與恐懼。

七月，樹上的蟬聲此起彼伏，彷彿詮釋著夏日的酷熱。很多人不斷抱怨天氣過熱，酷暑難耐。其實，更令人感到難耐的，往往不是酷熱的天氣，而是焦灼的心。

診間外，年近五十的夏柳青正在樓道裡來回踱步，匆匆來回的腳步，透露了他此刻內心的焦躁，他已經 50 幾天都沒有睡過好覺了。在這期間，他看了很多醫師，嘗試了很多方法，但並沒有多大效果，每天晚上依舊輾轉反側，難以入睡。經朋友介紹，夏柳青今天來到了心理治療室。不過，他好像對此並沒有抱過多的希望，也不敢抱太多的希望。

也許，他害怕希望越大，失望越大。

當他走進心理治療室的時候，我用目光迎接了他，面帶微笑並示意他坐下。似乎，也因那一抹微笑，令夏柳青原本忐忑的心放鬆下來不少。

「醫師，不知道為什麼，我一走進這個房間，就很放鬆，感覺比剛才好多了！」夏柳青一落座，就迫不及待地把自己當下的感覺說了出來，並期望從我這裡得到印證。

他的感覺沒錯。心理診療室整個色彩氛圍的營造與布置，都是為了給人安全、和諧和舒適的感覺。不少來訪者第一次進我的診間時，都有著和夏柳青一樣的感覺。

心理診療室： 安全舒適，感到信任和放鬆。 安靜溫馨，防止噪音干擾。 陽光充足，通風良好。這種舒適自然的氛圍，明亮輕鬆的環境可以潛在地調動來訪者內心的正向情緒。

「我來做治療的期待其實很簡單，就是希望和別人一樣，能睡個好覺，可是我現在連這個願望都無法實現。」夏柳青說道，言語之中飽含著渴望。

憑我的經驗，我隱隱地感覺到在夏柳青焦慮失眠的背後，可能隱藏著他並未意識到的，潛在的深層心理衝突。

「你自己感覺是什麼原因呢？」我問道。

「也沒覺得有什麼，就是在前段時間想要一個孩子。」

我示意夏柳青繼續說下去。

「一年前我父親心臟病突然就走了，今年母親住院半年多也走了……」說到此處，夏柳青的眼中閃過一絲黯然。

他稍停頓一下，接著繼續說：「半年前，我在照顧母親的時候，看著她躺在病床上只能依靠別人照顧的情景，腦海中突然冒出一個念頭，將來

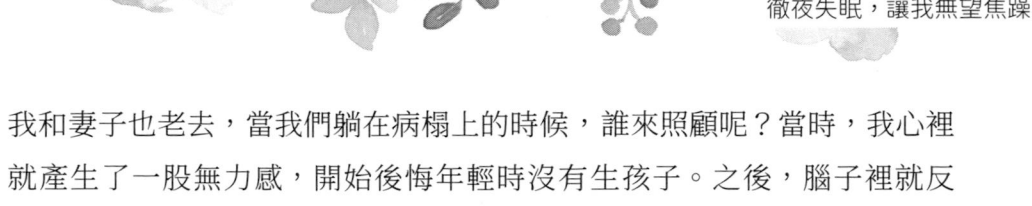

我和妻子也老去，當我們躺在病榻上的時候，誰來照顧呢？當時，我心裡就產生了一股無力感，開始後悔年輕時沒有生孩子。之後，腦子裡就反覆冒地出現這個念頭，現在我有些控制不住這些念頭了，每天滿腦子都是。」

當夏柳青提到孩子時，眼神中既有一絲期盼，又有一絲落寞。

年輕的夏柳青在美國獲得博士學位後，與妻子一同回國工作。他身兼重任，工作十分忙碌，海內外的商務洽談很頻繁，經常一離家就是十天半個月。妻子也是一名職場菁英，情況基本與他相當。

當時，夫妻二人都覺得事業很重要，生活也很充實，無暇養育孩子。一拍即合下便共同做出了不要生小孩的決定，雙雙將自己的精力撲在了事業上面。

現在，夏柳青已是大型企業高管。在同事眼中，他早已功成名就，屬於令人尊敬而羨慕的專家型管理者。

夏柳青原本也是這麼看待自己的，他對自己到目前為止的人生也同樣滿意、安然。

然而，幸福美滿的畫面持續到三個月前，便戛然而止了。

在父母相繼離世之後，他與妻子交流了對老年生活的擔憂，並商量著想要一個孩子。妻子同意了。但令人沮喪的是，在做了各種檢查與評估之後，夏柳青夫婦被告知他們已不適合再受孕了。

不久，他出現了「失眠」。

難眠之苦。猶如附骨之疽，揮之不去，驅之不散，帶給他的身心極大的痛苦。

「醫師，我是知道的，沒有孩子不會讓我生活品質下降。從理性上來說，我是接受這一點的。」

他略停頓了一下，我沒有追問。他眼簾下垂，繼續低聲地說：「現在每天，我滿腦子都是孩子這件事，有時候看到同事帶著孩子，就馬上聯想自己沒有孩子的寂寞。一想到這裡，我就會反覆糾結在這個地方，罵自己為什麼偷這個懶。」

說到這裡，夏柳青的情緒開始變得有些不安。

在講述的過程中，我一直在仔細端詳著他。

他氣質知性儒雅，髮型修剪得當，戴著一副鉑金色半框眼鏡，頗有幾分學者風範。從與他的交流過程中，我不僅能感受到他的理性，也能感受到他的學識底蘊。

於是，我心裡不禁想，能讓一個理性的人感到如此痛苦，想必這份心痛在他心中一定刻痕頗深。

隨著他的敘述，我也快速把相關資訊梳理了一下，對夏柳青當下的心理困擾，做出了初步的分析判斷：從表層上看，是要孩子不如願而引發的焦慮性失眠。但是，人情感世界的事情，遠比我們表面看起來的要更複雜。

為了找到失眠的深層心理原因，我開始對晤談所獲得的資訊進行快速的整合分析與整理，也許「要孩子」而未得的失落是一根能看見的導火線，但真正引爆內在炸藥的深層原因，則可能是父母相繼去世後引發的「死亡恐懼」。

死亡恐懼：個體了解死亡的不可避免，以及想要延續生命的渴望，這兩者間的張力形成心理衝突的核心。其中，死亡是焦慮的原始來源，所以也是精神病理的基本來源。但另一方面，覺察死亡是一種「邊界處境」，會使生活觀發生改變，因此是治療師可利用的非常重要的治療力量。

死亡，這個既存事實。是如此的殘酷而冰冷，當它突然站在你面前時，的確會讓人手足無措，不寒而慄，但卻不知該如何面對。

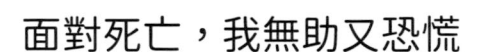

面對死亡，我無助又恐慌

死亡終有一天將如期而至，沒有逃脫之路。這是一個恐怖的真相，引發人們巨大的心理恐懼。

在東方文化中，死亡一直是一個諱莫如深的話題，也是心理諮商與治療中一個既沉重、又厚重的話題。

美國的臨床心理學家歐文・亞隆說過，死亡終有一天將如期而至，沒有逃脫之路。這是一個恐怖的真相，能引發人們巨大的恐懼。於是，每每提及，眾人大都談死色變，唯恐不及避之。

歐文・亞隆（Irvin D. Yalom）：美國存在主義心理治療師和團體治療師。關於死亡引發的終極心理衝突，以及衝突的心理治療，在他的專著《凝視太陽：面對死亡恐懼》（*Staring at the Sun*）中有具體的展現。

事實是，死亡並非只是垂死的人才需要面對，它有可能在任何時候從某個地方跑了出來，與你面對。是啊！每當我們患病，親朋好友離去時，都會強烈地意識到死亡的存在。此時，我們沒了否認和逃避的退路，也就無法再去否認和逃避。

存在主義心理學認為，假如死亡作為終極心理衝突，是人類無法避免的，那麼我們就不應該僅僅是本能地否認和逃避，而是要學會如何面對死亡，讓死亡作為一種生命覺醒的力量，促使我們思考並過上更有格調、內涵和意義的生活。

猶如存在主義哲學家馬丁・海德格所言，「向死而生！」

慎重思考過後，我決定直接切入死亡恐懼這個話題。

於是，我開始問道：「一年時間裡，家裡父母相繼離世，是否讓你突然意識到，死亡對你來說並不是那麼遙遠的事情？」

聽了我的問話，夏柳青似乎怔住了。儘管，他剎那間的恍惚後便回過了神，我仍然捕捉到了他眼神之中所感受到的震撼。

他可能從未想到，有人會如此輕描淡寫地揭開死亡這層冷峻又神祕的面紗。

夏柳青陷入了一陣沉思，眉頭悄然皺起。

我知道這可能觸及了他內心深處的痛楚，他需要一些時間去整理。此時，我沒有催促，靜靜地等著他的回應。

夏柳青抬起了頭，將目光投向了我，語調低沉地說：「醫師，您可能說到我心裡的癥結了。我一想到自己也會像父母一樣死去，對生的渴望就更強烈了，想要一個孩子的念頭就控制不住了。」

對於他的回答，我沒有感到意外。

心理學家羅伯特・利夫頓（Robert Lifton），曾將人類試圖獲得象徵性永生的模式分為五類，其中的生物學模式就是透過繁衍子孫、透過血脈延續而獲得一種永生的感覺，以此緩衝死亡帶來的焦慮。

象徵性永生的模式：　生物學模式：透過子孫後代的血緣連線而活下去。　神學模式：在一個不同的更高等的存在層面活下去。　創造性模式：透過個人作品及其創造性的長久影響力而活下去。　永恆自然的主題：透過與支配生命的自然力重新連線而活下去。　超驗的模式：在一種非常熱切，以至於時間和死亡都不復存在的狀態中，透過「忘我」而持續活下去。

夏柳青的求子不得，打破了他透過血脈延續去對抗死亡的防禦方式，引發身心出現功能紊亂的症狀。

我嘗試進一步觸碰他內心的世界，繼續就這個話題深入。

「那麼，你有沒有認真地想過，即使有了孩子，也不能避免有一天我

們都將離開這個世界的事實？因為我們知道，死亡是一定會發生的。」我緩慢地說。

他本能地垂下了眼角，沒有立即回應我的問題。但是，從他遲疑的眼神，下垂的眼睛中，我已經似乎知道了答案。

心理學家歐文‧亞隆認為，直視死亡如同直視驕陽，會給你帶來痛楚，但是，在深入地反思了人生的必死之痛後，你會獲得內心的和諧平靜。

這時，我決定把話題重新拉回到養育孩子這件具體的事情上來，也許這會給治療帶來進展。

於是，我直接提問，說道：「記得你跟我說，你很渴望要一個孩子。那麼我想知道，你是真正出於對一個生命的渴望呢？還是想透過這個新生命的誕生，來滿足你自己想要延續生命的渴望呢？」

不待夏柳青做出回答，我便緊接著補充，問道：「我用一句更簡單的話來問，你想要個孩子，是出於對那個新生命的愛呢？還是因為更愛你自己呢？」

我的問題看似簡單的二選一，但其實答之不易，裡面隱隱包含了對人性深層的拷問，也同時幫助來訪者看到自己真正的內心需求。

兩分鐘過去了，我等待著。

經過一番膠著，夏柳青似乎已有了答案。

看到我的耐心、鼓勵和肯定的目光之後，他終於下定了決心，說道：「醫師，說心理話我其實更愛我自己，而不是那個孩子。我內心對死亡的恐懼是存在的，我想如果有個孩子，就能沖淡或者轉移我對死亡的恐懼，讓我後面的日子好過一點。」

說完之後，夏柳青不由自主地長舒了一口氣，之前緊皺的眉頭也比先前稍微舒展了，似乎心中解開了一個沉重的枷鎖。

他或許不知道，剛才短短的兩分鐘，他的內心邁過了一道無論對心理治療或對他個人來說都十分重要的關卡。

現在，他看起來的確沒有初進診間那麼焦慮了。

如果有一種恐懼令人無法理解也無法定位，那麼它將變得異常可怕。因為，你將無從面對，更無法應對了。

這種如影隨形的恐懼經驗，使人感到焦慮，進而引發人的無助感，進一步加重焦慮，由此產生惡性循環，甚至強迫性地固化在某一個「替代」死亡的念頭上，比如要個孩子。

夏柳青剛才邁過的檻，恰恰就是將對未知事物（無物）的焦慮，轉化為對某種具體事物（某物）的恐懼。

當有了具體的恐懼對象之後，心理治療才能有效地進行。

夏柳青的坦誠相告，說明他面對了自己的恐懼，沒有再透過防禦性否認或逃避的方式來面對死亡，這對後續的心理治療，具有十分重要的意義。

人的生命，究竟有何意義

人像一粒種子偶然地飄落到這個世界上，沒有任何本質可言，只有存在著。要想確立獨立自我的本質必須透過自己的行動來證明。

一週之後，夏柳青又來到了診間。

可能是上次有關「死亡恐懼」的討論，讓他對自己內心的恐懼有了一些不同的發現和思考，此次前來的他，表情看起來比上次輕鬆了一些。

落座後，夏柳青主動說道：「醫師，我妻子最近想法特別多，想學舞蹈，還想學繪畫。我雖然沒有反對她，但我覺得她學的這些東西以後都會

消失，並沒有什麼意義。您認為呢？」

我能理解，夏柳青所表達出的感受是真實的。這種無意義感，是存在主義心理治療中指出的，四種終極心理衝突之一，它有時會伴隨著死亡這個終極心理衝突一起出現。

無意義感：存在主義心理治療認為，追尋意義、賦予意義是人獨有的能力與需求，但對於宇宙自然而言，「無意義」卻是一種事實。因而，兩者之間的矛盾將引發心理層面的衝突。

我沒有立即回答他，而是反問道：「那麼，我想知道如果每個生命注定會死亡，那麼在你看來生命有什麼意義呢？」

他思索了片刻之後，訕訕一笑，放緩語速，看著我說：「對於這個問題，我的看法可能比較負面。我覺得人死去之後，所有的東西都會消失，包括自己所掌握的技能和知識，全都會煙消雲散，所以也就都沒有意義了。不知道您是怎麼看的呢？」他反問。

關於生命意義的問題，著實不易回答。

它涉及兩個真實的，但又相互矛盾的兩個命題：人是追尋意義的生物，而宇宙世界本身是無意義的。這兩個命題結合在一起，就轉變為一個根本性的問題，即需要意義的人類，如何在一個沒有意義的宇宙中找到生命的意義？

這不僅是一個重要的哲學命題，也是各種宗教學派裡的一個重要部分。

古往今來，無數哲人、智人都曾思考過這個問題，甚至窮其一生去追尋這個問題的答案，但結果依然是各執一詞。

法國哲學家沙特說：「人像一粒種子偶然地飄落到這個世界」，沒有任何本質可言，只有存在著。要想確立自己的本質，必須透過自己的行動來證明。人不是別的東西，而僅僅是他自己行動的結果。」

沙特：法國 20 世紀最重要的哲學家之一，法國存在主義的主要代表人物，西方社會主義最積極的倡導者之一。

我清楚地知道，在短短數十分鐘的時間，身為治療師幾乎無法將這個生命意義的重大課題闡釋清楚。

但我願意與他分享一些關於生命意義的理解與思考。

於是，我回答道：「如果你問我的理解，我認為生命的意義就在於過程，也就是過程即意義，或者說存在即意義。比如做一名治療師陪伴來訪者，對我來說是有意義的；閱讀時我覺得精神被滋養了，是有意義的；聽音樂時我覺得旋律很打動我，它於我也是有意義的；與知心朋友的傾心交談，我也覺得很有價值。」

「您認為過程即是意義。我知道了。但說真的，我現在還不能完全明白，我需要再想一想，也想抽空多看一些書。」

夏柳青聽得專注，但聽完之後，他還是有困惑，需要獨自再多想一想。

考慮到生命意義論題的複雜性和多維性，我決定繼續做一些相關的分享。

「其實，人是自然的產物，自然生命的起點和終點，都不是我們個體所能決定和掌控的。如果按照存在主義哲學的觀點來看，每個生命都不是自己選擇的結果，而是被『拋入』到這個世界上的；如果你認同這個哲學觀點，那麼我們的使命就是選擇讓每一天怎樣度過。」我說。

他看著我，似乎意猶未盡，等待我繼續說下去。

「用我的理解來說，如果把每一天的生存用『時間』這根線串起來，它就是生命的過程。這其中包括生活的內容、選擇、決定和行動，也包含著人的意志、情感和愛恨。然而，這一切存在著的『存在』，都是我們人賦予它的。這是我的理解，很願意與你分享。」我說。

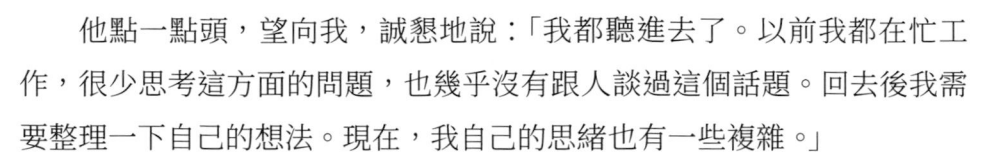

他點一點頭，望向我，誠懇地說：「我都聽進去了。以前我都在忙工作，很少思考這方面的問題，也幾乎沒有跟人談過這個話題。回去後我需要整理一下自己的想法。現在，我自己的思緒也有一些複雜。」

在我們後面的交流中，他似乎更開放了一些，開始講述他的過往。

夏柳青年輕的時候，學業與工作對他而言，充滿了機遇和挑戰，他辛勤的付出，為他贏得得了知識與技能上的充分發展，經濟上帶來可觀的收入，事業上帶來莫大的名譽。所有這些，都能夠帶給他意義感和價值感，能讓他覺得自己所做的事情是有意義的，內心得以充實和愉悅。

當下，他事業的發展到達了一定的高度，他不再需要像年輕時那般夜以繼日地工作，開始有了更多的剩餘時間。

隨著與他交流的漸漸深入，我對夏柳青的心理衝突有了一些新的理解。

很顯然，夏柳青是個以工作為生活重心的人，當工作無法再填滿他的生活時，這種空閒於他而言就是一種漠然的空虛寂寥感。此時，潛意識中的無助焦慮也會慢慢浮現出來，加之年邁的父母相繼離去，潛隱的焦慮恐懼也會喬裝打扮，以生理紊亂的形式表達了出來。

他開始無所適從。

對生命終將死亡的感受與恐懼，才是他所有困擾的核心癥結所在。所以，我需要對他當下的工作狀態、死亡恐懼和渴望孩子等，這些複雜問題做一個引申性的解讀。

我放慢了語速，緩緩說道：「當你有了更多的剩餘時間，感覺生活缺少內容時，又恰好經歷了父母因病相繼去世的痛苦過程，死亡也因此突然被帶到了你的面前。親人的死亡，分離的傷痛，會帶給你很大的情感衝擊，甚至心理創傷。尤其是親歷父母衰弱與死亡的過程，很容易讓人產生關聯性念頭，即父母已逝，我將其後。」

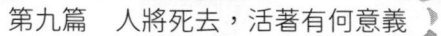

夏柳青認同地點點頭，回道：「是的。原來覺得死亡似乎離自己很遙遠，可是這半年來感覺完全不一樣了，覺得其實它離我並不遙遠。」

看著他越來越自如的回應，我進一步說道：「具體對你來說，父母離去後，潛在的死亡恐懼，以及填補生活寂寥的心理需求，被下意識地連結了起來，於是就萌發了想生小孩的念頭，它具有情感轉移與替代的作用，實質上也是一種心理防衛機制。」

伴隨著對生命意義的解釋，我一併闡釋了困擾夏柳青的這段複雜的心路歷程。

解釋：是指心理師基於相關知識和理論，對來訪者所提供的資訊予以理論分析和說明的過程。

夏柳青一邊聽，一邊像在思索著什麼，說道：「哦？您是說，很想生小孩的念頭，是因為能在情感上轉移替代我內心的焦慮和恐懼？」

「可以這樣理解。」我回說。

為了便於他的理解，我進一步解讀道：「其實，你也可以問一下自己，生兒育女這個你早已認真思考過而放棄的決定，為什麼會在當下這個時候被重新提起並想要改寫？」

「是的，我與妻子對孩子這個問題很認真地想過，最後，我們共同做出了不要生小孩的決定。」

夏柳青一邊頻頻點頭，一邊回應我的問題。

「為什麼是現在要改變？因為它與你當下的生活和心理需求相吻合。如同先前分析，生兒育女不僅能夠緩衝死亡帶來的恐懼，也能用照顧孩子填滿你空餘的時間，從而繼續在忙碌的生活過程中獲得安慰，沖淡內心的恐懼。你有這個想法嗎？」

「有啊！孩子需要我照顧，我就會忙起來了。」他很快回應道。

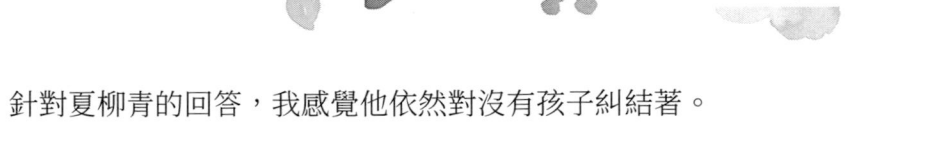

針對夏柳青的回答，我感覺他依然對沒有孩子糾結著。

我繼續引申話題，說：「其實，我不知道你有沒有想過，就算有個孩子來到你的生活中，但這個孩子也會老去，也會在未來死亡？」

夏柳青聽到這裡，似乎內心被觸碰了。他坐正，很認真地對我說：「醫師，您剛才所講的話，還有您追問我的一些問題，都很觸動我！現在，我心裡有了一些新的、不一樣的感受，但還有些模糊，我需要一些時間去想想。」

我想，如果給予夏柳青一些時間去整理和思考，他應該會有所收穫。

對生命意義的探尋永無止境！

但無論結論如何，活在當下的人們都應該回歸到真實生活的本身，而不是脫離開現實的生活去臆想。

探討完這個話題之後，我結束了今天的諮商。

慢下來，別忽略了生活美好

人在欲望層面的追逐既是本能，也是永無止境的。不要為了滿足欲望去追求更多的東西，而失去對你的生命本來很有價值的東西。

此後一週，夏柳青因出差未能前來。

再見時，已是兩週之後。

今天的夏柳青身著淺灰運動服，帶著淺淺的笑，臉上的黑眼圈消失不見，人看起來精神了很多。

一落座，他帶著笑意，便迫不及待說：「醫師，我現在能睡著了！」

短短的一句話，欣喜與激動之情已溢於言表。雖然我在診間已見過無數次這樣的表情，但此時的我仍十分高興。

人最幸福的時刻，便是在奔向目標的途中，渴望和需求得到滿足的那一瞬間。

現在的夏柳青，便是如此。

緊接著，夏柳青說：「我現在能放鬆了，已經很少再想到孩子這個問題了，儘管偶爾看到同事的孩子還會冒出這個念頭，但大多都是一閃而過，不會反覆糾纏了。」

在夏柳青談及孩子這個話題時，我一直在暗暗觀察他。

他能夠在一個月時間裡，就化解平復了在孩子這個問題上的糾結，不禁讓我刮目相看，欣喜之餘，也感慨他的理性思考力之強大。

在心理治療室，我遇到過很多不同的人。有的人理性，學習能力和思考能力都很強。在解決他們心理困擾時，你只需要在認知邏輯層面給予必要的澄清、分析與闡釋。之後，他們會透過自己的理性反思，繼而修通那些紊亂的內在情感關係。這時，他們原有的心理困擾也就化解了。

顯然，在事業上頗有成就的夏柳青，就是這樣一位理性、邏輯且善於思考的人。

所以，我決定今天諮商的重點，放在如何面對死亡這個主題上。

從存在主義心理治療原則出發，死亡作為人終極的心理衝突，若無法面對，那麼也許有一天它還會以偽裝粉飾的方式，以另外一種樣子闖入人們的生活裡來，引發多種身心紊亂的症狀。

也許，有人內心強大到能夠海納百川，無所不容。但大部分人，在面臨生命終將死亡這個無法迴避的事實時，能做些什麼呢？

在我眼裡，每個生命都是這個世界的禮物。猶如散落在原野上的蒲公英，風起，隨風飛揚，風停，隨地而落。

在生命飛舞的時候，我們只知有一天終將落地，但卻不知將於何時落

於何地。

未知的恐懼瀰散在空中，一直尾隨著我們，驅之不散。

倘若在此時，還能看到在空中不斷飛舞的蒲公英，我們就會感到些許慰藉，內心將不再那麼恐懼，飛舞的翅膀也將不再那麼掙扎無力。

只因，我們不再是孤獨的行者。即使不能攜手，至少我們能夠同行。

於是，我決定與夏柳青分享兩個真實的生命故事，也許會對問題的解決帶來幫助。這緣於，人類命運的普同性和心路歷程的相似性。

普同性：治療師透過分享，幫助來訪者發現自己並不孤單，更不是唯一的不幸者，他人也和自己有著同樣的，或者相似的經歷、感受和苦難。這有助於緩和其內在的壓抑感，並從中獲得新的領悟，引發新的思考。

第一個故事，是有關親人死亡恐懼的經驗。她是一位大學老師，父親已近九旬，身體向來健朗。但是一場大病後，便臥床不起。她每次回家探望時，看到的都是父親日漸憔悴的面容，她心裡會不由自主湧出一股很痛苦的悲涼感。

她說，有一天晚上，夢到和父親並肩向前走著，但突然發現父親離她而去了，背影影依稀可見，但距離卻越來越遠。她十分焦急，一邊追趕，一邊呼喊，但父親仍是繼續漸行漸遠，身影越來越模糊，直到消失在她視野中。當父親的身影完全消失的時候，她悲痛地嚎啕大哭，從夢中驚醒！

顯然，這是個有關父親死亡的夢境！從此，她的情緒進入了悲哀的谷底。

事後，她說：「我心裡那種恐懼，就像一個『黑洞』把我捲了進去，黑洞裡沒有一絲光亮，也沒有一點溫度，只有無盡的悲涼，我感到難忍的窒息、孤獨和無助。在那個黑洞裡，我失去了所有自我控制的能力。」

所謂「情緒黑洞」，其實和維琴尼亞・薩提爾（Virginia Satir）所提及的

冰山理論（Iceberg Theory）有些類似，它們都指向人類的潛意識，即人無法意識和控制的那一部分心理活動。

冰山理論：美國心理治療師薩提爾提出。它指一個人的自我就像一座冰山一樣，我們只能看到表面很少的一部分，而更大一部分的內在世界，卻隱藏在更深的層次，不為人所見，恰如冰山一樣。

夏柳青聽完了我的講述，忍不住插話，說道：「醫師，這種窒息和孤獨的感覺我也有。半年前我生病的父母逝去了，我忽然感到『死亡』原來離我這麼近，也讓我清楚地看到死亡會發生在我身上。這種無助的感覺讓我害怕、心慌和恐懼，但又無能為力。」

這是夏柳青第一次在諮商中，能夠坦然地、主動地與我談論他對死亡的感受。

他開始正視死亡這個現實，不再採用迴避或替代方式，這對他的療癒有正向的意義。

於是，我給了他正向的回饋，說道：「你能開始與我談論死亡這個話題，並覺察由它而來的情緒變化、內在感受和深層經驗，這對你而言是重要的。其實，對死亡的恐懼每個人都有，是普世存在的。就像我剛才跟你分享的這個故事，她夢境中就是父親死亡的意象，她在黑洞裡面感受到的正是死亡恐懼。」

「那麼，後來呢？她從裡面走出來了嗎？」夏柳青還在追問結果。

我意識到這個分享對他是重要的，他人生命故事帶來的觸動，會有助夏柳青對自我問題的進一步覺察、反思與思考。於是，我回應了他的好奇，說道：「她告訴我：有一天，她突然意識到，她所有的痛苦都來自『逃避否認』，父親終將死亡這個事實。當她決定面對死亡真相的時候，她發現自己的壞情緒得到了緩解。有時，還有念頭出現，她會提醒自己那只是

一種本能反應，但這種反應並無法改變事實。與此同時，她更專注於她自己當下的生活。」

真實的生命故事是極具療癒意義的。

夏柳青沉默了一會兒，然後對我說：「醫師，您剛才分享的這些感受，還有您對我說的話，對我的觸動很大，我在來您這裡以前從未想過，也沒有任何人跟我提及過。但我還需要時間消化一下。」

「我跟你分享他人的故事和心路歷程，並非讓你簡單地去模仿複製，而是幫助你去靠近自己的感受，覺察內心的經驗。因為，人在死亡這個終極心理層面上的感受是相似的。」

從心理精神動力性觀點出發，如果將潛意識中未知的恐懼意識化，臨床上因未知恐懼而引發的心身症狀就會得到有效改善。

直視驕陽，心靈生命的覺醒

人若能做出遵循自己內心的選擇，無悔、真誠與坦蕩地活著，這已是彌足珍貴的一生了。

我跟他分享了第二個故事，它是關於生命意義的。

他是一個成功商人。他曾告訴我，他人生的信念就是：大把賺錢大把花，食色人間不枉來。三十五歲那年，他在一次聚餐後突發急性胰腺炎，差點沒搶救過來。同年，貌美的妻子又離開了他。

經歷了這些以後，他說自己迷失了，突然覺得金錢和食色對他而言，都失去了意義。

那時，他開始淡出所有人的視線，彷彿在這個世界上消失了。所有人都認為他就會一直這樣沉淪下去。

然而，兩年之後，他又回來了。

再見面時，他一改之前「小彌勒」身材，變得精神而勻稱。臉上的笑容也十分真誠，給人一種淡定、從容而又積極陽光的感覺。

我曾經帶著職業的好奇問他：「究竟是怎樣的經歷，讓你得以蛻變如斯？」

他說：「真實的人生讓我改變！」他從最開始對金錢和食色的索取，轉變為向內心自我的不斷追問！

他開始反省自己的人生，當外在的東西失去的時候，什麼才是沉澱在自己生命裡，真正屬於他自己的存在呢？在那段人生的谷底，他發現之前自己走得太快了，也太輕狂了，忽略了很多生命本身的美好。

講到這裡，我略微停頓了一下，接著說道：「他還說，正是人生磨難的出現，才讓他有機會反思，究竟什麼才是真正的生活？什麼才是生命的意義？」

最後他領悟到，人生是短暫的，生命的意義是自己給的。幸福與快樂的感覺，永遠是屬於自我心靈與精神世界的。

他開始重新撿起了室內設計這一老本行，按照心願設計了一個敞亮寬大的書房，他手持畫筆，繞在耳畔的是舒緩的音樂，眼前擺放的是大葉綠色植物。此時，他感受到了從未有過的充實自在，已經失去的設計靈感也都回來了。

他說找到了自己生命存在的意義 —— 就是讓自己的心靈從容、踏實而富有地存在著。

是啊！究竟什麼才是有意義的生活呢？

其實，人的幸福並不取決於你得到了多少身外之物，而取決於你是不是失去了對你本來最重要的東西。

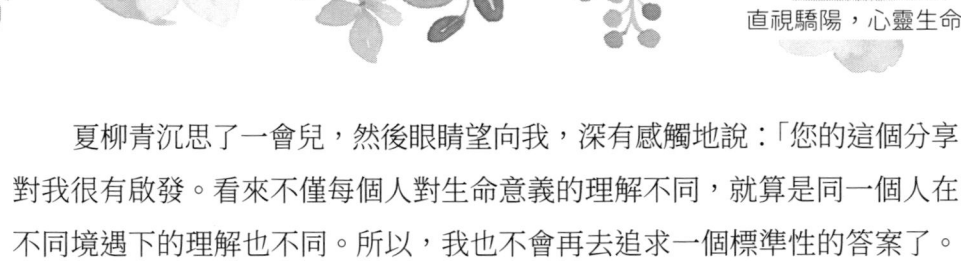

夏柳青沉思了一會兒，然後眼睛望向我，深有感觸地說：「您的這個分享對我很有啟發。看來不僅每個人對生命意義的理解不同，就算是同一個人在不同境遇下的理解也不同。所以，我也不會再去追求一個標準性的答案了。對我來說，現在也算小有成就了。我不必再去追逐外在的、缺失的或者虛幻的東西，反而要重視自己已經擁有的，但又被自己忽略了的生活內容。」

「這樣的感悟很難得！其實關於生命的意義是一個哲學上的命題，也許需要我們每個人用一生去回答。不過在我看來，遵循心願過好每一天，就是生命最好的意義。」

夏柳青微笑著，認同地點點頭。

我也期待剛才分享的故事能擾動他的內在，幫助他做出符合自己心願的選擇，過上讓他舒暢而無憾的生活。

最後，他告訴我下一週他要出差半個月，暫時無法來做心理諮商。

出於對他理性思考能力的了解與信任，我決定給他一些具體的方法，幫助他在工作之餘繼續對自我狀態進行調整與思考。

指導：諮商師直接告訴來訪者做某件事情以及如何做或者以某種方式去做。

我提供了三個建議。

一是察覺自己的負面情緒與念頭，並嘗試找出減輕緩衝這些念頭的方法。二是回望整理自己當下的生活，發現其中被自己疏忽了的部分。三是思考如何活在當下？如何在生活中增加新的內容，並作出行動計畫安排。

三週後，夏柳青出差歸來，再一次來到心理治療室。

他告訴我，他與妻子一起回望了他們已有的人生，結果發現，當下這種踏實而舒適的生活狀態是他們一直想要的，如果換一種表達方式來說，就是現在擁有的生活內涵，已經遠遠超過了他們最初的期待。

「最近睡眠好嗎？還失眠嗎？」我問他。

「能睡了。從跟您說了死亡開始，我的恐懼焦慮就緩和了不少。之後，又開始關注人生意義的內涵。現在心情放鬆了，睡覺也好了。」他輕鬆地回答道。

我笑著追問了一句：「那麼孩子呢？還有遺憾嗎？」

他鄭重其事的回答了這個問題，認真地說道：「我真正想通了，與其把我對未來人生的期待，寄託於另外一個生命，那就不如自己今天充分的去生活，讓自己沒有遺憾。」

「你妻子呢？她是什麼感受？」我繼續笑著問。

「我妻子一直覺得我貪心，她比我有定力多了。」他笑著，輕鬆地應道。

心靈，是有靈性的！這是我多年治療師歷程裡的真實感受。儘管，在每一段生命的歷程裡，都會遇到不同的困惑、糾結與磨難。

我在欣喜之餘，也不禁心生感慨！

在生命顛簸不安的歲月裡，在命運十字路口的徘徊中。若能做出遵循自己內心的選擇，無悔與坦蕩地活著，這已是彌足珍貴的一生了。

記得哲學家叔本華說過這樣一句話：不要為了滿足欲望去追求更多的東西，而失去對你的生命本來很有價值的東西。

因為，人在欲望層面的追逐既是本能，也永無止境！

所以我寧願相信，每一個生命都會在心靈覺醒之時，讓自己的人生無悔地度過。

治療師在診療室的人生，就是生命與生命之間的每一次遇見，每一次道別。

期待他內心的寧靜和滿足，能夠彌久芬芳。

● **本篇結束語**

> 時間是偉大的！在時間的隧道裡，不僅能證明一切，也能改變一切。時間也是一個忠實的記錄者，它見證了季節的寒暑，草木的枯榮，以及生命的從生到死！於我們今天而言，唯有珍惜！

輕鬆心理咖啡屋 —— 做自己的心理療癒師

◎ 第一杯咖啡：如何發現失眠背後的深層原因

探究隱藏在失眠背後的深層心理原因，是心理諮商與治療的關鍵點之一。

人生中有三分之一的時間是在睡眠中度過的。據調查統計發現，因生理、環境和身體疾病等引發的失眠僅占小部分，因焦慮、憂鬱和壓力等心理因素引發的心因性失眠占大部分。一般來說，心理因素引發的失眠，多來自於情感、人際、工作和學習等壓力問題。所以，探究出隱藏在失眠背後的深層心理原因，是心理諮商與治療的關鍵所在。

結合本案例分析，夏柳青來諮商的主要問題，初看似乎是睡眠障礙，實則不然。治療師透過提問與澄清，發現他執著想要孩子的想法，是在父母相繼去世之後萌生的。順著這條創傷性的情感線索，繼續往內心深處探究，結果發現嚴重失眠出現在求子失敗之後，從此揭開了隱匿於焦慮失眠背後恐懼死亡的面紗。全此，夏柳青嚴重失眠的根源得以澄清，治療師便聚焦於如何幫助夏柳青處理死亡恐懼，並展開了系統心理治療。

值得關注的地方是，他在目睹父母衰老死亡的過程之後，腦海中反覆出現了「我也會死去」的念頭，由此帶來了巨大的心理恐懼。「我想要個孩

子」是個體透過生物學本能模式，來緩解死亡恐懼的一種方式。

　　然而，看似沒有孩子讓人苦惱不堪，其實這並非是解決焦慮恐懼的關鍵所在，而是人在試圖緩解死亡恐懼中的另一個被外化了的心理衝突。如果治療師僅僅圍繞失眠和生育孩子的主題展開，就很難幫助來訪者獲得真正的心理療癒。

　　總而言之，發現表層問題下的深層心理衝突，永遠都是心理治療中的難點與關鍵點。

◎ 第二杯咖啡：追尋意義是生命永恆的主題

　　有限的生命如何在本無意義的宇宙中尋找其意義？這不僅是存在主義終極心理衝突之一，也是一個重要的哲學命題。

　　無意義感，是存在主義四大終極心理衝突之一。無意義感常伴隨對死亡的恐懼出現，當個體覺察到死亡的必然性，知道自我無法避免死亡之時，很容易提出這麼一個問題，那就是既然生命的結局都是死亡，那麼生命有什麼意義？人又為什麼要活著？人應該怎樣活著？

　　宇宙本無意義，它只是一種存在，而追尋意義則是人獨有的一種能力。一個有限生命的個體如何在本無意義的無限世界中尋找生命的意義？這是一個很大的哲學命題，但在心理諮商中，這也是來訪者經常會提出的一個問題。

　　在本案例中，夏柳青在對死亡進行省思之餘，又產生了對生命「意義」的追尋和思考，提出了生命有何意義的疑問，在這裡治療師從如下四個方面來提供幫助：

　　第一，透過分享其他人的故事案例，讓夏柳青看到無意義感是每個人都會思考的問題，是終極的衝突，是普遍存在的，以減輕其焦慮。

　　第二，在哲人闡釋「意義」觀點的基礎上，治療師結合自己的體悟，

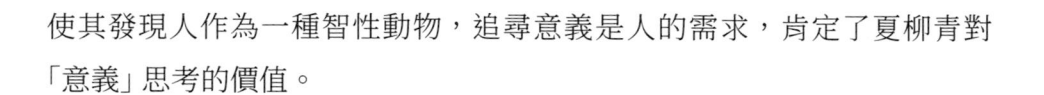

使其發現人作為一種智性動物，追尋意義是人的需求，肯定了夏柳青對「意義」思考的價值。

　　第三，分享「意義」是被人賦予的這個主題，並指出沒有唯一標準。每個人會在不同的境遇下，對不同的事物、需求和情感賦予意義。這會帶給人踏實與可控的感覺；反之，沒有意義感的生活則會帶來莫大的空虛寂寥感。

　　第四，結合具體情況，給出了一些建議，包括建議他回歸，並投入到當下真實的生活中去，鼓勵他去建構屬於他生命的意義，以此擺脫「無意義感」帶來的空虛漂浮。

　　在實踐中，一定要根據來訪者心理問題的特點和發展階段，及時給予有針對性的心理治療，這對於提升來訪者的生命品質，順利度過急性壓力期，是十分重要的。

第九篇　人終究死去，沒辦者有份遺棄

心理諮商學習之旅

附文一　跟隨老師學做諮商

◎ 我與老師的初見

初見董燕教授，是在五年前。

那時，我作為老師的碩士研究生，在三月下旬的一個下午，去主任辦公室拜訪她。

未見老師時，我內心是忐忑不安的。我知道，她是心理諮商師培訓專家，也是心理諮商師教材的編撰專家，更獲得過許多優秀教師獎勵，影響了一批又一批心理學愛好者走上了心理諮商從業之路。

但真正和老師見面時，她的一顰一笑，讓人如沐春風，瞬間就拂去了我內心的緊張。老師的氣質溫文爾雅，聲音質地悅耳輕柔，猶如一股沁人心脾的泉水，讓人不由自主地感到放鬆、自在和舒適。

那次交談中，老師讓我印象最深的有兩點：首先，是她對臨床心理諮商與治療發自內心的熱愛。她說：「我這一生最值得驕傲的選擇和決定，是從一名內科主治醫師，透過系統學習心理學而成為一名心理師。」其次，是她言談舉止中蘊含的自信與篤定。她告訴我：「人的心理健康與生理健康同等重要。不同的是，外科醫師是用手術刀完成身體上的手術，而心理師則是透過特定的語境系統來完成心靈上的手術，因為它是一個需要投入心力的工作。」

時至今日，老師當日那席話仍猶在耳。

◎ 諮商的深宅大院

2015 年，我完成了研究所第一年的課程，來到醫院跟隨老師開始學習心理諮商與治療。自此，我也算是走到了心理治療這扇「深宅大院」的門前，內心是欣喜的。

此前，我讀過一些臨床心理諮商與治療的書，自認為雖未做過現場的心理諮商，但也應該和書中所言相去不遠。不料，當跟隨老師第一次進入心理治療室後，我的內心不止一次地受到了極大的震撼。

在老師的心理治療室裡，沒有來訪者和專家權威的標籤，有的只是「兩個生命在診間的相遇」。

來到心理治療室的來訪者，困擾不盡相同，表達方式也是千態萬狀，有一進門就沉默不語的，有一進門就淚流滿面的，也有一進門就怒氣沖沖的……但無論他們以何種狀態進入心理治療室，老師都能用她平靜中蘊含著的力量，溫婉中飽含著暖意的話語，讓大多數來訪者安靜穩定下來，轉而逐漸將內心的困擾緩緩道來。在這種承接容納之下，對來訪者糾結於心的困擾，纏繞鬱悶的心結，採用像剝洋蔥皮一樣的技術，逐一進行剝離、捋順和化解。直至愁眉消散、笑顏再現，重燃對生活的熱情與渴望，回歸到他們正常的生活軌道之中。

每當我在心理治療室看到這一幕，總會讓我想起《大學》裡所說的：「知止而後有定，定而後能靜，靜而後能安，安而後能慮，慮而後能得。」

平日，在跟隨老師出診之後，老師都會專門抽出一些時間與我探討當日的諮商個案，分享在整個治療過程中的技術應用、問題分析與感悟。

老師是在存在主義視角下，做短程整合式心理治療。她如行雲流水一般的諮商現場，心理問題化解的流暢路徑，言語的知性溫和，不由讓我產生了一種錯覺，好像心理諮商沒有特別的難度。

有一天，輪到我單獨做一個 25 歲男性諮商時，我卻一下子傻眼了。他說：我壓力很大怎麼辦？工作我不喜歡怎麼辦？父母總是否定我怎麼辦？我很難受又擺脫不了怎麼辦？面對他不斷丟擲來的困惑、糾結與現實問題，我開始焦慮了，只覺得腦中一片空白，原先在老師諮商中學到、聽到的理論、技術與方法技巧，它們像約好一樣，一溜煙全部跑掉了。

　　「唉，劇情不應該是這樣的啊？」我內心暗自苦笑道。

　　之後，老師對我說：「諮商是不容易的，如對問題切入點的選擇、語境語系的使用，以及知識邏輯技術的應用，這都意味著現場諮商是在變化中展開的，而不是對所學理論知識與技術的簡單複製。它是一個貼近來訪者的，有結構、有層次、有技術的複雜過程。」

　　我聽進去了，謹記在心。

◎ 諮商的語境氛圍

　　我開始嘗試記錄整個諮商過程中的技術邏輯要點。說實話，起先我仍有些不以為意，因為我發現老師是不做現場記錄的，但在案例分享討論時，她依然能夠完整地還原心理諮商與治療的現場。

　　我認為老師能做到的，我應該也可以。於是，在現場記錄時常有省略，在經歷了幾次窘迫的案例討論之後，我便不再敢效仿了，因為我意識到，老師和我是不一樣的，她能做到，並不代表我也能做到。

　　後來，從其他老師和學長姐們那裡得知，老師的記憶力超乎常人，尤其是她的聽功更是厲害。所以，為了尊重來訪者與保持流暢性，她幾乎不在諮商現場作任何記錄。於是，記憶力泯然於眾人的我，便再也不敢怠慢了。

　　在忙碌地記錄了將近三個月時，我突然發現，在與老師的個案剖析分析過程中，我在回憶個案時不僅變得容易了，而且在回憶的過程中，似乎

開始能夠略微揣摩老師的諮商邏輯和思路了。

我隱隱感覺到，這應該是現場筆記所給我帶來的益處。有一天，我把這點感觸與老師分享後，她說道：「想要得到最好的回報，就得付出最辛苦的努力。你對諮商現場觀察、記憶得越多、越仔細，就能將治療過程還原得越具體完整，你的吸納、內化和收穫也就隨之增加。」

聽到老師這番話語，已經初步嘗到甜頭的我深記於心。於是，在之後的跟診過程中，我便盡可能地將整個諮商過程記錄下來，特別是語言的表達、理論與技術的現場靈活運用。

坦白說，現場記錄的過程很累，但對我幫助很大。我曾經也試圖透過錄音來減少當場記錄的負荷，但有一次被老師覺察後，她嚴肅地告訴我，身為一個職業心理人，應當遵守相應的職業倫理和道德。

老師的話，讓我無可辯駁，當下羞愧得滿臉通紅，只恨自己不夠勤奮，老想要偷懶。

就這樣一晃十個月過去了。

◎ 功夫從不負耕耘

一年以後，老師根據工作需求，要求我進入獨立接診實務，每週一次。

起初，我的內心忐忑，有些缺乏自信，畢竟老師的諮商給我留下的印象太深刻了，難以想像我的諮商會是怎樣的一番情景。但是，所學終究要歸於實踐檢驗，在老師的鼓勵下，我嘗試接診了。

幾次接診下來，我驚訝地發現，在與來訪者交流到某個心理話題時，經常腦中會浮現出老師之前在諮商中，遇到類似問題時可能會追問的邏輯關係、會回饋的內容和使用的言語，然後我就憑著記憶說了出來，果然頗為有效。

我心欣然，當我把這種感受回饋給老師時，老師莞爾一笑，說道：「功夫不負耕耘苦！之前你播下的種子，終於開始發芽了。」

仔細想來，一年多來心理治療室的實踐，我用於分析諮商技術的記錄本已十餘冊了。我有一個很深的感受，就是每當在諮商中遇到困惑時，我再去翻看以前的文字紀錄，發現曾經的諮商現場很快就能浮現在腦海之中，雖然不復先前精準，但整個諮商思路仍能很好地印刻在腦海中，似乎我已「內化」了某些寶貴的東西。

一想到此，除了驚訝，我心中湧起更多的是對老師的感激。倘若沒有她悉心的教導指點，也許我不會有這樣的感受與感悟，也更不會是今天這個自己了。

老師的用心讓我明白了，點滴的成就都需要耕耘付出，並無所謂捷徑，猶如千里之行始於足下，一步一個腳印地走，才能行遠致遠，踏實穩健。

此後，每當在出診時遇到難以承接的問題時，除了之後請教老師，我也時常會翻閱以往的諮商分析紀錄，透過回憶和復現老師諮商現場的真實情景，幫助自己整理諮商和治療思路。

◎ 三人行必有吾師

二年後，老師又多了一個弟子，他就是我的學弟李誠，也是心理系畢業，在我眼裡他是一名聰明、踏實、帥氣又能幹的小兄弟。

於是，老師決定建立一個三人討論與分享小組，創設一個平等自主的學術氛圍，讓彼此思想上的碰撞帶來更多心靈上的豐富。

老師是一個理性、獨立而很有主見的人，但同時也是一個十分開明親和的人。在案例討論與學術分享的過程中，她十分尊重我和學弟的想法，只要我們能說出足夠的理由和想法，他通常都會積極回應，欣然接納。

在褪去最初幾次學術討論的拘謹之後，老師與我們有時也會在學習之餘，分享各自在近期的所聞、所見、所感和所思，尤其是在信任安全的氛圍裡，各自分享來自內心的聲音。

我們討論案例的地點在老師辦公室。辦公室十分安靜，窗外是一片綠地，窗臺上還有君子蘭等綠植相襯。在討論時，老師還會開啟輕柔的音響，相伴悠悠的絲竹樂之聲，如潺潺流水一般，瀰散縈繞在時空裡，此情此景，以至於讓我有了身在山林幽靜之所的感覺。

老師和我們，就在這神靜心安之地，暢遊在知識的海洋之中。

私底下，我和學弟時常都在感嘆，我們能跟隨老師有如此這般時間的學習，真是一種莫大的幸運與幸福。在這裡，我們不僅能親臨心理諮商現場，透過近距離的經驗式學習，還能在學術思想上與老師進行深入分享，這種立體化多層次的經驗學習與分享，我想應該是所有學習者夢寐以求的吧！

《周易》有云：二人同心，其利斷金。同心之言，其臭如蘭。

◎ 自我覺醒的背後

書山之途，幸有我師焉！

老師其表如蘭淡雅，其言如酒醇厚，其行如山沉穩，其性如水順柔。老師說過：「心理學是一門心靈溫暖心靈的科學。心理學這一門科學，是人類情感的延伸。如果沒有對人的關愛，任何創造最終都不可能真正給人帶來幸福……當來訪者遇見困擾陷入泥濘時，我願陪他們走過這一程，幫助他們看到自己本身就是一個發光體。」

在老師身邊學習的日子，我有了更多的思考，也有了更多的追問，這其中很大一部分原因是受到老師影響，她的哲學思想、她的言談舉止、她的語言和表達，她對人性的關注和仁愛，讓我逐步形成了一個優秀治療師

的樣子 —— 就像老師一樣吧！知性、優雅、親和，智慧、博學。在心理治療室，她用一份耐心、一份真誠、一份智慧傾聽來訪者的心聲，用她多年累積的經驗技能幫助一個又一個的來訪者走出心靈陰霾，被來訪者親切地稱為不用聽診器的「護心人」。

三年學習時光，匆匆，太匆匆！感謝這一路能有老師與學弟相伴攜行，這是我莫大的幸運。

如今，我已完成碩士學業，畢業離開了實習的醫院，但我的心從未如此時一般踏實。

本書承載了老師二十餘年來心理諮商與治療理念，書中文字與療癒，皆為她在心理診療室裡的親歷、真言與實務經驗，相信品閱之人，一定能嗅到書中所散發出的馥郁芬芳。

〈徵調曲〉道：「落其實者思其樹，飲其流者懷其源。」

臨床心理學碩士　郭久亮

附文二　原來，心理諮商要這樣做

◎ 心理治療室裡的經驗

從心理系畢業的時候，我就有了成為一名心理治療師的渴望和夢想，2015 年的秋天，我終於考上研究所，走進了臨床心理學的大門，成為了董燕老師的研究生。

記得初入心理治療室時，正值八月盛夏，我的內心充滿忐忑與好奇。果然，我看到了一個不一樣的診間，淡綠色的沙發，色調柔和的壁畫，生機勃勃的綠蘿和蝴蝶蘭……我不由自主地感到內心寧靜下來，彷彿這間診間隔絕了世間的喧囂。

作為助手，我靜靜坐在老師的身後，等候著來訪者的到來。隨著治療的開始，心理諮商的神祕面紗逐漸在我面前展開，它是一個技術性很強的專業，在諮商的過程中充滿著阻抗、曲折和荊棘，並沒有我想像得輕鬆和容易。正因為如此，我也堅定了一個信心，我要好好提升自我，將來也成為能夠療癒他人心靈的治療師。

◎ 感受，是一種能力

在正式進入心理治療實踐之前，老師反覆強調的一句話是：「要想成為一名合格的治療師，首先要完成自我成長，否則不僅無法助人，還可能傷害到人。」我點頭稱是。但是，真正讓我有感悟的，是經歷這樣一件事之後。那是研究生督導小組的一次討論，主題是「你覺得自己是怎樣的一個人？對你影響最大的故事人物是誰？」大家討論得很熱烈，彷彿都有說不完的話。

但是，輪到我卻只有三言兩語，甚至有些排斥這個話題，認為這樣一個人生的命題和心理治療技能毫無關係，簡直是浪費時間。最後，甚至我有一個提議，希望能減少這樣的討論，增加諮商案例分享的時間，以更好提高心理諮商技術。

有一次，在老師完成一位 34 歲女性的情感諮商後，我依據自己所學的心理學理論與認知，對這位女士的情感問題表達了看法、意見和評論，並自認為是這位女士的認知行為出了問題。這時，老師緩緩說道：「在諮商中，情感諮商是最複雜的，因為它是混沌、原始而強大的存在，在人性的最深層。大多數來訪者陷入痛苦時，也無法清楚地感知自我情感需求的方向。」接著，老師提了幾個問題給我：「你了解她嗎？你了解她情感後面的故事嗎？你了解她的夫妻關係發生了什麼嗎？在這些關鍵資訊都是問號的時候，你不能用自己的價值標準做出結論性的評判。」之後，老師要求

我去體會來訪者的感受，感受情感問題背後的心路歷程，以及情感出現糾葛的複雜原因。

這一刻，我才發現，沒有對人性的多層次的理解，沒有對情感和感受的覺察和體驗，就無法與來訪者的內心進行溝通，也就無法做心理諮商了！

此時，我才深刻地發現，感受和表達感受實質上是深層同理的能力，這是開展心理諮商的基礎。

我也第一次深刻地意識到，心理諮商是心靈與心靈之間溝通的學問。如果一直用理論和知識說話，而不是用心靈去體悟感受，心理諮商將會變為一場意識層面的說教，心理療癒將很難發生。

在此之前，我一直認為，一些不符合我價值觀的認知、行為和情感，我是很不願意去觸碰的，認為它們可能會對我產生消極影響，甚至擔心將失去原本的自我。此時，老師說了一個很通俗的比喻，一棵大樹，如果它的根紮得足夠深，無論多大的風雨都不會動搖，更不會倒塌。老師強調，我自己的價值觀就是這個大樹的「根」，自我的成長就像樹幹的年輪一樣，隨著歲月將會不斷的擴展、壯大和豐富，建構起一個更加開放的、更包容的多元價值體系。包括要去了解與自己不同的人，了解不同性別的人和不同年齡階段的人。

最後老師說，一個成熟的心理諮商師很清楚自己的價值觀是什麼，但同時又可以很好地感受他人的內心，允許與尊重他人的價值觀。

從此以後，在各種諮商中我都不斷地用這些話來提醒自己：你了解他們嗎？你知道事情背後的故事嗎？你知道他們的心路歷程嗎？

在諮商室裡，我開始更多地傾聽別人的感受，不斷地培養自己的同理能力，嘗試走進來訪者的內心，試著用多元的視角去看待事物的能力，以及挖掘自我分析與探索的能力，並在諮商過程中學會了述情性表達。

◎ 同理，促自我突破

不知不覺間，一年過去了。

當我有機會開始做心理治療的時候，我才能感覺到老師原來跟我講的那些話是多麼的重要，比如學會用心傾聽、身臨其境的同理、用好奇心感知、用述情去回饋，激發起來訪者自我的覺察和內省，恢復理性的思考和判斷。

記得，在一個 22 歲大學生的沙遊治療中，來訪者在沙盤裡堆滿了妖魔鬼怪的沙具，僅在中央骷髏旁有一朵紫色小花，我感受到了她的傷感和期待，以及內心的掙扎。

於是，我試著把聚焦點放在這朵小花上，由此帶來了意想不到的治療突破，不僅激發了她的自我覺察，幫助她接納了內心的渴望，最後萌生出了自我改變的動力。

老師見證了我的進步，詢問我是如何做到的。反思過後我發現，正是我暫時「忘掉了」使用技術，而是用心感受著她的感受，體會著她的痛苦，就在這種深層情感的互動中，激發了我對治療方法的選擇和對技術的靈活使用。原來，心靈與心靈的溝通與同理，才是臨床心理治療有效性的核心與靈魂。我深深意識到，只有深入了解了來訪者的所思所想，現場心理治療技術的應用才能做到有的放矢。

另外，讓我意外的是，「感受與同理」的力量也幫助到了我自己。先前，每當我有壓力而心煩焦慮的時候，我要麼選擇逃避，要麼選擇對抗。有時還在心裡罵自己，怎麼不可以再堅強一點、再刻苦一點，結果我會在心身疲憊的狀態下煎熬著、焦灼著。

現在，我學會了與自己的情緒對話，探究這些感受從何而來？它想向我表達什麼？需要我為它做點什麼？當我找到這些問題答案的時候，我

「知道」需要做什麼了，而這種「知道」和「做」會帶給我安心。

至此，從學習諮商中，我也學會瞭如何去幫助自己，而不再反覆使用消極評價的方法！

◎ 奇妙的技術整合

學習與收穫常常是在不經意之間發生的。

至今，對我印象深刻的是，有次治療進行得並不很順利，一個 16 歲的高中生始終無法跳出自己的思維模式，處處表現出對治療的「反抗」，整個諮商有一種「卡住了，帶不動」的感覺。在分享討論個案的時候，老師對我說：「往往被卡住的個案，正是需要我們向內反思、不斷追問的時候，也是幫助我們探索性地拓展出其他諮商路徑的時候。」

的確，諮商做得越多，就越體會到心理諮商與治療的不容易。因為，每個生命都是如此的不同，來訪者中帶有強烈阻抗、沉默少語和很難溝通的人並不少見。每當這時，老師都會對我說：「來訪者是不可選擇的，正因為如此，這也成為了我們在技術能力上拓展和精進的一個職業動力。」

慢慢地我發現，老師在面對不同的來訪者時，會採用不同的方法。有時候，我會好奇地問道，老師是哪個流派的？老師微笑著說，她是在存在主義心理治療框架下，做技術上的整合治療。由此，我也帶著對整合治療的好奇，從多個視角去解讀來訪者的故事。

一天，轉介來了一位 51 歲的男性，他在雙親去世之後，出現嚴重的強迫症狀。半年來，他已在多地治療，症狀沒有緩解。老師從存在主義心理治療的角度進入諮商，發現其深層原因是死亡恐懼。死亡恐懼會以化妝後的樣子表現為各式各樣的症狀，此時，老師用婉轉的方法引入了對於死亡的討論，結果兩週以後強迫症狀開始緩解。

從存在主義的視角看，只有揭開死亡神祕的面紗，面對真實的自我，

找到問題解決的方法，才能夠使療癒真正發生。

還有一個拒學的 14 歲女孩，一個多月拒絕去學校。在諮商中，老師一直在聆聽與探索她生命裡的故事，好奇地問她是如何一步步走過來，其間沒有提及任何關於學習的事情。但神奇的是，第三次諮商時她開始主動分享與討論在學習中遇到的一些困擾，以及想要重回學校的計畫。

諮商結束後，我急切地問老師，究竟是什麼諮商技術讓她有了如此大的改變。老師微笑著回應我說，這個案例主要展現著敘事療法的運用，即放空自己貼近來訪者，採用對問題外化和解構的方式，重寫和豐厚她生命的故事，使其獲得積極的自我認同，促成內在改變的發生。

我越來越感到，心理諮商理論在解決實際問題時是一個十分靈活的過程。比如認知行為療法，它主要在理性層面工作，幫助來訪者修通自己的認知。但是，我發現老師在做一些兒童治療的時候，就會採用隱喻的方式：「如果你在草原上看到一匹黑馬，就能夠斷定草原上所有的馬都是黑的嗎？也許還有黑白相間的，也許還有棕色的。」

這樣一來，枯燥的說理變得生動了，變得容易理解了，也達成了糾正了兒童以偏概全思維的目標。

基於臨床實踐的複雜性，每一種流派技術都有最適宜的問題和人群，但是，治療師在實際臨床工作中總會遇到各式各樣「非典型」的情況，例如，同樣是失戀問題，背後隱藏的心理衝突模式可能大相逕庭。正如老師所說，不同的心理諮商技術組合就是藥物的配方，只有打破理論、流派的界限，因具體問題整合相應的心理諮商技術，才能做到以人為本、而不是以方法為本的心理諮商，因為這不是出於治療者的需求，而是出於來訪者的需求。

◎ 潛移默化的成長

身為臨床心理研究生，我感到學習心理諮商與治療的過程，讓我對科學研究的理解帶來了不曾有的影響。毋庸置疑，臨床科學研究的最終目的是服務患者，而心理諮商與治療是解決心理問題的「最後一公里」，是臨床科學研究課題的來源與科學研究成果的試金石。

我發現，結合臨床的感悟，可以在浩如煙海的文獻中整理出自己的研究思路，就像有了燈塔指引的航船，而不再盲目出發。據此，完成的實驗設計，會讓自己有一種踏實、有根的感覺。有時候來訪者的一句主訴或者一個回饋，能夠提供一個新的思路，讓我進一步去探究，從而會形成一種不斷前行的動力。

做實習心理師一年多了，我感覺自己漸漸變了，在為人處世上「柔軟」了很多，不僅願意表達自己的感受，也更能照顧別人的感受。我知道，感受是心靈的語言，也是心靈與心靈溝通的基礎，它不僅有自己的溫度和色彩，更有心靈獨有的智慧。

在心理治療室裡，聆聽的生命故事越多，我越覺得每個生命都不容易，比如，父母的突然去世，讓 8 歲的孩子不得不獨自面對人生；相愛至深的人因為傷害性言語，就可能讓他們重回孤獨；經營了 10 多年的公司，也許會因一個決定而導致負債累累等，而這些都是真實的存在，都是人生歷程上的風風雨雨。

我越來越理解老師的話，即，要從每一個生命的角度去看待人性和解讀人性。

正如存在主義所揭示的那樣，作為拋入到這個世界的生命，每個人都需要面對死亡、孤獨、自由和無意義感這四大終極心理衝突。有了這些覺察和思考，我發現在追尋人生目標的同時，對自己、他人、周圍的環境都

更加寬容，對各種溫暖的相遇和相處都更加珍惜。

這就是我所感受到的心理諮商。它是一個完整系統的過程，從診斷評估，到諮商目標確立、方法技術的選擇，它既充滿理性，也交融著感性。

很喜歡董老師說過的一句話：生命一程，唯有故事！

臨床心理學碩士　李誠

後記

　　本書終於與大家見面了，就在此時此刻，撰寫這本書時珍藏的記憶又湧現了出來。

　　感謝我的研究生 —— 郭久亮和李誠。他們在前後 4 年的學習時間裡，跟隨我參加了臨床心理諮商與治療工作。他們帶著對心理諮商職業的執著，對診間裡每一個生命的尊重和關懷，和我一起親歷與見證了生命的相遇，以及心理診療室的春夏秋冬。

　　感謝我的來訪者！身為治療師，我與他們相遇在心理診療室，透過心理學架起的橋梁，彼此分享、陪伴與相攜相助。正是他們的故事帶給我的感動，以及心靈成長與領悟的神奇美好，才點燃激發了我將它們分享出來的心理動力。

　　如果沒有他們的鼎力支持和幫助，就不會有今天這本書的問世。所以，在本書出版之際，再一次感受到生命旅程相伴的珍貴。

　　我期待，透過分享這些生命故事，每一個人都能從中汲取心靈成長的養分，喚醒潛隱於生命深層的智慧，探索靠近內心本真的自我，並遵循心願做出人生的選擇，助力我們更加珍惜當下，無怨無悔！

　　生命是一次旅程，願心理學相伴每一個生命的心靈成長！

董燕

療癒日記，心理諮商背後的真實故事：
從破碎到復原，透過個案分享來場短期治療，以自我療癒改寫人生悲劇

作　　　者：董燕

發　行　人：黃振庭

出　版　者：崧燁文化事業有限公司

發　行　者：崧燁文化事業有限公司

E-mail：sonbookservice@gmail.com

粉　絲　頁：https://www.facebook.com/sonbookss/

網　　　址：https://sonbook.net/

地　　　址：台北市中正區重慶南路一段61號8樓
8F., No.61, Sec. 1, Chongqing S. Rd., Zhongzheng Dist., Taipei City 100, Taiwan

電　　　話：(02)2370-3310

傳　　　真：(02)2388-1990

印　　　刷：京峯數位服務有限公司

律師顧問：廣華律師事務所 張珮琦律師

-版權聲明-

定　　　價：480 元

發行日期：2024 年 06 月第一版

◎本書以 POD 印製

Design Assets from Freepik.com

國家圖書館出版品預行編目資料

療癒日記，心理諮商背後的真實故事：從破碎到復原，透過個案分享來場短期治療，以自我療癒改寫人生悲劇 / 董燕 著 .- 第一版 .-- 臺北市：崧燁文化事業有限公司，2024.06

面；　公分

POD 版

ISBN 978-626-394-326-1(平裝)

1.CST: 心理諮商 2.CST: 個案研究

178.4　113006730

電子書購買

爽讀 APP　　　臉書

獨家贈品

親愛的讀者歡迎您選購到您喜愛的書，為了感謝您，我們提供了一份禮品，爽讀 app 的電子書無償使用三個月，近萬本書免費提供您享受閱讀的樂趣。

ios 系統	安卓系統	讀者贈品
ios 系統	**安卓系統**	**READERKUTRA86NWK**

請先依照自己的手機型號掃描安裝 APP 註冊，再掃描「讀者贈品」，複製優惠碼至 APP 內兌換

優惠碼(兌換期限2025/12/30)
READERKUTRA86NWK

爽讀 APP

📖 多元書種、萬卷書籍，電子書飽讀服務引領閱讀新浪潮！

🎧 AI 語音助您閱讀，萬本好書任您挑選

🔍 領取限時優惠碼，三個月沉浸在書海中

🔔 固定月費無限暢讀，輕鬆打造專屬閱讀時光

不用留下個人資料，只需行動電話認證，不會有任何騷擾或詐騙電話。